日本国憲法から考える現代社会・15講

――グローバル時代の平和憲法――

新井信之 著

有信堂

博美と勇希へ

まえがき――本書のねらい

本書は、筆者が広島で学生時代を過ごし培った問題意識を背景として、最初の赴任地である長崎と現在の勤務校である香川大学および兼任する大学等の全学教育、学部、法科大学院でこれまで教鞭をとってきた憲法、国際人権法、法学等の授業科目を参考にして、あらためてその内容を現代社会の法的諸問題に照らして再構成したものです。読者と共に**平和憲法とグローバル化の視点**からこの国の将来への展望を考えてみようとの思いで執筆しました。

(1) 本書の問題意識

日本国憲法は、一九四七年五月三日、第二次大戦後の混乱の中で誕生しました。その後の歩みを振り返ると、常に日本社会のそのときどきの重大な岐路《きろ》(ターニングポイント)に置かれて発展の屋台骨を支え続けてきたことが認識されます。すなわち二一世紀を跨《また》いだ戦後七〇年のこの国の歴史は、日本国憲法の歴史そのものでもあったといえます。その間、日本は国内外のグローバルな社会変化の荒波にさらされるとともに、昨今では、戦後のこの国を支えてきた日本国憲法の真髄である平和・国際協調主義を破壊する虞《おそれ》のある集団的自衛権の容認や安保法制の決議によって実質的な憲法九条の改正ともいえる既成事実が積み重ねられようとしています。このような危機的状況に厳しい姿勢で対峙し、正しく判断し行動することが、現在の私たちの置かれている差し迫った状況ではないでしょうか。

しかしながら、日本国憲法によって主権者としての地位を定められるわれわれ日本国民は、この国の最高規範である基本法の誕生から今日に至るまでの立憲主義の働きとともに、将来の国民へ受け継ぐべきものは何かについて十分認識してきたといえるでしょうか。あらためて**日本国憲法の歴史的意義**とともに**グローバル時代**を迎えた**現代社会**における役割を検証し、「**外なる平和**」と「**内なる平和**」の実現のための英知を見出すことが求められているのではないでしょうか。本書は、このような問題意識から執筆することとなったものです。

(2) 本書の視点

本書は、**人権と平和を基本原理**とする日本国憲法（平和憲法）を基軸にして、①**戦後七〇年の歴史的経緯・トピックス**、②**子ども**、③**家族**、④**国際化**（グローバライゼーション）の視点から日本社会の「過去」「現在」「未来」に切り込んでいこうとするものです。それらと憲法がどのようにかかわりをもつか、さまざまな角度から検討を試み、私たちの社会生活における「**生きた法**」について理解を深めることを目標としています。

人種や宗教の異なる多様な国民をかかえるアメリカ合衆国の例を挙げるまでもなく、憲法は、国家の法体系の頂点にあるだけではなく、民主主義や人権・平和という普遍的な価値を具体的に体現しようとする**社会全体のモラル**（**実定道徳**）**の体系**でもあるといわれます。また、私たちは、日常のあらゆるところで法規範としての憲法とかかわりをもって生活をしています。なぜならば、個々の市民生活そのものが、常にさまざまな法律と対峙しており、それらの法律すべてを憲法がその合憲性を統制する役割を担っているからです。このように、さまざまな日常生活の問題も、最終的にはすべて憲法とかかわりをもつものであり、自己の人生と社会生活をより豊かなものにしていくためにも、日本国憲法の理念と現実を考えていきたいと思うのであります。

(3) 本書の特長

本書の特長は、右のような視点とともに、戦後の日本社会が誇ってきた二つの平和、すなわち**国際社会**とともにある平和（戦争放棄）と国内社会における平和（治安秩序の安定・社会生活の安全・人権保障）について、とくに意識して記述しているところです。第一に、憲法史の根幹である日本国憲法の誕生の背景および現在この国が大きな岐路に立たされているといってよい今日の集団的自衛権に繋がるその後の平和主義の議論の経緯について、歴史的な背景を意識して詳しく論じ、第二に、人権の視点からさまざまな事柄についての問題を取り上げるとともに、国内社会における生活の安全・治安の維持を今後ともどのように支えていくかを意識して、これまで憲法学ではあまりなじみのなかった「更生保護」について論じています。さらには、昨今よく耳にするメディア・リテラシーを意識しており、メディアによる社会問題やニュースを解読するために、本書を手元に置きながら発信されてくる情報をリテラシーしてもらえるように基本的な法の知識をまとめることを心掛けました。また、憲法にかかわる歴史的な写真やそれぞれのトピックスに合った写真を挿入し、情報リテラシーを試してもらえるよう工夫しました。

読者の皆さんには、本書によって法についての基本的な知識とグローバルな視点から平和憲法を基軸として現代社会に対する鋭敏な問題意識を涵養してもらいたいと念じています。

日本国憲法から考える現代社会・15講／目次

第二部　現代社会における法的諸問題を考える

第一部
近代立憲主義憲法の基本原則を考える

第１講　近代立憲主義憲法と現代社会
——法の基本観念・近代国家・法の支配

正義の女神・ユースティティア（ドイツ・フランクフルト旧市庁舎前の女神像）
ユースティティア（Jūstitia あるいは Iūstitia）とは、ローマ神話に登場する女神のことで、名前はラテン語で「正義」を意味する。正義の女神であることから、古くから裁判所や公の場などでは、天秤と剣を手にし目隠しをしたユースティティア（あるいはテミス〔ギリシャ神話の女神〕）の像を飾る習慣がある。英語では一般に固有の名前で呼ばれるよりも、単に Lady Justice（正義の女神）と呼ばれることが多く、固有の名前を用いるときは正義（Justice）の語源ともなっているユースティティアと名づけられる場合が多い。

1　正義は誰によって守られるか

2 法とは何か――人間社会と法規範

(1) 無明時代に法は存在したか

(ア) 社会規範と法　人は、太古の昔（無明時代）より他者とのかかわりがなければ人間として生きることはできず、その意味において社会的動物であるといわれている。この場合の社会とは、人が人と結びつき生活を営む共同体（コミュニティ）のことであり、多くの人間は一人では生きていくことはできず、社会から離れて生きていけなかったのである。そこでは人々を拘束し、社会共同体としてまとめていくためのさまざまな**規範**（掟ないしルールといってもよい）が必要であった。それによって人々は秩序を保ってきたのであるが、**道徳**、**宗教**、**習俗**などとともに、いわゆる**「法」も社会規範の一種**なのである。

(イ) 人の行為規範としての法　すなわち法とは、社会において生活する人間に対して、一定の意図をもって働きかけるものである。どのような法を設定してこうした働きかけをするのか、ということを決めるのもその社会共同体で生活する人間自身なのである。社会において人間が存在するところにはかならず矛盾や衝突が生じるものであり、それらを調整するためには、人びとの無制約な行為を制約する一定の規範が必要となってくる。このような人の**行為規範**には、**外部**から行為の実践を強要される場合と、**内部**からの個人的な動機によって実践されるものがある。これらが混在して**社会全体の規範**が存在するのである。

このような社会における規範は、つぎのように三つの種類に分けて考えることができる。

(2) 規範（ルール）には外面的行為のルールと内面的行為のルールがある

(ア) 法的ルール　まず第一に、社会には政治共同体ないし団体によって制定されその所属する人々に対して行為の実践を強要する規範が存在する。この場合の政治共同体とは、人の統治を行うことをその存立目的とする多人数の集合体をいい、これを「**政治社会**」ともいう。そのような意味においては、いつの時代でも、どこの地域でもこのような政治社会は存在し、支配者は外部からの侵略を防ぎ、その所属者の相互の関係において最大限の利益や幸福を実現するために、あるいは自らの利益のために社会生活における人の行為を政治権力によって強要する**法的ルール**をもつ。社会における人の行為規範は、風俗習慣や道徳の領域から政治社会の法の領域にまで高められていくが、法的ルールは、政治権力を背景としてもっぱら人の**外面的な行為や態度を規律**するところに特徴があるといえる。

(イ) 慣行・慣習的ルール　社会生活において長年にわたって人が同一行為を反復している間にいつのまにか一般的にそうすることが望ましいと意識し、人々の行為をそれによって反復させるようになった行動の規範を**慣行**あるいは**慣習**という。政治共同体の確立していない太古の無明時代には、慣行・慣習が原始的規範としてほとんど全面的に人類の社会生活の秩序形成のための機能を発揮していた。**慣行的ルール**は、具体的な政治権力によって強制されるのではなく、社会生活における大衆の半ば無意識的な合意によって存立するため、各自の良心の下にこれを道徳に転化させ（あるいはその逆の場合もありえる）、他方で、政治共同体の立場においては、政治権力の目的との関係からこれらを法的ルールとして転化する場合がある。

(ウ) 道徳的ルール　一般に、法は、人の外面的な行為や態度を規律するが、道徳は、人の**内面的な意思や心情を規律**するものであるとさ

◆コラム1《カルネアデスの舟板》

古代ギリシャの哲学者であるカルネアデス（二一四～一二九BC）が、あるとき弟子たちに、大海で船が難破して一枚の舟板にしがみついていた男が、後から来た者を突き飛ばして海中に沈めて殺してしまったのは正しいか否か、という問いを出した。二人がつかまれば舟板が沈んでしまうと考え相手を溺死《でき》させて、その後、救助された男は殺人の罪で裁判にかけられたが、罪に問われなかったという法と道徳の区別を考える有名な寓話《ぐうわ》である。

れる。人の行為は、通常はそれが行為者本人の主観的な意思と結びついて実践されるものであって、内面的な意思や心情と無関係な行動というものは本来ありえず、法的ルールが道徳的ルールと内容が重なる場合は少なくない。だが、その違いは、**法的ルール**は、政治権力によってその効力が保証される規範であり、他方、**道徳的ルール**は、各人の内面的な良心によってそれに従うか否かという自律的な行動を導くものである。

(3) 政治社会（国家）のルールが法規範となる

(ア) **国家権力と法**　このように**法的ルール**（法規範）は、**政治社会**（国家）**の権力**によって、**強制的に人々を従わせる**という点で、道徳などの他の規範と性質を異にしている。今日では、人々は法規範に違反すれば、国家によって制裁を受けるが、道徳、宗教、習俗などの規範（ルール）に反しても、他者に非難されたり、事実上の不利益を被ることはあっても、国家によって強制されたり、処罰されることはないのである。

(イ) **法規範の実現**　そのために法的ルールは、原則として国家機関である議会によって制定され、行政機関によって直接に執行され、または裁判によって適用される。このように国家の法（規範）は、国家・社会という共同体を維持するために不可欠な手段であり、その実践を保障するものが国家権力であることからも、今日では**国家の統治権限**（**公権力**）と密接不可分な社会規範といえる。

(4) 現代社会における法的問題はさまざまな諸相をみせている

(ア) 現代社会においては、**科学技術の発展や人びとの権利意識の高揚**により常に新しいさまざまな法的諸問題が発生している。たとえば、①高度情報化による個人の情報や領域への侵入、②医療技術の発展による人間の生死にかかわる人工的な操作、③公害紛争、薬害紛争、医療過誤、消費者金融等をめぐる現代型ともいうべき新たな事件の発生とともに、**グローバル化**が進展し、国境を越えて人的交流がますます進むなかで国家が国際社会と向き合い共通の問題としても解決を図らなくてはならない状況が発生している。

(イ)　そもそも**国家**（**公**）は、近代市民革命以降、個人の自由の領域（私的領域）の存在を設定し、対外的な独立とともに、かかる私的領域の確保と全体としての社会秩序維持のためにその存在理由があり、法体系を確立し個人や市民生活にかかわってきたのである。個人の自由の実現に大きな影響を与えることになるゆえに国家と法の根本的なあり方が現代社会においても重要な課題として問われることになるのである。

3　近代国家の誕生と法体系

(1)　近代（主権）国家の枠組みはウェストファリア条約によって確認された

(ア)　**近代国家の誕生**　一六四八年の**ウェストファリア講和**（**条約**）は、三〇年戦争といわれる宗教戦争を終結させ、それと同時に大小の**主権国家**から構成される**近代**における**国際社会**の**体系**を生み出した。そこでは当初、絶対君主による絶対主義国家が覇権を競い合ったが、経済力をつけた新興ブルジョアジーによる市民階級が形成され近代市民革命が起こった。それに成功した諸国家においては、統治の正当性の根拠は絶対君主から「国民」に置き換えられた。かかる政治社会は、「**近代国家**」と呼ばれる。

(イ)　**近代国家の構成要素**　近代国家が成立するには、①領土内にある人および物を支配する固有の支配権（「**主権**」ないし「**統治権**」）が確立され、②国境によって区分された一定の地域を中心に領土・領海・領空（「**領域**」）を有し、③当該国家（政治共同体）を構成する所属員すなわち国籍を有する人の全体（「**国民**」）が存することの**三要素**が必要とされる。すなわち**近代国家**とは、一定の地域を基盤として、その所属員の包括的な共同利益の達成を目的とする固有の支配権によって統一された政治社会をいうのである。

(ウ) **主権の観念**　主権観念は、まず、フランス王権について、対外的にはローマ皇帝およびカトリック法王の権威・権力からの独立性を、対内的には君主の権威《けんい》の範囲内で一定の領域を支配することを許された臣下である貴族に対しての優越性を示すものとして登場した。この主権観念の確立に理論的役割を果たしたのはジャン・ボダン（一五三〇～一五九六）であった。彼は、**主権は国家の絶対的かつ恒久的権力**であって、**最高、唯一、不可分**のものであり、すべての国家にとって不可欠の要素であると説いたのである。だが、「主権」の内容は多義的であり、この権力は絶対・不可分であって、①**対内的な統治権**（国家権力そのもの）、②**対外的な国家権力の独立性**、③「国の統治のあり方を最終的に決定する最高の権力または権威」（**憲法制定権力**）という三つの異なる意味を表すものとして用いられる。

(2) 近代国家の法体系は憲法を頂点とする立憲主義体制に基づいて存在する

(ア) **立憲主義の意義**　わが国の「**憲法**」という言葉には、①おきて、のり、というような法一般の意味とともに、②国家の基本にかかわる根本法という意味がある。どんな組織にも、それぞれ特有のルー

◆コラム2《明治憲法と近代国家の成立》

日本では、一八八六年、明治維新により新政府（明治政府）が設立された。新政府は、天皇の官制大権を前提として近代的な官僚制の構築を目指したが、国際社会は、いまだ日本を近代国家とみなしておらず、治《ち》外法権《がいほうけん》（国内で犯罪を起こした外国人を日本人が裁けない）・関税自主権（輸入品にかける関税を日本が決められない）等についての不平等条約を強いていた。国際社会は、一七八九年のフランス人権宣言が、「権利の保障が確保せられず、権力の分立が定められていないすべての社会は、憲法をもつものではない」と謳っているように、人権保障と権力分立を定める憲法であってはじめて近代立憲主義憲法と呼ぶに値するものであり、かかる憲法をもたない国家を近代国家として認めていなかったのである。

そのため、明治政府は憲法制定を急ぎ、伊藤博文らのヨーロッパ憲法調査をへて、一八八九年（明治二二）年、国会や選挙について定めた初めての憲法は、天皇が臣民に与える欽定憲法の形で、「大日本帝国憲法」（通称：明治憲法）として発布、翌一八九〇年一一月二九日に施行され、その下で第一回帝国議会が開会された。これにより、日本は東アジアで初めて近代憲法を有する立憲君主国家となり、憲法と議会を備えた近代国家としての歩みを始めたのである。そして、憲法制定の一大目的である不平等条約の改正は、明治三二年に治外法権が撤廃され、明治四四年に関税自主権を回復することによって達成された。

ルがあるように、国家という組織にも基本的な構造を示すルールが存在する。このルールを**憲法**（constitution＝国家の骨組み＝国制）という。また、**立憲主義**とは、憲法を頂点として、それに基づいて政治を行うことをいう。立憲主義は近代に固有のものではなく、すでに古典古代ギリシャ、ローマにおいてみることができ、中世およびルネッサンス期のイタリアの都市国家などでもみられた。

憲法の存在形式には、つぎでも説明するように**成文憲法**（**憲法典**）と**不文憲法**があり、権威の所在からは、**欽定憲法**《きんていけんぽう》と**民定憲法**《みんていけんぽう》とに分類される。さらに、これらの形式に対して、実質的意味における憲法とは、国家の構造・組織および作用の基本に関する規範一般を指す。すなわち憲法が根本法として、国家全体のあり方を規律するところの**究極的な法規範**であるという意味なのである。

(イ)　**法規範（法的ルール）の存在形式**　国家の主権的な権力を背景とする法は、さまざまな形で存在している。それを大別すれば、成文法と不文法とに分けることができる。**成文法**とは、六法全書などに掲載されている法律、政令、省令、規則等のように、文章化され、一定の手続に従って制定された法規範をいう。わが国の法体系でいえば、**憲法**、**法律**、**議院規則**、**裁判所規則**、**命令**（政令、府令・省令、規則）、**条例等**がそれにあたる。

▼用語解説１　「法律」と「命令」の違いについて

一般の人は、憲法であれ、法律、政令、省令、条例であれ、すべて、「法律」といいがちであるが、正確にいえば、「法律」とは、議会（国会）の制定する法規範をいう。日本国憲法四一条は、「国の唯一の立法機関」として「法律」を制定する権限を国会（議会）に集中させており、したがって内閣が法律を制定することはない。行政機関は、法律を実施するためおよび法律の委任がある場合に命令を発する権限を有し、そのうち、内閣が憲法および法律の規定を実施するために制定する法規範を「政令」という（七三条六号）。内閣以外の行政機関が発するその他の命令には、府令、省令、国家公安委員会規則、人事院規則等があり、内閣が制定する政令は、行政機関の発する命令中最高の形式的効力を有する。

そのほかにも、国会の定める議院規則（五八条二項）、最高裁判所の定める最高裁判所規則（七七条一項）、地方公共団体が制定する条例（九四条）があり、これらの法規範は、主権者（憲法制定権者）である国民が改廃をする権限を有する国の最高法規（九八条一項）である憲法とは区別して、単に法令と呼ばれることがある。法令が体系的に機能するためには、その内容が相互に矛盾しないことが必要であり、表面上矛盾する複数の法令の効力については、①上位法優先の原則、②特別法優先の原則、③後法優先の原則が認められている。

法体系の図式

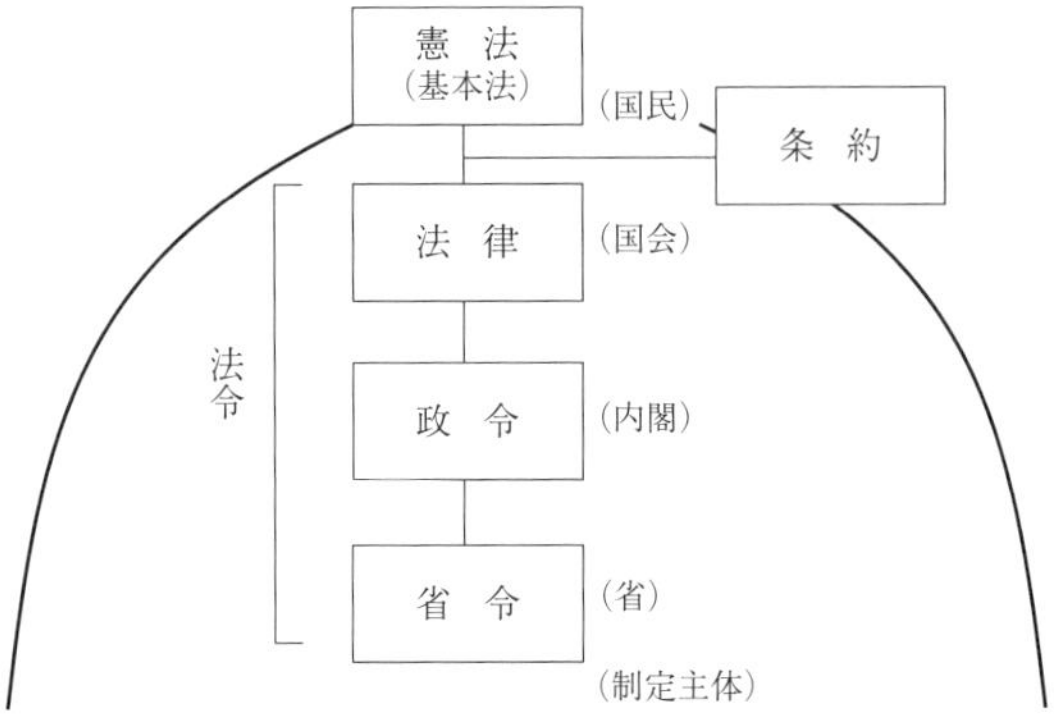

だが、既存の成文法だけであらゆる事態に対処できるわけではなく、このため、成文法を補うかたちで**不文法**が存在する。**不文法**には、法令の規定や裁判において承認されて特定の慣習が法的拘束力をもつようになった法規範である**慣習法**、特定の法律問題について、裁判所によって同旨の判断が繰り返し下されているうちに法規範となった**判例法**、社会生活上の物事の道理によって成文法や慣習法を補うものとして認められた法規範である**条理法**等がある。

(3) 国際法は国内法と区別される

これらのほかにも**国際社会**においては、合意を基にした国家間における行為規範としての**国際法**が存在するが、国内法的な効力はもつものの、個別の国家権力を根拠とせず存立の根拠が異なり、上記の国内法とは区別される〔⇒第**15**講**2**(3)〕。

4 近代立憲主義憲法の基本理念と内容

(1) 憲法はなぜ存在するのか

(ア) 統治者へのメッセージ　一般に憲法について誤解しやすい点は、憲法を守るよう義務づけられているのは、国家を構成する国民全体であると考えがちなことである。だが、「**憲法を守るように命じられているのは、支配者**（国王や国家権力）である」といわれるように、アメリカの独立戦争やフランス革命等の絶対君主制に反対する市民階級を中心として起こった民衆による革命（近代市民革命）後に制定された憲法（近代立憲主義憲法）は、国家（公）の統治にたずさわっている統治者（政府）に向けられたものであった。

(イ)　**社会契約説と抵抗権**　**近代市民革命**は、市民階級の経済活動面における絶対君主制に対する不満と前国家的な個人の自然権（人権）を前提とした思想の下に起こったといわれる。この**自然権思想**は、新たな統治体制を求める動きを強力に援護するために、「人間は国家成立以前の自然状態においては完全に自由である。その自由や生活の安全を守るため契約によって国家をつくる」と説くものであった（⇒第**3**講**5**(1)）。この理論は、国家をつくるために市民全員が契約を結び、国家が契約の条件に違反することのないように憲法によってルールを明文化し、国家はその条件に拘束され、かつその範囲内で行動できる、といういわゆる「**社会契約説**」を導くものでもあった。

この社会契約説からは、国家権力を正当化するのは国民であり、国民の支持がある限りにおいてのみ権限行使が正当化されるのであって、それに反する国家に対してはいつでも「**抵抗権**」が発動されることになるという考え方が導かれる。これは自然権思想がその根拠となるものであり、自然権思想とはいってみれば**革命のイデオロギー**でもあったのである。

(ウ)　**国民主権論**　近代市民革命に成功した諸国家においては、**統治の正当性の根拠**は絶対君主から「**国民**」に置き換えられた。このように、市民全員が憲法に社会契約の条件を組み入れて、国家の統治のあり方を最終的に決定する権力ないし権威をもっていることを「**国民主権**」という（⇒第**3**講**3**(1)）。国民主権論は、右の社会契約説を根拠に登場したものでもあった。

(エ)　**近代立憲主義憲法の誕生**　古典的立憲主義は、中世の封建体制や近代絶対主義国家においてはその役割を十分に果たすことはできなかった。それは、絶対君主制に反対したブルジョアたる市民階級を中心とする民衆による近代市民革命によって**立憲主義**が甦ったといわれる。このような歴史的背景をもつ近代立憲主義憲法は、①自由権を中心とする「**人権保障**」を明示して個人の尊厳を守ること、②国家が個人の自由を侵害しないよう権力を分散する「**権力分立**」という統治構造を採用すること、③国家のすべての行為を憲法という最高のルールの下に置くこと、④制定した憲法が簡単に改正されることのないよう歯止めをかけること等の内容を組み込んだものであり、これらが**近代国家の基本的ルール**となったのである。

(2) 近代立憲主義憲法は「法の支配」の実現を目指す

(ア) 「人の支配」から「法の支配」へ　絶対君主制は、君主の権力は絶対的な最高権力であり、君主の恣意《しい》による支配を安易に許すものであった。それゆえに、君主が交代すれば統治のあり方も変わり、君主の気まぐれによる統治を許すことになる。このような統治を「**人の支配**」という。

これに対して「**法の支配**」(rule of law)とは、専断的で恣意的な「人の支配」を排除し、国家権力を法で拘束することによって、国民の権利・自由を擁護することを目的とするものであった。「法の支配」は、英米法の根幹として中世より発展してきた基本的原理であった。ジェームス一世の暴挙を批判して、エドワード・コーク卿(一五五二〜一六三四)が引用した「国王は何人の下にもあるべきではない。しかし、神と法の下にあるべきである」というブラ

◆コラム3《憲法の存在意義》

憲法は、民衆から支配者に向けられたメッセージなのだ。

だから、憲法を守るように命じられているのは、支配者(国王や国家権力)である。民衆ではない。支配者が憲法を無視して勝手なことをすれば、憲法違反である。それを監視するために、たとえば最高裁判所があって、四六時中眼を光らせている。これに対し、民衆(支配者でもなんでもない一般市民)は、そもそも〝憲法に違反する〟はずがない。プロレスの観客が、〝反則で失格〟になったりできないようなものだ。

……

途中をとばして、一八世紀の終わりに話を移そう。このころになると、アメリカ独立革命やフランス革命が起こって、今とよく似た憲法が作られるようになった。そしてこの時代から、憲法こそ、旧体制(それまでの封建的な社会秩序や制度)に代わって、社会に骨組みを与えるものだと考えられるようになった。

〔橋爪大三郎『冒険としての社会科学』毎日新聞社、二八〜三〇頁より〕

クトン（一二一六～一二六八）の言葉は、「法の支配」の本質を表すものである。

(イ)「法の支配」の内容　近代立憲主義憲法は、個人の権利・自由を確保するために国家権力を制限することを目的とする「法の支配」原理と密接な関係を有している。「法の支配」は、①国家の法体系における憲法の最高法規性の担保、②専断的な国家権力の権限行使に対して、通常裁判所の裁判において確定された法の絶対優位性（裁判所の役割に対する尊重）、③地位または身分を問わずあらゆる人が事前に明示された法規範に服しかつ裁判所の裁判に服すること（法の前の平等）、④法の内容および手続の公正を要求する法の適正手続（due process of law）等をその内容とする。つまり、特定の人を対象者とせず、一般的で等しいルールの下で統治がなされ、そのルールの内容は、個人の尊厳に十分配慮したものでなければならないことを国家に対して求め、国家のすべての行為を法の下に置こうとするものである。このように近代立憲主義憲法は、人びとの権利・自由を保障するために、専断的で恣意的な「人の支配」に代えて、国家権力を「法の下」において、法の下の統治を確保しようとするのである。

(ウ)「法の支配」と法治主義　もっとも、「法の支配」の考え方は、市民革命を経験したヨーロッパ諸国（なかでも、イギリス）においては普及したものの、それ以外の国々（なかでも、ドイツ）では、別の考え方が採用された。それは、個人の権利・自由を制限するには議会が制定する法律が存在しなければならないとする考え方によって君主の立法権を制限しようとするものであった。すなわち、個人の権利・自由が制限されることの正当性について、議会が関与しているか否かという形式を判断基準とする考え方であり、これを「形式的法治主義」という。

他方、法の支配は、「誰が法を制定しようと、法は、個人の尊厳と自由を尊重する実質的な内容をもっていなくてはならない」として、統治者のすべての行為を法の下に置こうとする。形式的法治主義では、議会の制定する法律の中身の合理性については問題とされず、他方、「法の支配」にいうところの「法」とは、内容が合理的でなくてはならないという実質的要件を含むものであり、「実質的法治主義」と呼ばれるものである。

(3) 近代立憲主義憲法は「人権保障」と「権力分立」から構成される

(ア) 「人権」と「権力分立」の意味　近代市民革命を経て新しい国家が形成されることになり、個人の権利・自由とそのための国家権力の構成と行使のあり方が正式な文書で確認されるところとなった。一七八九年のフランスの「人および市民の権利宣言」では、「権利の保障が確保されず、権力分立が定められていないすべての社会は、憲法をもつものではない」(一六条)として、ここに**近代立憲主義の真髄**をみることができる。

それは、人権保障と権力分立という内容を組み込んだ憲法であって初めて、近代立憲主義憲法と呼ぶに値することを明らかにしたものであった。それ以来、各国の憲法は、通常、「人権保障(権利章典)」の部分と、「統治機構」の部分とから構成されるようになるのである。ここでいうところの「**人権**」とは、人であれば誰にでも保障される法的利益をいい、自然人たる人はみな**人権の享有主体**となる。また、「**権力分立**」とは、少数の統治者に権力が集中したり、多数決原則で簡単に統治がなされたりしないように**権限を分散する統治構造**をいう。

それとともに、近代立憲主義は、国民が国家権力の支配から自由であるためには、国民自らが能動的に統治へかかわることを必要とするから、国民の政治参加への途を開いたのであった。さらに、憲法で定める国家の主権の帰属を「国民」(主権)とする形態をとることによって、近代立憲主義は同時に立憲民主主義国家を導くことになる。

(イ) 近代立憲主義の基本構造(二分論)　そもそも近代立憲主義は、国家(公)の権力を制限して国民の権利・自由を守ろうというのが出発点であった。そのために、全体としての社会領域に含み込まれた私的領域においてさまざまな自由利益を実現しようとする**個人と国家との関係性**を、国家の基本法たる憲法によって規定しようとするのである。それが**基本的人権のルール**である。さらに、憲法は、国家と個人の権利・自由との関係性とともに、そこでの個人が自らその構成員となる政治的共同体としての国家の一般意思を最終的に決定し、かつ、**法に基づく統治を実現する**ための公的領域における**民主的な政治過程のルール**をも規定する。

すなわち近代立憲主義は、法的な意味合いにおいても「**国家**（**公権力の領域**）／**市民社会**（**私的自治の領域**）」という分離論を前提としてきたといえる。それは、ときに、「政治的領域／経済的領域」または「**公的領域**／**私的領域**」という二分論として表示されるものであった。

このことを具体化するように、憲法それ自身も、「国民主権」「権力分立」といった統治機構を定める領域（公的領域）と、個人の権利・自由を自律的に実現すべき領域（私的領域）の存在を認識し、それぞれの領域に適用されるルールを規定しているというのが本書の立場である〔⇒第**3**講**2**(4)〕。

▼用語解説２　「人権の享有主体性」と「国家」「市民社会」について

①人権の享有主体性とは

人権の「享有」とは、人権をもち行使することをいう。また、享有「主体性」とは、享有する際の主人となることをいう。

②国家・市民社会とは

国家とは、もともと一元的かつ政治的な支配機構を意味し、一定の領土に定住する多人数から成る団体で、統治組織を有する。これに対して、市民社会とは、近代立憲主義の二分論に立って、政治的支配を排除した「脱政治・脱国家的領域」を意味し、個人の自由と経済社会の自律性を有するものである。

---

(4)　憲法は国家の基本法でありかつ最高法規となる

(ア)　憲法の最高法規性と「法の支配」の実現

日本国憲法は、現行憲法が、わが国の法体系における**最高法規**であって、「その条規に反する法律、命令、詔勅及び国務に関するその他の行為の全部又は一部は、その効力を有しない」（九八条一項）と規定している。これは、憲法が「法の支配」を具体的に実現するにあたっての第一の根拠ともなるもので、さらに、司法権を担う裁判所に、「一切の法律、命令、規則又は処分が憲法に適合するかしないかを決定する」（八一条）**違憲審査権**を与えている。すなわち「法の支配」は、個人の権利・自由の救済にとどまらず、国家が憲法の定める基本的ルールに違反することはないか、裁判を通じてすべての統治活動を法の下に置くことによって、**憲法の実質的な最高法規性**を担保しようとするのである〔⇒第**3**講**4**(4)〕。

(イ)　硬性憲法と軟性憲法

憲法が国法秩序における最高法規であることは、憲法の改正が下位法である法律の制定や改正の場合よりも困難な手続が要求されていることからも理解される。憲法改正が通常の法律の場合より難しい特別の手続によるものを**硬性憲法**といい、そうでないものを**軟性憲法**という。

憲法改正は最も重要な統治作用であるため、日本国憲法は、その最終的な決定を主権者である国民の直接の判断に委ねることにした。普通の法律案については、各議院の総議員の三分の一以上の出席によって議事を開き、出席議員の過半数で議決することができ（五六条）、さらに、衆議院の優越が認められているのに対して、憲法の改正の発議は、各議院の総議員の三分の二以上の賛成が必要とされているだけにとどまらず、さらに、そのうえに、国民投票による賛成という要件が加重されているのはそのためである（九六条一項）。

国の最高法規である憲法が、法律のように、その時々の多数派によって簡単に改正されるのであれば、国家としての安定を保持することはできなくなってしまう。そのため、たいていの民主国家の憲法は、法律よりも厳格な手続を定める硬性憲法となっている。

(ウ) **憲法改正の限界**　憲法の改正に限界があるか否かに関し、学説は、①限界があるという説と、②限界がないという説とに分かれている。明治憲法（欽定憲法）から日本国憲法（民定憲法）への改正については、日本の置かれていた特殊な事情の下で、形式的に明治憲法七三条の改正という手続を採用しただけであって、実質的には日本国憲法はまったく新しい憲法として制定されたものと考えられる。日本国憲法の立場からすれば、そもそも**憲法の改正規定による憲法改正には**

◆**コラム4《憲法が最高法規であることの意味》**

国会も、憲法に書いてあるきまりにしたがって動いている。内閣も、憲法の決まりにしたがって、動いている。裁判所も、憲法できめられた司法のしごとにはげんでいる。国会がつくる法律も、けっして、憲法にあわないようなものはつくれない。内閣は、憲法と法律にあわない政令（命令）はだせない。どれをとってみても、憲法をのりこえるものはありません。はんたいに、すべてのもの、すべてのことが、憲法を土台にして、つくられ、おこなわれていくのです。これが最高法規ということです。天皇の詔勅も、公のおこないも、憲法によらなければ、ききめのないものとなりました。国の主権をにぎっている日本の国民が、世界の人類が、きずきあげてきた理想にしたがって、わたくしたちの国の政治を正しく動かしていくために、つくった法規ですから、最高のものであることは当然でしょう。

〔宮沢俊義＝国分一太郎『わたくしたちの憲法』有斐閣、二七五～六頁より〕

一定の限界があり、その基本原則である国民主権、平和主義および人権尊重の立場を否定することは**憲法の根本的支柱を取り除くことになってしまう**。そのため本書では、それは**一種の自殺行為であり**、そのような改正は認められないと解するものである。

5 今後の課題

(1) 現代社会は近代立憲主義憲法の理念を生かしていこうとしているか

現代立憲主義は、経済的自由競争のもたらした弊害のうち、放置すれば明らかに公正でないケースに、国家が積極的に手を貸して、分配的正義を実現しようとするところに始まった。日本を含めた先進諸国は社会保障プログラムをつくり上げ、そのための官僚組織を整えて、「大きな政府」をつくり上げてきた。これについては、自由経済市場のもたらす弊害が誇張され、監督官庁の許認可にかかわる範囲が広すぎる「規制過剰」にまで達しているとの批判がなされる。弱い立場にいる個人の最低限度の生活を保障しようとするために国家（公）が市民社会（私的領域）へ介入するにはそれなりの正当性が認められよう。だが、国家が個人の価値観や情報を必要以上に支配するために同じ私的領域へ介入するならば状況はまったく異なるものとなる。政治部門（国会・内閣）が多数決原理によって公権力を安易に拡張して、不当に国民を支配することになってしまったら、それは現代立憲主義国家の病理として、主権者たる国民はそれを是正するための行動をとらなくてはならないのである。

(2) 国際社会における安定を実現するために各国は立憲主義を徹底させることができるか

現代の国際社会は、一六四八年に確立したウェストファリア体制によって誕生した近代国家をその構成員として成立する。かかる近代国家はそれぞれが近代の立憲主義憲法をもち、その下で国家の安定的な運営がなされようとする。近代の法制度も共通なものとなっており、その意味で国際社会は共通の基盤を有して存在していることになる。しかしながら、国際社会はそれぞれの国家が主権をもち、あるいは立憲主義の徹底がなされず、さまざまな紛争や問題を抱えている。その意味でも、「法の支配」や民主主義といった人類社会が培った普遍的な価値と法制度がそれぞれの国家で確立されれば、国際社会はもっと共通の基盤のうえに成り立ち安定的な発展が可能となるのではないか。立憲主義の徹底は一国のものではなく、そのことを世界の人々が認識すれば、将来の国際社会はもっと安定的な発展を望めるのではないだろうか。

第2講　日本国憲法の誕生と民主国家への道程
――明治憲法から日本国憲法へ

1　日本国憲法はどのような正当性と正統性の根拠を有し存立しているか

マッカーサーと昭和天皇の初会見
1945年9月27日、昭和天皇（裕仁天皇）が初めて連合国最高司令官・マッカーサー元帥と会見したときの歴史的な写真。

2 日本国憲法誕生の歴史的背景

(1) ポツダム宣言は天皇の条約締結権限によって受諾された

(ア) ポツダム宣言の発表　第二次大戦の末期、一九四五年七月一七日から八月二日まで、ベルリン郊外のポツダムにおいてアメリカ、イギリス、ソ連の首脳会談がもたれた。このときの主な議題は、ドイツ降伏後のヨーロッパをいかに処理するかということであったが、日本に対する声明草案についても話し合われた。そして、七月二六日に**アメリカ、中国、イギリスの三国共同宣言**として日本に対する「**ポツダム宣言**」が発表されたのである。このポツダム宣言は、**日本の軍隊の無条件降伏**を要求するとともに、日本国民の自由な意思に基づいて**民主的な政府を樹立**する等の諸条件を提示して日本国に休戦を認めようという性質のものであった。

(イ) 日本政府の「黙殺」と受諾　日本政府は、当初、ポツダム宣言の受諾について、**天皇制**ないし**国体の護持**が不明確であるとして「黙殺《もくさつ》」（英語では ignore すなわち「無視」と訳された）する姿勢を貫くつもりであった。だが、連合国側は日本が宣言の受諾を拒絶したものと判断し、八月六日の広島、八月九日の長崎への原爆投下、そしてソ連が参戦に踏み切ったのである。このような事態に直面して日本は、八月一〇日、御前会議において**ポツダム宣言の受諾**を決定したのであった。

(2) 降伏文書の調印により正式に占領統治が始まった

(ア) 降伏文書の調印　一九四五年九月二日、日本政府は東京湾に停泊した戦艦ミズーリ号の艦上で**降伏文書**に**調印**した。この降伏文書は、ポツダム宣言をその第一項に取り入れ、日本政府はその誠実な履行を約束したのである。

そして、重要なことは、その最後の第八項に「天皇及び日本国政府の国家統治の権限は本降伏条項を実施するため適当と認める措置をとる連合国最高司令官の下におかれる」として、日本国の主権が連合国の下に置かれることを明記した点であった。日本政府は明治憲法八条に基づく緊急勅令の形式で「**ポツダム宣言ノ受諾ニ伴イ発スル命令ニ関スル件**」を発して、占領軍による間接統治が実施されることになった。

憲法との関係でいえば、ポツダム宣言の受諾および降伏文書の調印によって、それがはたして明治憲法の改正を要求するものであるかどうか、ということが問題になってくる。それは、①**民主主義的傾向の復活強化**、②**基本的人権の尊重**、③日本国民の自由に表明する意思にしたがった**平和的傾向をもつ責任ある政府形態の樹立**、といった要求を憲法の改正を行わずして満たしうるか、という問題であった。

(イ)　**総司令部による憲法改正の示唆**　**連合国総司令部**（ＧＨＱ）による占領統治が開始され、同年一〇月、**連合国最高司令官**（ＳＣＡＰ）たる**マッカーサー元帥**は、前内閣の副総理格であった**近衛文麿**と、現内閣の**幣原首相**に憲法改正の必要性を示唆した。だが、総司令部は、日本政府が自主的に改正案を作成し、提出するのを待つという方針をとったのであった。このうち近衛公等による草案は奉呈《ほうてい》はされたが公

▼法令（資料）　ポツダム宣言

ポツダム宣言は、一三項目から成っており、最初の数項目で今や連合国側の軍事力が圧倒的に優勢であり、その軍事力の使用は日本国本土の完全な壊滅を意味することになるだろうと述べ、そのあとの後半の項目で日本降伏の条件部分を掲げている。それを要約すると以下のとおりである。

……

五．われわれの条件は次のとおりで、これについてはいかなる代案も、猶予も認めない。

六．無責任な軍国主義が世界から駆逐されるまで、平和、安全、正義という新秩序は不可能であり、日本国民をあざむき導いた者の権力は永久に抹殺される。

七．このような新秩序が樹立され、かつ日本の戦争遂行能力が破壊されたと確信されるまで、日本領土内の諸地点は連合軍による占領下に置かれる。

八．日本国の主権（統治権）の及ぶ範囲は、本州、北海道、九州、四国ならびに連合国が定める諸小島に限定される。

九．日本国軍隊は完全に武装解除される。

十．戦争犯罪人を厳格に処罰する。日本政府は、民主主義的傾向の復活強化に対する一切の障害を除去し、言論、宗教および思想の自由ならびに基本的人権の尊重を確立すること。

十一．日本は、再軍備を可能にするような産業は別として、その経済を支え、正当な賠償を行うための産業を保持することを許される。

表されることはなく、他方、**幣原内閣**は、一〇月一三日、松本国務大臣を長とする**憲法問題調査委員会**（**通称松本委員会**）を設置して、国体護持と政治の民主化という基本方針に沿って独自に審議を重ね、一九四六（昭和二一）年一月末までに三つの改正案を準備したのであった。

(ウ)　**在野の憲法研究会草案**　日本政府において憲法改正の調査が進められることになったが、**在野**においても、**政党**、**民間団体**等において**憲法改正への関心**が急速に高まっていった。総司令部では、このような日本側の動きに深い関心を寄せていた。そのなかでも、総司令部において憲法問題の担当を命ぜられていた民生局法規課長のラウエル中佐の注目をひいたのは、一九四五年一二月二七日に発表された**森戸辰男**（一八八八〜一九八四）や**高野岩三郎**（一八七一〜一九四九）等の**知識人グループ**である**憲法研究会の憲法草案**であったという。ここで大変興味深いのは、その後に作成された総司令部案と憲法研究会案との間に近似点の多いことであり、そのことは、これまでもたびたび指摘され、両者の関係が注目されていた。

十二　上記の目的が達成され、日本国民の自由に表明された意思に基づいて平和的傾向を有し、かつ責任ある政府が樹立されしだい連合国の占領軍は日本国より撤退する。

十三　われわれは、日本政府が直ちに全日本軍隊の無条件降伏を宣言し、そのための十分な措置をとることを要求する。日本にとってそれ以外の選択は、迅速かつ完全な破壊のみである。

(3)　占領統治は、極東委員会／総司令部／日本政府の従属的関係であった

(ア)　**極東委員会の設置**　連合国による日本の占領管理はアメリカが中心となり、その強力な指導の下に開始された。だが、ソ連およびイギリスが日本の占領管理に参加することを強く要求し、天皇の戦争責任を含めて連合国間で激しい意見の対立が生じていた。一九四五年一二月二七日発表されたモスクワ協定によって、最高の管理機能をもつ**極東委員会**（**一一カ国で構成**）がアメリカのワシントンD・Cに、また最高司令官の諮問および監視機関としての**連合国対日理事会**（Allied Council for Japan）が東京に置かれることになった。そして、翌一九四六年二月二六日には、第一

米国戦艦ミズーリ号上での降伏文書調印式〔1945年９月２日〕
（毎日新聞社提供）

回目の極東委員会の会合が開催されることがすでに決まっていたのである。

(イ)　総司令部（ＧＨＱ）の権限　極東委員会の設置によって、憲法改正を含めて日本の占領管理のための政策決定の権限は同委員会がもつことになるばかりでなく、こと憲法改正に関してはアメリカ政府が中間指令を発しうる権限も直接極東委員会において合意が得られない限り認められず、アメリカ政府もマッカーサーも、その指導的行動を封じられることになったのである。このような事態の進展に危機感を抱いた総司令部は、極東委員会および連合国対日理事会との関係に焦点をあてて、**憲法改正に関する連合国最高司令官が有する権限**について法的な立場から検討を行った。このとき総司令部のホイットニー准将は、対日理事会が反対する場合を除いて、連合国最高司令官が憲法改正について**日本政府へ指令**を発する権限を有しているとの覚書を二月一日にマッカーサーに手渡したのである。

(ウ)　ＳＷＮＣＣ―二二八　当時のアメリカ政府における対日占領管理政策の実質的な決定機関は、**通称ＳＷＮＣＣ**（The State-War-Navy Coordinating Committee; 合衆国国務・陸軍・海軍三省調整委員会）と呼ばれ、ここから多くの重要な指令が総司令部に送られてきた。憲法との関係できわめて重要なのは、通常『ＳＷＮＣＣ―二二八』と呼ばれる「**日本の統治体制の改革**」という表題のついた文書であった。ＳＷＮＣＣ―二二八の内容は、普通選挙、議会政民主主義、予算制度、人権保障などに関する七項目をあげ、その一つに、「日本国民がその自由意思を表明しうる方法で、憲法改正または憲法を起草し、採択すること」という項目を明示し、「最高司令官は、日本政府当局に対し、日本の統治体制が次のような一般的な目的を達成するように改革さるべきことについて、注意を喚起しなければならない」という方針を示している。そして、天皇制は「廃止するか、あるいはより民主主義的な方向にそれを改革することを、奨励ないし支持しなければならない」という基本原則をあげ、日本国民が天皇制の廃止または存置を決定した場合には、それぞれ日本政府に注意を喚起すべき諸点を定めており、これが総司令部案作成の際の指針となったといわれている。

(4) 二月一日の毎日新聞のスクープによって事態は大きく動いた

(ア) 毎日新聞のスクープ　同年二月一日、毎日新聞が松本委員会の改正案なるものをスクープして公表した。これについて日本政府は、同日、それは松本委員会の案ではない旨の声明を発表したが、総司令部では、これはまず松本案に違いないものとみていた。総司令部は、かかる松本案は、ポツダム宣言の要求およびアメリカ政府の憲法改正の指針であるＳＷＮＣＣ―二二八に合致しないものと考えていた。それは、明治憲法の字句を最もひかえめに修正したものにすぎず、日本国家の基本的な性格はそのまま変わらずに残されていることがその理由とされた。

(イ) 天皇制存続の危機　このとき、マッカーサーはもともと天皇制を存置するつもりでいたが、総司令部の上位にある連合国の極東委員会においては、ソ連、オーストラリア、ニュージーランド、フィリピン四カ国の思惑としては天皇制を全廃する方向に傾いており、とくにソ連およびオーストラリアの両国は強くこれを主張するとみられていた。また、もともと憲法改正については極東委員会の権限であり、同年二月二六日に決まっていた初会合が開催され、ひとたび極東委員会が機能し始めると、日本政府から提案された新憲法草案の承認を妨害するため、アメリカ、イギリス、ソ連、中国のいずれかの国が、付与されている拒否権を発動するかもしれないという状況もあったのである。さらに、総司令部は、三月に決まっていた衆議院解散およびそれに続く総選挙（四月一〇日に実施）の前に新しい憲法草案を国民に提示し、それを事実上の国民投票としたかったのである。

(ウ) マッカーサーの決断　このような状況下において、マッカーサーは、極東委員会の先手を打って、日本政府から自主的に憲法草案を提出させたかったのであるが、松本案があまりに保守的であることに失望して、総司令部自らの手で改正案を作成することを決断したのであった。これは、連合国最高司令官マッカーサーが日本国憲法誕生の過程におけるきわめて高度な政治的決断を下した瞬間であったといえる。

(5) マッカーサー・ノートによって総司令部案が作成された

(ア) マッカーサー・ノート三原則　総司令部における憲法草案作成にあたっての二大指針とされたのは、アメリカ政府の方針を示すSWNCC―二二八とともに、マッカーサー・ノートとして知られる以下のような三原則であった。それは、①天皇は元首で皇位は世襲であり、天皇の義務・権能は憲法に基づき行使され、憲法の定めるところにより人民の基本的意思に対して責任を負うこと、②戦争放棄、軍備撤廃、③華族制度の廃止等であった。これらを基礎として、約九日間で総司令部民政局がいわゆるマッカーサー草案を作成したのであった。

(イ) 天皇制の存置　まず、天皇制については、**アメリカ政府の基本方針**は、天皇の制度に大きく改革を加えつつも、その存続を認めようというものであった。その根拠は一一月八日にマッカーサーがSWNCCから受け取った『日本占領及び管理のための連合国最高司令官に対する降伏後における初期の基本的指令』のなかにあった。それゆえに、**天皇制を存置**することは、マッカーサー最高司令官の意向で初めて実現したものでないことは明らかといえる。しかし、マッカーサーは、早い時期から一貫して天皇制を擁護しようとしていたのであ

◆法令（資料）　マッカーサー・ノート〔一九四六年二月三日〕

一．天皇は国家の元首の地位（at the head of the State）にある。皇位は世襲される。天皇の職務および権能は、憲法に基づいて行使され、憲法の定める国民の基本的意思に責任を負う。

二．国権の発動たる戦争は廃止する。日本は、紛争解決のための手段としての戦争および自国の安全を保持するための手段としての戦争をも放棄する。日本は、その防衛と保護を、今や世界を動かしつつある崇高な理想に委ねる。日本が陸海空軍を保有することは、将来も認められることはなく、交戦権が日本軍に与えられることもない。

三．日本の封建制度は廃止される。貴族の権利は、皇族を除き、現に生存する者以上には及ばない。華族の地位は、今後いかなる国または地方の政治的権力を伴うものではない。予算は、英国の制度を模範とする。

り、総司令部案の起草にあたって示されたマッカーサー・ノートによって、天皇制が存置されることが確定したのである。そして、草案では元首ではなく象徴天皇制（symbol of the state）が呈示されることになった。

(ウ) **戦争放棄**　つぎに戦争放棄であるが、これについては、さきのSWNCC―二二八にはなんら示されていなかった。新しい憲法のなかに戦争放棄を定めるという構想は、アメリカ政府の方針にはなかったし、また、総司令部が最初から考えていたものでもなかった。自衛のための戦争をも放棄しようとする規定は、一九四六年一月二四日に行われた幣原首相とマッカーサー総司令官の会談に由来するもので、その会談の骨子がマッカーサー・ノートのなかに挿入されたとされている。もっとも、この会談において、戦争放棄を提案したのが両者のいずれであったか、また、その提案は戦争放棄を憲法のなかに規定するということまでに及ぶものであったか等についてはさまざまな見解が存するが、関係者の証言からは、日本政府の**幣原首相の提言**によるというのが定説とされている。

(エ) **華族制度の廃止**　その他、国会の一院制や華族制度（将来は廃止するが、現在華族である者の特権はその者の生存中に限って認める）、外国人の権利（「外国人は平等に法律の保護を受くる権利を有す」）、所有権（「土地及一切の天然資源の究極的所有権は人民の集団的代表者としての国家に帰属す」）、司法の章（最高裁判所が、法令等の合憲性に関する判決を下すことができること、および、その場合に、国会がそれを再審査し、三分の二以上の多数決でそれを覆すことができることになっていた）等、この草案は、全文で九二条、一一の章に分かれており、基本的な枠組みは現行憲法とだいたい同じだが、個々の点で異なっているところはたくさんあり、これらはその後の改正手続のなかで修正されていったのである。

(6) 日本国憲法の歴史的な「受胎」は麻布の外相官邸で行われた

一九四六年二月一三日、**総司令部の改正案が日本側に手渡された**。この日こそが「**日本国憲法受胎の日**」ともいうべき歴史的な日であったといわれている。総司令部は、改正案を日本政府に手渡し、きわめて厳格な態度で、「日本政府から提出された憲法改正案は司令部にとってまったく受け入れがたいもの」であり、一方、天皇を戦犯として取り調べるべきだとする声が強くなりつつある国際社会の圧力のなかで、「この新しい憲法の諸規定が受け入れられるならば、実際問題として**天皇は安泰となるであろう**」と述べたとされる。さらに、総司令部は、日本政府がこの案を受け入れ、**日本政府の案**として自らこれを提案しなければ、総司令部自身がこの改正案を**日本国民に提示**するつもりであるが、「**日本国民はこの改正案を選ぶか、この案と異なった原則に立つ改正案を選ぶかの自由をもつべきである**」と述べたのであった。

(7)　占領下の日本国憲法は明治憲法の改正手続によって成立した

(ア)　日本政府による改正案の発表

しかしながら、日本政府は、あくまで松本案に固執して総司令部に再考を求めたのであるが、結局、この一九四六年二月一三日の**マッカーサー草案**を受け入れ、これに基づいた憲法改正草案要綱を三月六日に国民に向けて発表したのであった。総司令部も直ちにこれを支持する声明を出し、これは国民の間では好意的に受け入れられるものであった。

(イ)　国会による修正

同年四月一〇日、日本で初めて**婦人参政権**が認められた普通選挙制度による衆議院議員総選挙が実施され、五月二二日に第一次吉田内閣が成立した。憲法改正草案要綱を口語で文章化した「**憲法改正草案**」（**内閣草案**）が作成され、明治憲法七三条の定める手続に従い、六月二〇日、新しく構成された第九〇回帝国議会に帝国憲法改正案として提出された。まず、衆議院では、憲法九条二項に「**前項の目的を達するため**」という芦田修正として有名な文言を付け加え、同二五条に「すべて国民は、健康で文化的な最低限度の生活を営む権利を有する」等の重要な規定を追加して貴族院に送付した。

(ウ)　日本国憲法の公布

貴族院でも若干の修正が加えられたのち、枢密院の審議を経て、一一月三日、天皇による上諭《じょうゆ》が述べられ「**日本国憲法**」として公布され、一九四七年五月三日から施行されたのである。このように形式的には明治憲法の改正手続によって誕生した日本国憲法であるけれども、その実質は、主権の所在が「**天皇**」から「**国民**」へと抜本的に変更され、基本的諸原則も個人主義を基底とする民主的なものへと改定され、二つの憲法はまったく別のものと考えられている。

3 日本国憲法成立の法理

(1) ポツダム宣言および降伏文書は法的性質をもっていた

(ア) 条約の締結権者　そもそも**ポツダム宣言**は、日本の軍隊の無条件降伏を要求するとともに、諸条件を提示して日本国に休戦を認めようという性質のものであった。つまり、日本政府が休戦を望むならば、明示された諸条件を無条件に受け入れることを要求するのであるが、これは国家としての無条件降伏ではなく、事前の諸条件に則った**降伏・休戦の申入れ**であった。アメリカ側は、「ポツダム宣言は降伏条件を提示した文書であり、連合国と日本の双方を拘束する**国際協定**である」という立場をとっており、そこに合意があれば条約が成立することを妨げるものではないとするもので、当時の**日本国の条約締結権者**は形式的には**天皇**であった。

(イ) 占領統治・管理法令の根拠　他方、国内法との関係で重要なの

◆コラム5《条約締結過程における天皇の権能》

明治憲法においては、神権的な絶対君主（主権者）であった天皇が法律を裁可する権能を有するとともに（六条）、天皇が条約を締結するものとされ（一三条）、条約を批准する権能も天皇に属すると考えられていた。一方、日本国憲法は、国民主権の下で天皇の法律裁可権とともに条約批准権を廃止し、条約については公布（七条一号）および批准書の認証のみを天皇の国事に関する行為に属するものと規定している（七条八号）。

すなわち、ポツダム宣言の受諾から降伏文書の調印およびその後の占領管理法制に至る過程においては、国際法上も、国内法上も、日本の元首である昭和天皇の名の下に行われていたのであり、かかる条約とそれによって派生する法的効力の遵守は日本政府の義務となっていたのである。

はポツダム宣言よりも降伏文書であるとする立場の有力説が存する。すなわち日本の占領統治・管理に関する法令は、遠くはカイロ宣言に遡《さかのぼ》り、とくにポツダム宣言にその根拠を置くものと考えられがちであるが、直接には、降伏文書が、日本の占領管理の憲法ともいうべき地位を占め、その後の一般命令、指令、覚書等は正式にはこの降伏文書を根拠とするものであった。

(2) 国際法において日本国憲法制定の自律性は担保されている

(ア) 内政不干渉の原則　国際法の解釈においては、条約上の権利に基づいて一定の限度まで一国の憲法の制定に介入することは、かならずしも違反行為ではないと解されてきた。マッカーサーが総司令部案を日本政府に対する「勧告」として手交したこと、およびその後の連合国の圧力が直ちに**国際法上の内政不干渉**（自己決定）**の原則**に違反するとはいえないのである。主権国家であっても、一定の場合、条約の定めるところにより憲法の自主性は制約を受け、しかもそれは、国際法上の内政不干渉の原則を侵すものとは考えられてはいないのである。

(イ) 憲法の自律性原則　また、国際的には条約により、あるいは事実上の圧力によって、また、国内的にも憲法の制定ないし改正を実際に推進する国家権力や支配的な社会権力によりさまざまなかたちで影響を受けるために、自由な国民の意思による決定という意味での「**憲法の自律性原則**」が完全な形で実現されることはほとんどない、という。日本国憲法のケースは、①**ポツダム宣言**ないし**降伏文書**によって日本国は重大な制約を受け、その条件を実現するためには**憲法の改正が不可欠**であったこと、②戦後の日本政府が、敗戦の歴史的意味を十分理解することができず、**自らの手でその**

▼用語解説３　内政不干渉の原則とは
他国に対して、その国内管轄事項について一定の措置をとるよう強制的に介入することを内政干渉という。これに対して国際法は、国家主権の原則からも内政干渉は違法であり、国家は内政不干渉の義務を負うものとする。しかし、国際連合憲章二条七項は、内政不干渉の原則を確認しながらも、他国への侵略等に対して国際社会等が強制措置を実施する際には、この原則が適用されない旨を規定している。

趣旨に沿う民主的な憲法をつくることができなかったこと、③その一方で、多くの国民の意識には、現行憲法の価値体系に近い新しい憲法のイメージが描かれていたこと等を理由として、日本国憲法制定の自律性が担保されていたと考えられている。

(3) 国内法における日本国憲法制定の正当性も担保される

日本に民主主義の法的基礎を確立するためには、憲法の実質的改正が必要であることは明らかであった。だが、ポツダム宣言が日本国の政府について「日本国民の自由に表明された意思」によって樹立されるべきものと要求しているのに対して、明治憲法では、一般的に「国民が自由にその意思を表明する機会を認めてない」と考えられており、そこに手続的な矛盾が生じていた。このような明治憲法の改正手続との矛盾を訴えたのが天皇機関説（国家を一つの法人ととらえ、天皇は国家の元首として国家を代表して一切の権利を総攬する）で有名な美濃部達吉（一八七三～一九四八）であった。

これに対して日本政府側の松本大臣は、「議会を通れば、民意は自由に示された」といえると主張していた。また、入江法制局長官（当時）も「ポツダム宣言の受諾によって第七三条が失効したとは思わない。自由意思により決定するとあっても、その方法にはいろいろある。原案は天皇が出されても国民代表たる議会が自由に論議し、修正もできるのであるから、これもその方法の一つである」との見解を示していた。

(4) これまで宮沢俊義博士の八月革命説が通説とされてきた

(ア) 八月革命説

このようななかで、明治憲法と日本国憲法との連続性については、主権が天皇主権から国民主権へ変更するようなことは明治憲法上の改正としては不可能であるゆえに、法理論的には、ポツダム宣言を受諾した時点で**一種の革命**（**八月革命**）があったとして、明治憲法と日本国憲法は別個のものであるとする見解が存した。「八月革命によって、日本の政治の根本建前は、**神権主義から国民主権主義に変わった**」ということなのである。これがいわゆる宮沢俊義（一八九九〜一九七六）が主張した八月革命説であった。

(イ)　**昭和天皇の人間宣言**　これは、日本の立憲主義について降伏がもたらした変革とは、法的にいえば、一つの**超法規的変革**、すなわち、革命であったと考えるものである。日本の降伏に伴う一種の「革命」によって、大日本帝国憲法は形のうえでは別に変わらなかったのであるが、その内容においては根本的な変革を被ったとされる。そこでは、これまでの天皇主権が否定されて**国民主権の原理**が確立されたのであって、日本国憲法はこの原理に基づいて制定されなければならなかった、というのである。このように理解しないと、たとえば、**昭和天皇による人間宣言**（**一九四六年一月一日の詔書**）といった日本国憲法制定以前になされた明治憲法の建前に反する行為などについて合理的に説明することは困難である、と主張される。それゆえに、「**日本国憲法**は、実質的には、明治憲法の改正としてではなく、新たに成立した国民主権主義に基づいて、**国民が制定した民定憲法**である。ただ、七三条による改正という手続をとることによって**明治憲法**との間に**形式的な継続性**をもたせることは、実際上は便宜で適当であった」というのが、**通説的見解**となっている。

(5)　八月革命説への疑問は解決されるか

(ア)　宮沢俊義がポツダム宣言受諾を「革命」というのは、それを受諾して国民主権となるのは明治憲法上許されないところで、そこに法の断絶があることを示すためであった。それゆえ八月革命説は、結局のところ日本国憲法成立の妥当性を当時の政治状況を踏まえつつ法理論的に構成しようとしたものであり、「ポツダム宣言受諾から憲法制定までの事実の経過とは結びつかない**新憲法成立の法理**を説明する解釈理論」であると批判されている。それは、その当時の法的安定性を担保するためにわが国の第一級の憲法学者が論理構成した究極の学説であり、まさに時代がそれを要求していたといえるであろう。

(イ) それでは、日本国憲法はどのような根拠に支えられて有効な法として存立しているのであろうか。**国家の独立（主権）を侵すような状態**で制定されたこと、国内的にも自律的な統治権限の下に制定されたものではなく、ましてや**憲法制定権力の所在が不明確な状態**で誕生した日本国憲法の正当性が問われるのである。今日では、現行憲法存立の正当性の法理について、つぎのように議論がなされている。

◆コラム6《昭和天皇の人間宣言》
……。朕ト爾等國民トノ間ノ紐帯ハ、終始相互ノ信頼ト敬愛トニ依リテ結バレ、單ナル神話ト傳説トニ依リテ生ゼルモノニ非ズ。天皇ヲ以テ現御神トシ、且日本國民ヲ以テ他ノ民族ニ優越セル民族ニシテ、延テ世界ヲ支配スベキ運命ヲ有ストノ架空ナル觀念ニ基クモノニモ非ズ。

〔昭和二一年の元旦詔書『法令全書』昭和二一年一月号一頁より。〕

4 民主憲法の継受

(1) 占領の解除によって日本は主権を回復した

(ア) **サンフランシスコ講和条約の締結**　一九五一（昭和二六）年九月八日、サンフランシスコで日本と各連合国との間の平和条約が署名され、諸外国の批准を得て、翌年四月二八日、各批准国に関して効力が生じた。これによって、**日本の独立は回復**され、連合国による占領は終わり、日本の統治に関する連合国最高司令官の権力は消滅したのである。ここに日本国憲法は**占領終了**とともに失効するという主張が生ずる。国家主権の喪失という法的状況のもとでは、「国民が……この憲法を確定する」という民定憲法の建前も、新しい憲法の基本原理としての国民主権も、実は、成立する前提が欠けていたということを根拠とするものである。日本国憲法は、「**占領の終了＝主権の回復後は**

無効となってしまったはずだ」というのだ。しかしながら、失効したからといって、即座に日本国憲法が無効であるという主張が成り立つとは考えられない。

(イ)　**諸外国の状況**　この点について、諸外国においては、たとえばナチス・ドイツの占領地域では、その終了とともに占領法規は廃棄され、ベルギーやオーストリアは旧憲法を復活させ、フランスは新憲法を制定した。日本においても、国民自決主義の原則からみれば、占領終了とともに旧憲法の復活か、**自主憲法の制定**か少なくとも**日本国憲法の追認**のための**国民投票**が行われるのが通常の政治的プロセスであったといえる。当時においても、占領終了後、日本が独立を回復したさいに、民主的に憲法を制定し直すべきであるという主張があり、また、民間草案の検討中にも国民投票の実施を主張したりする見解が存したのであった。

(2)　日本国民は現行憲法の事実上の承認を与えその効力を認めてきた

(ア)　たしかに、改正手続によって憲法制定権力の担い手を変更することは不可能であり、明治憲法と日本国憲法との間には法的連続性は存しないとすれば、日本国憲法は無効であるとの主張が導かれるかもしれない。しかし、この場合の「無効」というのは、半世紀以上もこの国の基本法として機能してきた現行憲法の実効性がないということではなく、それは、「**日本国憲法を支える意思と諸力の存否**」にかかわる問題としてとらえなければならないのである。つまり日本国憲法の正当性は、独立回復時とその後の日本国憲法を支える意思と諸力の存否という「**事実**」に**依存することになったのである**。

(イ)　一般に「**法が効力をもつ**」(法が妥当する)ということは、法が一定の領域に属する法的団体において現実の規範として作用する社会現象が存在することである。すなわち、法の妥当性は、秩序と自律の価値を規範的な根拠としながら、「**社会における一般的承認に事実的な識別基準を求める**」のが、まさに**妥当な見解**であると思われる。

(3) 民主憲法の継受は日本にとっての歴史的な必然であった

(ア) 民主憲法の継受　このことを日本国憲法についていえば、日本が占領という異常かつ不自由な状態の下で新憲法を受け入れ、それ以降もさまざまな状況に直面したにもかかわらず今日まで一度も改正せず、崇高な理念の下に民主社会を構築しようと努力してきた戦後七〇年もの経緯から考えるとするならば、事実上、主権者である日本国民に承認されてきたということができよう。それは、戦後の日本において、諸外国から民主的な諸憲法の原理を継受《けいじゅ》し、さらに憲法九条を加えて、近代立憲主義憲法が飛躍的に進歩をとげてきたということなのである。

(イ) 日本社会における法文化の移転（法の継受）　そもそも法文化が異なる社会に移転する現象という広い意味での法の継受という観点からすると、これまで日本は三度外国法の大きな影響を受けている。それは、七世紀頃に中国大陸から当時の隋・唐の法制を採り入れて律令制度を整備したのが最初であった。次いで明治維新を経てフランス、ドイツを中心とする大陸法を継受して、日本の近代法制度の基礎を構築した。そして、第二次大戦後の占領統治によって英米法の諸制度がさまざまな法分野で個別に導入されたのである。日本国憲法の制定もこのような法の継受の歴史的過程の一つとみることができるのである。

(ウ) 現行憲法存立の正当性の根拠　憲法が民主化されることによって日本社会がそれを基本として制度的にも適応し、国民がその下での市民生活を受け入れてきたことはまぎれもない事実であったといえる。近代法の歴史という観点からみれば、日本の立憲主義がその過程はともかく民主主義に基づくアメリカ型の憲法秩序を継受し、日本社会がそれを受け入れたことにほかならず、ここにも現行憲法存立の正当性の根拠が確認されるのである。

5 現行憲法の一九五二年四月二八日誕生説

(1) 日本には四つの近代立憲主義憲法が存在したといえる

(ア) 四つの近代立憲主義憲法　さらに、このような法の継受の視点とともに、近代国家を「**主権によって統治された共同体**」ととらえ、**国家主権**をもって（最終的ではないにしろ）**国家法秩序の根拠**とするという視点からいえば、日本の近代立憲主義憲法は以下のように四つに分類することができる。

それは、前述のように、日本の政治のあり方を決定する最高の権力（主権）という意味において、降伏文書に正式に調印した時点で、権力の究極の源は戦前の天皇主権から連合国主権ないしマッカーサー主権に移り、それが占領解除の一九五二年四月二八日まで続いたことと、そして平和条約の発効とともに独立を回復した日本国の主権の所在は文字通り日本国民となったことが区分の根拠となるのである。このことを明治憲法および日本国憲法にあてはめて考えてみると、降伏文書の調印までの「**明治憲法A**」と一九四七年五月三日の日本国憲法施行日までの「**明治憲法B**」、それ以降占領が解除された一九五二年四月二八日までの「**日本国憲法A**」およびそれ以降今日までの「**日本国憲法B**」の四つに分類することができる。

そして、ここでの「明治憲法B」と「日本国憲法A」というのは、いずれも占領期における連合国・マッカーサー主権に従属する下位法として存在した管理法令の一つであると考えられるのである。これらの四つの憲法が、それぞれの時代において存在し、日本における近代立憲主義憲法として機能してきたのである。

(イ) 近代立憲主義憲法の正統性　このことは、日本における近代立憲主義を忠実に受け継いでいるという意味での**正統性**（orthodoxy）という観点からは、たとえ国家主権が相対化し主権の所在が変更したとしても、**国内的な基本法**

システムの正統性はゆるぎなく継続ないし継承されているということである。明治憲法制定の時期や日本国憲法制定の時期に官民を問わず多くの憲法草案が発表されているが、そのなかで日本における国家統治の基本法の系統はこの四つでしかありえず、その下でまがりなりにも国家の存立と運営がなされてきた歴史的事実は否定することはできない。法的継続性の問題や政治的状況は異なっても、それぞれにその時期における**日本の正統な立憲主義憲法**として存在し、そして現在その機能を果たしているのは、ここでいうところの「**日本国憲法B**」であることは疑いのないものである。

(2) 現行憲法は一九五二年四月二八日に誕生したといえる

(ア) このように、現行憲法は一九五二年四月二八日をその「**新たな**」**出発点**として存立し、今日に至っているということができる。たしかに、**日本の独立**（占領解除）のときに、現行憲法の正当性を確認するためには国民投票が必要であったといえるかもしれない。しかし、その**当時の日本政府**は、この国の**新たな出発の基本法**として現行憲法を変えることなく選択することを決断し、**国民も心情的に同意**を与えていたことは**明らかな事実**といえるであろう。八月革命説に象徴されるように、日本国憲法が制定された当時にしてみれば政治的および**法的安定性**を確保するためにあのような解釈学説が必要であったとしても、平和条約締結に伴う日本の独立後、半世紀以上もこの国と社会の発展の基盤として役割を果たしてきた事実は、まさに**日本国憲法の事実上の承認**を行うのに十分であり、それだけで**現行憲法存立の正当性**が担保されるのである。

(イ) 敗戦・占領という非常事態を経て誕生した経緯にかこつけて国会でとくに**憲法九条の改正**を目指すさまざまな動きがあったとしても、この国の戦後政治はそれを**はっきりと拒否し続けて今日に至った**のである。憲法改正をめぐっては、極東委員会が、一九四六年一〇月、オーストラリア、ニュージーランド各代表の提案に基づいて、「施行後一年を経て二年以内に新憲法を再検討する」政策を決定し、マッカーサーが、翌一九四七年一月になって吉田首相宛の書簡でこれを伝えた。翌年、政府や国会内で憲法再検討の動きが見られたが、結局、憲法の再検討は行われないまま、一九四九年五月、極東委員会は憲法改正の要求を断念したのであった。各国の憲政史をみても、市民革命や独立戦争の後に、それぞれの事情で国家の基本法が制定され、その後に初めて法としての**基本法たる憲法**が**正常に機能**するようになるのである。

6　今後の課題

(1)　日本国民は戦後の日本社会が発展するうえで憲法がどのように活かされてきたのかを十分検証してきたか

一九四五年の第二次大戦の敗戦を契機に日本国憲法が誕生してから七〇年近くがたち、この間、日本国民と日本社会は国家の基本法としての憲法の文言のとおり再び戦争に巻き込まれることなく、安定的な成長をとげてきた。とくに国際社会の厳しい状況や経済的発展に伴う国内の安定的な市民生活を確保するためにその時々の指標としてその役割を果たしてきたにもかかわらず、昨今の憲法改正の論議のなかで、現行憲法の新生から今日までどのようにこの国の立憲主義が発展してきたか、国際的および国内的諸問題について憲法がどのように諸施策に活かされてきたのかを、日本国民は真摯《しんし》に検証してきたであろうか。そのうえで改正の必要性を論議しているであろうか。もう一度、**立憲主義憲法**について考え、憲法とともに成熟した社会を再構築するときがきているのではないか。この国と日本社会の陸標（ランドマーク）を間違えることなく進まなくてはならないのではないだろうか。いずれにせよ、重要なことはわれわれ日本国民が、国の最高法規である憲法についての認識をさらに深めていくことである。憲法改正についてては、主権者としての国民意識を十分醸成させたうえで、この国の将来の健全な発展を見据えて**国民的な議論**を行うことが不可欠といえよう。

(2) 憲法改正の議論では改憲の必要性（メリット）と害悪（デメリット）が具体的に説明されているか

国の最高法規である憲法を改正するには主権者である日本国民が最終的な判断を下すことになるが、なぜそれが必要なのかについて十分な議論と共通の認識がなされなくてはならない。これまでの憲法改正の議論は、硬性憲法の意義を認識せず、単に自主憲法制定を主張するだけで憲法九条の改正そのものが目的であるような内実の伴わない主張だけが飛び交ってきたように見受けられる。

さらに昨今の国会での改憲論議では、憲法九条の改正をターゲット（本丸）にしながら、大災害に備える緊急事態事項や環境権などといった国民の抵抗が少なそうな項目を加える改正をまず実現させ、憲法改正を国民に一回味わわせてから本丸に取り組むという、いわゆる「**お試し改憲**」論が主張されている。これは、憲法の内容より先に過半数の賛成で改正案を発議できるようにするために九六条の改正手続を緩めようとする「**裏口入学**」論とも共通するところがある。

その一方で、これまで平和憲法が構築してきた日本とアジア諸国との信頼関係の崩壊や他国の戦争を自国の生命線にすり替えて国民が犠牲になるかもしれない**害悪**（デメリット）を越えて余りある国益がどのように実現されるのか、そのための憲法改正の必要性が具体的に説明されていないように思えるのである。政治の役割は、単なる言葉のごまかしではなく、もっと生身の現実と向き合うなかで正しくこの国の舵取りを行うことであるが、われわれ日本国民はこの国の主権者として戦後七〇年の節目にその判断を厳しく見定めなくてはならない大きな岐路に立たされているのではないだろうか。

第3講　個人の尊厳と日本国憲法の基本構造
——「人間人格の尊厳」が憲法の諸原則を導く

1　日本国憲法の至上原理と基本原則はどのようなものか

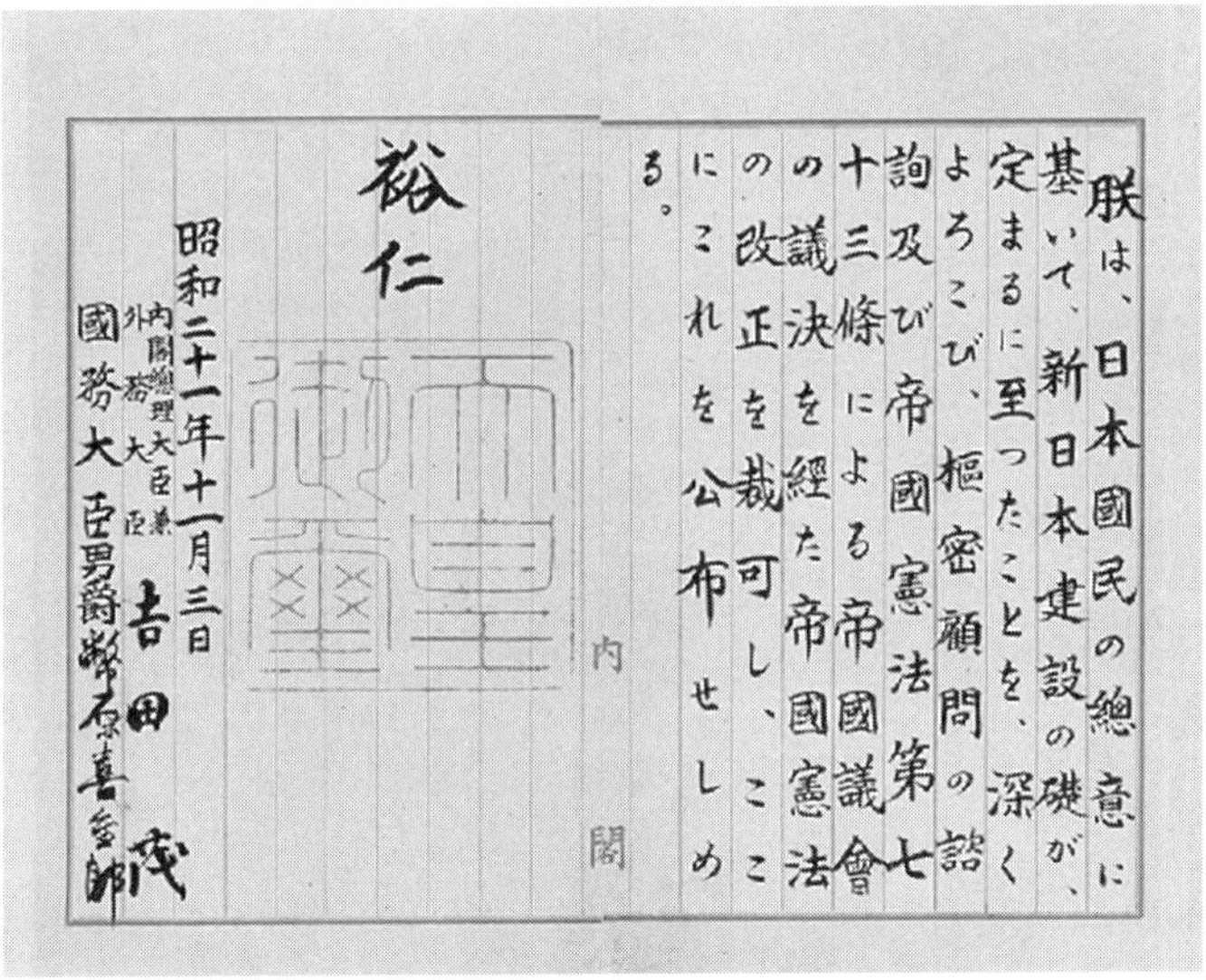
朕は、日本國民の總意に基いて、新日本建設の礎が、定まるに至つたことを、深くよろこび、樞密顧問の諮詢及び帝國憲法第七十三條による帝國議會の議決を經た帝國憲法の改正を裁可し、ここにこれを公布せしめる。

内閣

裕仁

昭和二十一年十一月三日

内閣總理大臣兼外務大臣　吉田茂

國務大臣　男爵　幣原喜重郎

日本国憲法の原本

日本国憲法は第二次大戦の敗戦を契機として明治憲法の形式的な改正手続によって誕生したが、実質的な継承性はなく、新たな立憲民主主義憲法としての基本構造と独自の特長を有している。

2 日本国憲法の至上原理

(1) 日本国憲法の前文は日本国民が全世界に向けた国家建設の宣言文である

(ア) **憲法前文の意義**　日本国憲法は、第二次大戦が引き起こした惨禍《さんか》に対する当時の日本国民の深い悲しみと反省とともに、人権の尊重を国際平和の基盤とする国際社会への信頼を背景として誕生したものである。**憲法前文**は、そのような憲法制定の由来、目的および基本原理を確認し、憲法制定権者である**日本国民の決意**が表明されており、きわめて重要な意義を有している。

(イ) **前文の内容**　日本国憲法の前文は四つの部分から成り立っており、第一節は、「主権が国民に存すること」を宣言し、**国民主権の原理**と**憲法制定の意思**（民定憲法であること）を確認している。第二節は、「日本国民は、恒久の平和を念願し、……国際社会において、名誉ある地位を占めたい」として、**平和主義への希求**を述べ、平和を愛する諸国民を信頼し、**国際協調**によって安全と生存を保持することを宣言する。第三節は、「いづれの国家も、自国のことのみに専念して他国を無視してはならない」と述べ、国家の独善性の否定を**政治道徳の法則**として確認する。第四節は、「日本国民は、国家の名誉にかけ、全力をあげてこの崇高な理想と目的を達成することを誓ふ」としている。

(ウ) **新たな国家建設の宣言**　これらは、まさに日本が**全世界へ向けた新たな国家建設の宣言文**として掲げたものである。日本国憲法前文は、国内だけではなく全世界の人々への信義に向けて宣言したのであるから、政治道徳的には、もしかりに憲法を改正する場合には、これらの約束事の変更を国際社会とくにアジア近隣の諸国民に理解してもらわなくてはならないものと考えられる。

日本国憲法の基本原則

一般的見解	本書の立場
	「人間人格の尊厳」（個人主義）
主権在民	国民主権・権力分立
基本的人権の尊重	基本的人権の尊重
戦争放棄	平和・国際協調主義

(2)　日本国憲法は「人間人格の尊厳」という至上価値の下に諸原則を規定する

(ア)　**人間人格の尊厳**　日本国憲法の至上の原理は、全体としての憲法前文の核心部分に含意される自由で独立した人格を持つ国民一人ひとりの「**人間人格の尊厳**」という**至上価値**であると考えられる。これは、人間一人ひとりが至高の存在であり、全体は個人のためにその存在価値が認められるという**個人主義の思想**に基づくものである。

(イ)　**現行憲法の基本的諸原則**　一般的に日本国憲法の基本原則については、主権在民、基本的人権の尊重、戦争放棄の三つがあげられてきた。だが、日本国憲法の前文および全体の構造を読めば、単にそれらに限定されるわけではないことがわかる。それは、①国民が主権者であること、②国家権力は分立され均衡と抑制をはかること、③統治にあたる代表者は「**自由**」と「**平和**」とを尊重しなければならないこと、④人権と平和を維持するためには諸国民との国際協調が必要であること等を具体的に明示していることがわかる。これらは、「**国民主権・権力分立**」「**基本的人権の尊重**」「**平和・国際協調主義**」という基本原則として具体的に整理される。そして、これらの諸原則のうえには、常に個人主義から導かれる「人間人格の尊厳」という至上価値が存在しているのである。

(3)　日本国憲法は個人主義と民主主義の思想を根本原理とする

(ア)　**人類普遍の原理**　政治理念としての民主主義とは、個として析出された自由で独立した人格をもつ個人を前提として、それらによる自己統治のことであり、自己の政治的決定に従う者は、当然、その決定に参加できること、つまり統治する者と統治される者との同一性が担保されるものである。これは、ジョン・ロック（一六三二～一七〇四）らの人民主権や社会契約説の思想によって推進され、国家権力の正当性の根拠は人民の信託にあると考えられるようになっていった。この思想が近代市民革命を通じてしだいに「**人類普遍の原理**」として広まり、その流れを受けて日本国憲法前文にも、「国政は、国民の厳粛な信託によるものであつて、その権威は国民に由来し、その権力は国民の代表者がこれを行使し、その福利は国民がこれを享受する」（第一節）として定められている。

(イ)　**民主主義の危険性**　すなわち、民主主義とは、一般的には人民の選出した代表による統治を意味するもので、**多数決原理による統治**が行われることをいう。だが、ロバート・ダール（一九一五～二〇一四）が多数決原理から導かれる**民主主義の危険性**を懸念して、「私が知っているデモクラシーのあらゆる主張者たちと、デモクラシーを支持しているすべての定義は、多数者に対する抑制の理念を含んでいる」と述べるように、少数の統治者に権力が集中したり、多数決原理によって国家（政府）が安易に暴走したりしないように、たえず民主主義ルールの運用に注意を払わなくてはならないのである。日本国憲法は、これらの危険性にも配慮してさまざまな工夫を凝らしている。

(4)　憲法と個人との間には三つの社会領域の解釈モデルが考えられる（「公／私」の二分論から社会領域の三分法モデルへ）

(ア)　**個人の自由利益の実現**　そもそも、個人の権利・自由は、私的領域において自らが他者と結びつき、そこでのさまざまな活動を通じて初めて実現されるものである。何人《なんぴと》も、砂漠や大海原に一人で存

◆コラム7《民主主義の危険性》
民主主義の政体ほど、タイラント（注＝専制君主または暴君の意）の政治に顛落《てんらく》する危険を孕んでいるものはない。では、何故、指導者がタイラントになるか。……ソクラテスの定義によれば、指導者とは、自己を売り、正義を買った人間だ。誰が血腥《ちなまぐさ》いタイラントなどになりたいだろう。だから、誰もなるのではない、否応なくならされるのだ、とソクラテスは言う。……政治とは巨獣を飼い慣らす術だ。それ以上のものではあり得ない。理想国は空想にすぎない。巨獣には一かけらの精神もないという明察だけが、有効な飼い方を教える。

〔小林秀雄『考えるヒント』文春文庫、二七～八頁より〕

社会領域の三分法モデル

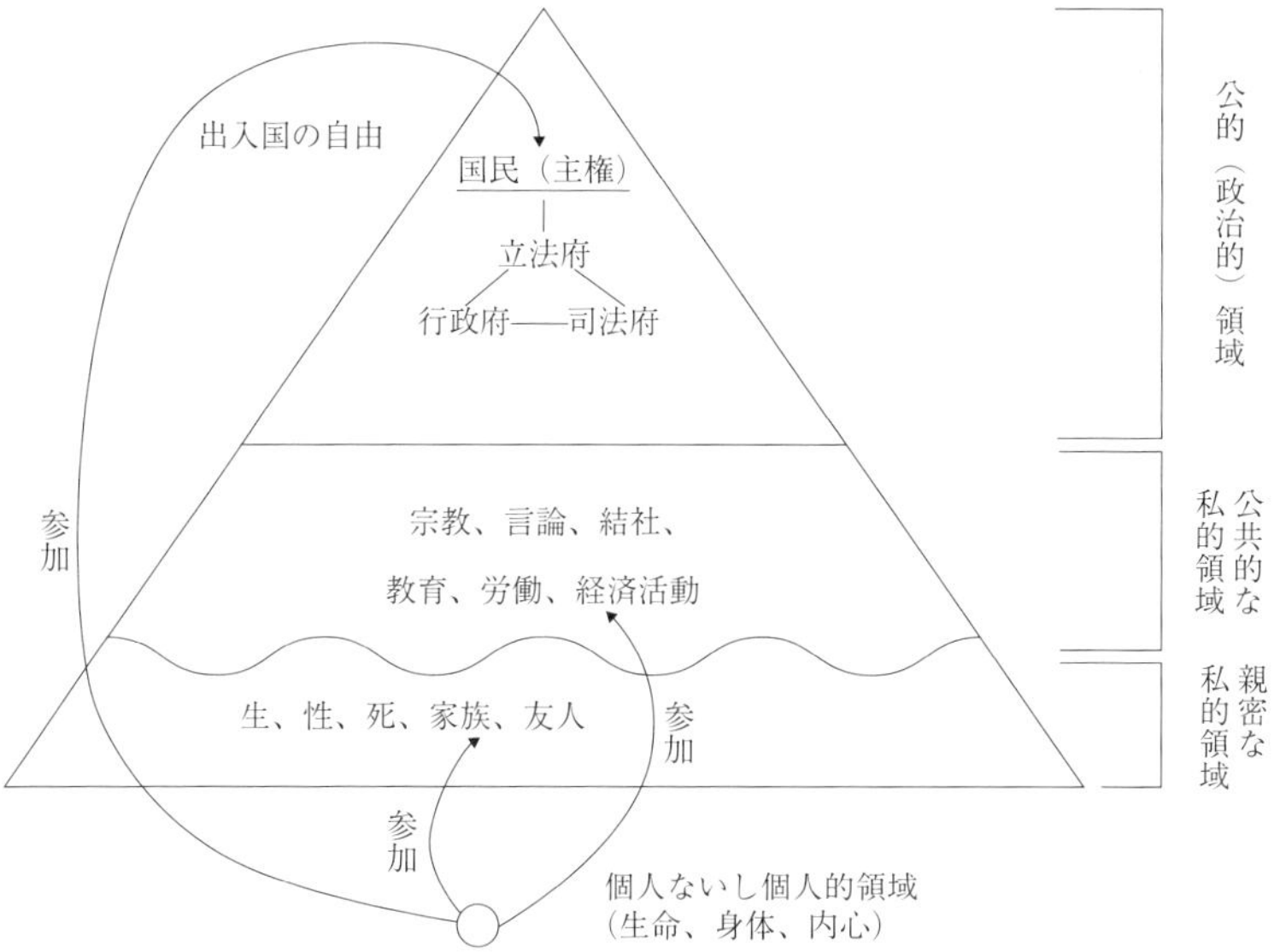

在していては、宗教の自由、言論の自由、結社の自由、表現の自由、教育の自由、労働の自由、経済活動の自由などのいわゆる市民的自由の実現は不可能である。すなわち、個人の自由利益とは、公的領域・私的領域を含めた「**全体としての社会領域**」（＝全体としての国家領域ともいう）のなかで、人が相互にさまざまな社会（人間）関係を構築して実現されるのである。

(イ)　**三つの社会領域**　人と人とが結びついて形成される社会的関係ないし他者との関係をもって自己の意思が実現される全体としての活動領域を整理すると、第一には、政治共同体としての狭義の国家（Government）を受け入れる**公的領域**で、そこには、主権者ないし有権者団としての国民（国民主権）、立法府、行政府、司法府などの人的集合体としての国家機関が所在する。第二には、一般的に不特定の誰もに開かれており、経済活動、宗教活動、言論活動など、いわゆる市民社会における自由な活動の場（ステージ）を提供する**公共的な私的領域**があげられる。第三には、特定の個人が結びつき家族生活や友人関係を営み、公共的な私的領域よりも強固に公権力の介入を拒否する、きわめて**親密な私的領域**が考えられる。

本書では、憲法的な視点から右のような**社会領域の三分法モデル**を下敷きにしながら考察を進めていくこととする。

3 国民主権と権力分立

(1) 国民主権とは国民が憲法制定権力者であることを意味する

(ア) 憲法制定権力　日本国憲法は、「主権が国民に存することを宣言し、この憲法を確定する」（前文一節）と規定している。また、一条も主権が国民に存することを明示的に規定している。ここでの主権とは、**国家の統治のあり方を最終的に決定する権力**すなわち**憲法制定権力**である。すなわち**国民主権**は、国家統治のあり方の根源にかかわる憲法を制定しかつ支える権威（憲法制定権力）が国民にあることを意味する。

(イ) 権力分立　日本国憲法は、国民主権の下にある**立法権**、**行政権**、**司法権**の重要部分を、それぞれ、国会（四一条）、内閣（六五条）、裁判所（七六条）に与えるばかりでなく、国会の構成を二院制とし、地方公共団体に地方自治権限を付与していることに表れているように、**多様な権力分立の手段**を工夫している。国会と内閣との権力の抑制関係は、**議院内閣制**として表れる。司法権は裁判所に与えられ、日本国憲法が組み入れた**違憲審査制**は、裁判所の**司法審査**（judicial review）を通して他の二機関を抑制しようとする権力分立構造の一つでもある。

(2) 日本国憲法は代表民主制を基本として国民の意思形成を行う

(ア) 国民主権と代表民主制　代表民主制とは、議会を中心とする政治形態であり、**議会制民主主義**とも呼ばれる。

これは、国民が選挙した代表者による合議機関（国会）を通じて、多数決原理に基づき国家意思の形成を行うことを意味する。日本国憲法も、「その権力は国民の代表者がこれを行使」（前文一節）するとしてこれを謳っている。議会が公開の討論を通じて、国政の基本方針を決定することになり、その意味において、国会は、憲法上もきわめて重要な地位を与えられている。

(イ)　国会の地位と権能　日本国憲法において、国会（両議院）は、①特定の選挙区や団体などの利益ではなく国民全体の「福利」の実現を目指す統一的国家意思を形成する**全国民の代表機関**（四三条）、②主権者である国民によって直接選任され、立法権をはじめ重要な権能を与えられて国政の中心的地位を占める**国権の最高機関**（四一条）、③権力分立の原理からも「国の立法」権を国会が独占し、「国の立法」手続においても他の国家機関の関与を許さない**唯一の立法機関**という三つの地位を有する。

国会の主要な権能としては、憲法改正の発議権（九六条）、法律の議決権（五九条）、条約の承認権（六一条・七三条三号）、内閣総理大臣の指名権（六七条）、弾劾裁判所の設置権（六四条）、財政の監督権（六〇条・八三条以下）等があげられる。

(ウ)　二院制　日本国憲法においては、国会は衆議院および参議院の両議院で構成され（四二条）、両院の意思の合致によって国会の意思が成立する。衆議院と参議院との関係については、内閣不信任決議権（六九条）、予算先議権（六〇条一項）などを特別に衆議院に認め、法律・予算の議決、条約締結の承認、内閣総理大臣の指名について**衆議院の優越**を認めている。

二院制は、歴史的には、国民多数の代表者たる第一院とそれと異なる性格の第二院（貴族院、連邦国家における州代表など）とを対抗させ、両者の**抑制と均衡**（checks and balances）の関係を実現させようというものであり、先にも述べた**権力分立**の考え方に基づいて発達してきたものである。その後、民主主義の進展とともに国民代表機関たる第一院が優越した地位に置かれるようになり、第二院が廃止され、一院制の議会も多くみられるようになったが、現行憲法の二院制は、マッカーサー草案の一院制を改め、明治憲法の伝統を受け継いで採用されたものである。

(3) 日本国憲法は権力分立と議院内閣制を採用している

(ア) **行政権と内閣**　日本国憲法は、行政権については、「内閣に属する」（六五条）と規定している。ここでいうところの**行政権**とは、**全体としての国家作用のうちから立法作用と司法作用を除いた残りの国家作用**を意味する。国家作用のうちで、最も大きな組織・人員を擁して国民生活に密着した多様な活動を行うのは、この**行政作用**である。とくに現代の社会国家ないし福祉国家においては、国民生活の全般について積極的に配慮する行政活動が要請されている。その行政活動全体を統括するのが、**内閣**である。

内閣は、首長たる内閣総理大臣（首相）および内閣総理大臣によって任命されたその他の国務大臣で組織される合議体である（六六条一項）。首相を含む内閣構成員の資格として、憲法は、①文民であること（六六条）、②内閣総理大臣およびその他の国務大臣の過半数は国会議員であること（六七条一項・六八条一項）の二つの要件を定めている。

(イ) **議院内閣制**　日本国憲法は、行政権の行使について、内閣が**国会に対して連帯して責任を負う**ことを規定し（六六条三項）、同時に、主権者である国民（の代表者からなる国会）が行政権行使をコントロールできる仕組みを規定している。さらには、内閣の権限行使が国会の制定した法律に基かなければならないと規定し（七三条一号・四号・六号・八四条など）、内閣の活動等を国会に報告させたり（七二条・九〇条一項）、国会の承認、承諾の下に置いたり（七三条三号・八七条二項）、国会の議決に基づかせたりする（八三条）よう規定した。

なにより内閣の構成員の任免権をもつ内閣総理大臣は国会議員のなかから国会の議決で指名され（六七条）、その他の国務大臣も過半数は国会議員のなかから選ばれることが定められており（六八条一項）、内閣は国会、とくに**衆議院**

（任期も短く、解散制度もあることから参議院より**民意が反映されやすい**）により信任されていることを必要とする（六九条）。

このように、議会（立法府）と政府（行政府）とが独立した機関として分立しながらも、政府は議会（二院制の場合はとくに第一院）の信任に依拠して存在し、その一方で政府は議会の解散権をもつことにより、議会と政府との間に緊張と連携を保つ統治システムを**議院内閣制**といい、日本国憲法もかかる制度を採用しているのである。

4　最高裁判所と違憲審査権

(1)　司法権は最高裁判所を頂点とする裁判所に属し具体的な法的紛争を解決するために作用する

(ア)　司法権の概念　日本国憲法は、司法権について、「最高裁判所及び法律の定めるところにより設置する下級裁判所に属する」（七六条一項）と規定する。ここでいう裁判所の**司法権**とは、**当事者によって提起された具体的な事件の解決を通して、法を適用し、宣言する国家作用**をいうものである（実質的意味での司法権）。裁判所は、他人の利益のためではなく当事者の権利義務に関する紛争について、法律の適用によって終局的に問題が解決可能な場合にのみ裁判を行うことができる。司法権は、具体的な事件・争訟という枠内のみにおいて行使されなければならず、この枠は「**事件・争訟性の要件**」といわれる。

(イ)　特別裁判所の禁止　さらに、日本国憲法は「特別裁判所は、これを設置することができない」（七六条二項前段）と規定している。ここにいう特別裁判所とは、明治憲法下での行政裁判所や、皇室裁判所のような通常の司法裁判所系統から独立して特定の領域での裁判権を有する裁判機関を指す。後掲の家庭裁判所や簡易裁判所はこれに該当しないが、「罷免《ひめん》の訴追《そつい》を受けた裁判官を裁判する」（六四条）ために国会が設置する**弾劾裁判所**《だんがいさいばんしょ》は、憲法自体が認めた例外である。

(2) 日本国憲法は司法権の独立を強く保障して裁判の公正と権力分立を実現する

(ア) 司法権の独立　公正な裁判を担保するためには、司法権を他の国家機関から独立させ、裁判官が他者から不当な圧力や干渉を受けることのない地位を確保することが必要と考えられる。明治憲法下においては、司法権の独立を確認したものとして「**大津事件**」が有名であるが、けっして十分なものではなかった。日本国憲法は、最高裁を頂点とする一元的な機構に司法権を独占させ（七六条一項）、さらに明文で**裁判官の独立**（七六条三項）と**裁判官の身分保障**（七八条）を定めている。それとともに、司法行政事務に関しても裁判所自らが処理できるよう規定し（七七条一項）、かかる裁判所の規則制定権は、司法内部の統一を図り裁判所の独立を確保するうえで欠かせない権限となっている。

(イ) 司法機関の抑制　一方、裁判官の独立保障も独善へとつながらないよう統制されなければならない。そのために「**審級制**」があり、上級と下級の裁判所を設置するよう求め（七六条）、裁判所法四条が「上級審の裁判所の裁判における判断は、その事件について下級審の裁判所を拘束する」と定めている。それとともに、内閣による**最高裁判所裁判官の任命制**があり（七九条一項）、最高裁判所の長官以外の一四名の裁判官は内閣が任命し、長官は、内閣の指名に基づいて、天皇によって任命される（六条二項）。さらには、**最高裁判所裁判官の国**

▼用語解説4　大津事件とは

大津事件とは、一八九一年五月一一日、明治憲法が制定され近代国家として国際社会に認められようとしていた日本を訪問中のロシア皇太子（後のニコライ二世）が、滋賀県大津で警備にあたっていた警察官・津田三蔵に突然斬りつけられ負傷した暗殺未遂事件である。明治政府は、当時の列強国であるロシア帝国の報復を恐れ津田に本来日本の皇室に対する罪である大逆罪を適用し、死刑に処すように大審院長に申し入れた。これに対し、大審院（今の最高裁判所）の院長である児島惟謙《これかた》（「いけん」とも呼ばれる）は、かかる政府の要求を認めず、刑法にいう皇太子には外国の皇太子は含まれないという法解釈を厳守し、普通謀殺未遂罪が適用されるべきことを説いた。結果は、通常の殺人未遂による無期徒刑。この事件は、明治憲法下で政府からの裁判への干渉に対し、司法権の独立を守った事件として評価されている。これにより諸外国は日本を近代国家と認め、不平等条約の改正が早まることになったのである。だが、注意しなくてはならないのは、児島が大審院長の地位を利用して担当の裁判官に直接働きかけた点では、裁判官の独立を侵害するものであり、日本が本当の意味での「司法権の独立」「三権分立」を確立するにはいまだ時間が必要であったことである。

民審査制がある。最高裁判所の裁判官は、「その任命後初めて行はれる衆議院議員総選挙の際国民の審査に付し」、その後一〇年ごとの総選挙のさいにも国民審査に付されることになっている（七九条二項）。

(3) 司法権を行使する裁判所の組織と権能は最高裁判所とその他の下級裁判所に大別される

(ア) 最高裁判所　最高裁判所は長官一名および一四名の判事の計一五名で構成され、裁判官の定年は七〇歳となっている（裁判所法五〇条）。最高裁は、大法廷および小法廷の二本立てとなっており、裁判所法九条は、大法廷は全員の裁判官によって、小法廷は最高裁の定める員数の裁判官で構成された合議体であると規定している。それぞれが扱う事件の種類は最高裁判所規則で定められているが、裁判所法一〇条によれば、大法廷のみが扱うことができる事例として法令などの合憲性の判断や判例変更をする場合があげられている。

(イ) 下級裁判所　裁判所法二条は、下級裁判所として、高等裁判所、地方裁判所、家庭裁判所および簡易裁判所を設けている。高等裁判所は、高等裁判所長官および相応な員数の判事で構成され（裁判所法一五条）、裁判は原則として三人の裁判官の合議体で行われる（裁判所法一八条）。地方裁判所および家庭裁判所は、相応な員数の判事および判事補で構成される（裁判所法二三条・三一条の二）。裁判所法二四条は、地方裁判所は通常の訴訟事件における第一審裁判所であること、簡易裁判所の判決に対する控訴などについて裁判権を有する、と規定している。

(ウ) 裁判の公開原則　日本国憲法八二条一項は、「裁判の対審及び判決は、公開法廷でこれを行ふ」と規定し、**公正な司法作用を確保**するために**裁判の公開を保障**している。同条二項は、「裁判所が、裁判官の全員一致で、公の秩序又は善良の風俗を害する虞があると決した場合」にのみ公開する必要はないとの例外を規定するが、同項但書において「但し、政治犯罪、出版に関する犯罪又はこの憲法第三章で保障する国民の権利が問題となつてゐる事件の対審は、常にこれを公開しなければならない。」として例外の場合を厳しく限定している。

(4) 裁判所は憲法の番人として違憲審査権を行使する

(ア) 憲法の保障　日本国憲法は、最高裁判所が、「一切の法律、命令、規則又は処分が憲法に適合するかしないかを決定する権限を有する」(八一条) として、憲法の最高法規性 (九八条一項) から導かれる司法による**違憲審査権**を規定している。憲法の規定は、全部で一〇三条しかなく、また国家の基本法としての性格から、すべての事柄について詳細に規定することはできず、往々にして抽象的である。そのため、多数決原理によって制定される国会の法律や恣意《しい》的な行政の行為によって憲法の精神がゆがめられたりすることを防止するため、憲法に違反する法律は極力排除されなければならず、その手段が**違憲審査制**なのである。

(イ) 違憲審査制の類型　合憲制を統制するこの違憲審査制には、各国においてさまざまな形態がある。大別して、①フランスのように、政治機関としての憲法院が違憲審査を行う形態、②ドイツ、イタリア、韓国のように、通常の裁判所の系列とは別に設けられた独立の司法機関である憲法裁判所が行う形態、③アメリカのように、具体的な個々の訴訟に付随して通常の裁判所 (司法裁判所) に審査させる形態に分かれる。フランスの憲法院や、ドイツ・イタリアの憲法裁判所は、具体的事件の裁判とは無関係に、抽象的・仮定的段階において、法律の違憲判断を行うことができる。そのため、このような形態の審査制が**独立型・抽象的違憲審査制**と呼ばれるのに対し、通常の訴訟の裁判に付随してのみ違憲審査を行うアメリカの審査制は、**付随型・個別的違憲審査制**と呼ばれている。

日本の違憲審査制はアメリカ型の付随型違憲審査制とされている。朝鮮戦争を契機に一九五〇年に設置された警察予備隊が九条に違反するとして直接最高裁判所で争われたのが、警察予備隊違憲訴訟 (最大判昭二七・一〇・八) であった。最高裁は、わが国の裁判所は法律・命令の抽象的な判断を下す権限を有するものではない、として門前払いの判決を言い渡したのである。

(5) 裁判員裁判の制度は国民の司法参加を積極的に促す

二〇〇九年から実施された**裁判員裁判**の制度は、原則として六名の裁判員が三名の職業裁判官とともに裁判所を構成し、共同して有罪決定と量刑を行う。裁判員は、有権者のなかからくじで選んで作成した名簿に基づき、一定の手続を経て選定される。この制度が適用されるのは、重罪事件（死刑または無期の懲役・禁固に当たる罪の場合、あるいは、短期一年以上の有期懲役・禁固に当たる罪を犯し故意に被害者を死亡させた場合）に限られ、裁判員と裁判官が合同で「双方の意見を含む合議体の員数の過半数」をもって事実の認定・法令の適用・刑の量定を行う。これは、主権者である**国民の司法への参加を促す制度**であり、司法制度改革の一環として取り入れられたものである。

5 基本的人権の保障システム

(1) 自然権思想から基本的人権の保障へ

(ア) 自然権思想　ホッブズ（一五八八〜一六七九）、ロック（一六三二〜一七〇四）、ルソー（一七一二〜一七七八）などにみられる自然権思想は、「人は、生まれながらにして、**自由かつ平等の権利をもつ**」ものとして、国家以前の個人のもつ権利を承認して、たとえ国家といえども、このような権利を侵すことはできない、としている。近代憲法は、この原理を取り入れ、さまざまな自由や権利を国民の基本的人権として保障している。

(イ) 基本法による人権保障　このような、法的意味での人権は、一二一五年のマグナ・カルタ（大憲章）、一六二八年の権利請願、一六七九年の人身保護法、一六八九年の権利章典などにみられるイギリスの人権宣言や、アメリカでは、一七七六年六月一二日のヴァージニア権利章典の「すべて人は生来ひとしく自由かつ独立しており、一定の生来の権利を有する」との文言や、一七七六年七月四日の独立宣言で、「**生命、自由および幸福の追求**」の権利が天賦の権利であると宣言されている。また、フランスやドイツにおいても、同様の人権宣言や権利章典によって人権が謳われ、**近代国家の成立とともに基本法である憲法によって具体的な法的権利**として保障されるようになったのである。

(2) 基本的人権の享有主体は一般国民に限られない

(ア) **天皇**　天皇・皇族も、日本国籍を有する日本国民であり、人であることに基づいて認められる基本的人権は保障される。皇位の世襲や職務の特殊性から参政権、婚姻の自由、財産権、言論の自由等については、一定の制約があるが、それらは必要最小限度のものでなくてはならないのは当然のことである〔⇒象徴天皇制については、第**4**講を参照〕。

(イ) **外国人**　日本国籍を有さない**外国人**が、日本国憲法の保障する**人権享有主体**であるか否かについて、最高裁判所は、「いやしくも人たることにより当然享有する人権は不法入国者といえどもこれを有する」〔最判昭二五・一二・二八〕という立場をとり、その後の判例も、ほぼ一貫して、**権利の性質**によっては、外国人に対しても等しく及ぶという立場を表明している〔⇒第**10**講**4**(2)〕。

(ウ) **法人**　最高裁判所は、一九七〇年の八幡製鉄政治献金事件において、「憲法第三章に定める国民の権利および義務の各条項は、性質上可能なかぎり、内国の法人にも適用されるものと解すべきである」〔最大判昭四五・六・二四〕として、**肯定説の立場**をとっている。その根拠としては、①法人の活動は、自然人を通じて行われ、結局のところその効果は自然人に帰属するものであること、②法人は社会において自然人と同じく活動の主体となり、**現代社会**

◆**法令**〔資料〕**自由と平等に関する人権宣言**

◇アメリカ「独立宣言」（一七七六年）
われわれは、自明の真理として、すべての人は平等に造られ、造物主によって、一定の奪いがたい天賦の権利を付与され、そのなかに生命、自由および幸福の追求の含まれることを信ずる。

◇フランス「人および市民の権利宣言」（一七八九年）
第一条　人は、自由かつ権利において平等なものとして出生し、かつ生存する。社会的差別は、共同の利益の上にのみ設けることができる。
〔高木八尺ほか編『人権宣言集』岩波文庫、一一四・一三一頁〕

における重要な構成要素となっていること、などがあげられている。

(3) 日本国憲法は基本的人権のカタログをもち豊かな人権保障の実現を目指している

(ア) **基本的人権のカタログ**　憲法上「基本的人権」と呼ばれる人権の内容は、①包括的基本権（一三条）、②法の下の平等、③自由権、④社会権、⑤参政権、⑥国務請求権（受益権）等があげられる。このなかにはそれぞれ条文中で明示的に規定されているものもあれば、個々の条項に含意されるものもある。このうち**包括的基本権**と**平等権**は、法秩序の基本原則であるとともに人権の総則的な権利であり、**国務請求権**は、裁判を受ける権利、請願権などをいい、人権を確保するための基本的人権とされる。

(イ) **自由権**　国家が個人の自由利益を侵害するのを排除して個人の自由な意思決定と活動を保障する人権を「**自由権**」という。**国民の基本的人権の中心であり**、「**国家からの自由**」ともいわれる。日本国憲法が保障する思想・良心の自由（一九条）、信教の自由（二〇条）、表現の自由（二一条）、職業選択の自由（二二条）、学問の自由（二三条）、各種の人身の自由（三一条以下）等が自由権の例である。

(ウ) **社会権**　近代立憲主義憲法は、第一に、市民に自由権を保障したが、国家が個人の自由利益の追求を放任すること（このことを「レッセフェール」ともいう）によって経済的格差や不平等が広がり、「人間人格の尊厳」にふさわしい社会生活を営むことの困難さがしだいに認識されるようになってきた。日本国憲法は、個人が国家の積極的な介入を求めて自由利益を実現する「**社会権**」すなわち「**国家による自由**」を保障している。生存権（二五条）、教育を受ける権利（二六条）、勤労権（二七条）、労働基本権（二八条）等がその例である。

(エ) **参政権**　個人の自由利益を確保するためには、国家との関係でも私的領域のなかだけで活動するのではなく、**民主政のルール**に基づいて国民として国政に参加する権利の保障が必要となる。具体的には選挙権・被選挙権に代表され、「国家への自由」ともいわれる（⇒これらの「三つの自由」については、第**14**講を参照）。

(4)　「公共の福祉」は個人の基本的人権相互間の矛盾や衝突を調整するための公平の原理である

(ア)　人権相互間の調整原理　日本国憲法は、基本的人権の保障とともに「公共の福祉」をその制約原理として規定している。憲法が制定されてしばらくの間、裁判所は、公共の福祉とは「社会の多数の利益」というような漠然とした意味にとらえていた。だが、それでは個人の**人間人格の尊厳**を至上原理とする憲法が個人よりも多数者を優先することになり、基本的人権の保障システムが意味をもたないことになる。通説は、個人の基本的人権と対立するような多数者や全体の利益を意味するのではなく、個人の**基本的人権相互間の矛盾・衝突を調整する公平の原理**とされる。この場合の公共の福祉とは、憲法が規定する以前に、すべての人権は他者の人間としての尊厳や自由を侵害してはならないというように論理必然的に内在するものである。さらに、個別的な自由権を公平に保障するには、必要最小限度の制約のみを認め（自由国家的公共の福祉）、社会権を実質的に保障するには、合理的な制約を認めるもの（社会国家的公共の福祉）として作用する。

(イ)　具体的内容　だが、この「公共の福祉」の中身には、「他者の生命・身体・健康」などを侵害してはならないとする①**他害禁止の制約原理**や②**社会公共政策的な制約原理**のほかにも、青少年の健全育成や自己加害を防止するための③**パターナリスティック**（温情主義）**な制約原理**や、破壊活動防止法や旅券法などにみられるように、現在の政治体制や「国家」の利益を維持・防衛しようとする④**国家政策的な制約原理**等が働いていることが理解される。

(5)　人権は国家の壁を越えて保障される

近代国家が誕生し、憲法に基本的人権の保障システムが組み込まれてから、人権はそもそも当該国家の国内問題として扱われてきた。だが、とくに第二次大戦後、国際平和の希求とともに、**人権の普遍性**が認識されるようになるにつれて、国際社会においても国家の枠を越えて人権が保障される試みが強化されるようになった。一九四八年の世界人権宣言を皮切りに、国際連合の活動を中心とする**国際人権条約**が発達し、国内における人権保障の拡大が図られている〔⇨第**15**講**4**(1)〕。

6 平和・国際協調主義

(1) 日本国憲法は戦争放棄と戦力不保持を規定する

(ア) **戦争の放棄**　日本国憲法九条一項は、「国権の発動たる戦争」と「武力による威嚇《いかく》又は武力の行使」を永久に放棄することを規定している。これは、過去の軍国主義的な「政府の行為によって再び戦争の惨禍《さんか》が起ること」(前文一節)のないように、民主国家の主権者としての国民の強い反省と国権の発動への責任を認識して、包括的に戦争への決別を宣言したものである。

もっとも、**戦争の放棄**については、「国際紛争を解決する手段としては」という留保が付されており、国際法上は、一般的に侵略戦争を禁止するものであり、自衛のための戦争は含まれないと解されている(**限定放棄説**)。これに対して、日本国憲法の平和主義の独自性とともにおよそ戦争は自衛戦争と侵略戦争を区別することはできないとして、当初は自衛戦争を含めてすべての戦争が放棄されているとの見解が対立していた(**全面放棄説**)。

(イ) **戦力の不保持**　これについて前者からは、第二項では、「**前項の目的を達するため**」と規定されており、これは第一項で放棄されているのは侵略戦争の放棄を目的とするものであって、そのための「陸海空軍その他の戦力」は保持せず、「**交戦権**」の否認が定められているにすぎないとして、自衛のための戦争を認める根拠が主張される。

他方、後者からは、「前項の目的」とは戦争を放棄する動機を一般的に示すにとどまるものであり、「国際平和を誠実に希求」する日本国民にとっては、国家の自衛権は認められるとしても、現行憲法の平和主義原理を実効力のあるものにするために、一切の「**戦力**」の不保持、「交戦権」の否認がなされ、結局は自衛戦争も含めすべての戦争が禁止されることになる、と主張される。実際、日本国憲法の制定当時は、日本政府もこのような立場をとっていた〔⇩第**5**講**2**(4)〕。

(2) 日本国憲法は全世界の国民が平和的生存権を有することを宣言する

(ア) 平和と人権の不可分一体性

日本国憲法前文は、全世界の国民が、「恐怖と欠乏《けつぼう》から免かれ、平和のうちに生存する権利」(第二節)を有するとして**平和的生存権**を謳っている。これは、一九四五年のアメリカ合衆国のフランクリン・ルーズベルト大統領の①言論の自由、②信教の自由、③欠乏からの自由、④恐怖からの自由をその内容とする「四つの自由」宣言をそのルーツとするものといわれている。憲法前文の文言を裁判において具体的な権利、裁判規範として主張できるか否かの議論はともかくとして、日本国憲法は、平和を国家による戦争の問題として限定するのではなく、幅広く人権に対する究極の問題としてとらえ、その不可分一体性を平和主義原理として組み入れたものと考えられる。

(イ) 難民と平和的生存権

また、今日の世界情勢においては、人種、宗教、国籍、特定の社会集団の構成員、または、政治的意見のゆえに迫害を受けるおそれが十分存在し、そのため外国に逃れて本国の保護を受けることができず、またはその保護を望まないさまざまな立場の「**難民**」の人たちが存在する。日本国憲法の規定する「**平和のうちに生存する権利**」は、その対象を日本国民に限定するのではなく、「全世界の国民」が権利の享有主体であることを宣言して国際社会との協調を図ろうとしているのであるから、その法的意味を再確認することが求められているといえるであろう。

(3)　日本国憲法は国際社会との平和的な協調主義を謳っている

日本国憲法は、日本国が締結した条約や国際法規について、「これを誠実に遵守《じゅんしゅ》することを必要とする」（九八条二項）として、日本政府に国際社会のルールを遵守することを義務づけている。これは、国家間の関係のみならず、条約や国際慣習法に**国内法的な効力**をもたせて、具体的に国内領域においても国際社会のルールを誠実に実施することを、国家の法的な義務と位置づけているものである〔⇒第**15**講**3**(2)〕。そして、「平和を愛する諸国民の公正と信義に信頼して、われらの安全と生存を保持しようと決意した」（憲法前文二節）と述べて、これらの理想を**平和・国際協調主義**によって実現しようと宣言したのである。

右のように、日本国憲法の**平和主義原理の特質**として、①包括的に戦争を放棄し、②戦争に連なる軍備を持たず、③平和的生存権を構想し、④国際協調主義に訴える、といった諸点をあげることができる。

7　今後の課題

(1)　二院制の意義は本当に理解されているだろうか

日本国憲法における**二院制**は、①国会の審議をより慎重に行わせること、②多様な民意を反映させること、③衆議院の解散のさいに参議院が補充的機能を果たすこと（五四条二項）等を目的に採用されたと考えられる。だが、衆・参同日選挙などの実施は、一般に政党別にみた選挙結果が均一になる傾向があり、その結果、両院の政党別構成が似通ったものとなり、参議院の独自性が損なわれるおそれがあるとも指摘されている。議会制民主主義において、党利党略を超えた「良識《りょうしき》の府《ふ》」としての第二院の存在意義について、われわれ国民はもっと理解を深めていく必要があるのではないだろうか〔⇒憲法評論⑥を参照〕。

(2) 裁判所は、違憲審査権をもっと積極的に行使する必要があるのではないか

最高裁判所は、これまでほとんど法律を違憲と判断しておらず、学説や一般市民から強い批判を浴びてきた。従来の最高裁の憲法判断における基本的態度は「積極的」ではなく、「消極的」であったといわれている。このいわゆる「司法消極主義」に対して、多くの論者は、違憲審査権は立法府や行政府の違憲的な行為を是正し、憲法秩序を適正に保持するとともに、議会の多数者の決定から少数者の権利を保護するものでもあるので、積極的に行使することが必要である、と批判している。また、ある論者によれば、「裁判所が憲法上の抑制・均衡のシステムの重要な一翼を担っているとの自覚の希薄《きはく》さを思わせる」とも指摘される。司法制度改革により人権擁護と社会正義の実現についての意識をもった多くの法曹が誕生し、憲法規範の基本原理に対する深い洞察とそれに基づく説得力のある憲法解釈が期待されるようになったのであるから、広く国民を納得させるような司法審査権の実質的な展開がさらに裁判所に求められるのではないだろうか。

第4講　国民主権と象徴天皇制
——皇室制度の立憲民主的コントロール

1 象徴天皇制は国民主権とどのような関係にあるか

毎日新聞
人民の自由と責任
新しき曉 マ元帥の聲明
民主體制の強力展開
佛蘭西革命の傳承
基調は自由、博愛、平等
會談は一任
新年に詔書を賜ふ
紐帯は信頼と敬愛
朕、國民と共に在り
誓新たに國運開かん
仰ぐわれらの陛下
民に對し責任御痛感

1946年1月1日に人間宣言をする昭和天皇の新聞記事
戦前は神権的な存在であった天皇が日本の民主国家建設のために自らの立場を宣言した。〔毎日新聞1946年1月1日付より〕

2 明治憲法における天皇の地位と国家神道

(1) 明治憲法は神権君主制と臣民の権利を規定していた

(ア) 神権君主制

わが国における近代国家建設のために制定された明治憲法（明治二二年発布）は、権力分立制や臣民の権利保障など形式的ではあったが、立憲主義的な要素も導入していた。だが、**天皇の地位**は、天皇の祖先である神（天照大御神）の意思に基づくものであり、「大日本帝国ハ万世一系ノ天皇之ヲ統治ス」（一条）として**天皇主権の原理**が明示され、**神権主義的な君主制**が採用されたのであった。

このため、権力分立制といっても、神聖不可侵にして統治権を総攬《そうらん》する天皇（三条・四条）の下で、立法は議会が協賛して行い（五条）、行政は国務各大臣が輔弼《ほひつ》してその責任を負い（五五条）、司法は裁判所が天皇の名において行う（五七条）という独特のもので、天皇は、立法・行政・司法などすべての国務の作用を究極的に統括する地位にあった。それぞれの国家機関は天皇の大権を翼賛《よくさん》する機関にすぎず、とくに、軍の統帥大権（一一条）が一般国務から分離・独立し、それに対する議会および内閣の関与が否定されていたことは、軍部の独裁を導く引き金にもなっていた。これらのことは明治憲法が近代の立憲

◆コラム8《君主と元首について》

伝統的な国家形態からすれば、「君主国」とは、国家の最高統治権力を意味する主権を一人が保持する場合をいい、その場合の自然人を「君主」と呼んできた。明治憲法の下での天皇は、まさにその意味での君主といえるが、日本国憲法の下では、天皇は君主ではない。ところが、欧米において、民主主義の進展とともに君主に主権があるかどうかの点は重視されず、おおむね次のような要件をそなえた自然人であれば君主とするという「新しい君主概念」が登場してきた。それは、①一般にその地位が世襲的に継承される（独任制機関であること）、②統治権、少なくとも行政権の一部を有すること、③対外的に国家を代表する権能を有すること、④その地位に国家的象徴性が認められること、とされる。これによれば、天皇は、①と④の要素を備えてはいるが、②と③については実質的な要素としては認められず、この立場に立つと、日本国憲法の下での天皇は君主とはいえない。もっとも、ゆるやかに①や④でよいとなると、天皇を君主と呼ぶことも可能となるであろう。

元首（head of the state）とは、伝統的には、統治権を総攬し、行政権の首長であるとともに、対外的代表権をもつ君主を国家の頭（head）になぞらえるところに成立したものといわれる。日本国憲法の下では、元首は、内閣または内閣総理大臣ということになるが、事実上、来日する外国の大使・公使の信任状の宛先は天皇であり、天皇が受理するのが慣行となっており、元首の要件でとくに重要な外国に対して国家を代表する権能を有しているといえる。

君主制というよりも**古典的な絶対的神権君主制**に力点を置いていたことを示すものといえる。

(イ)　臣民の権利　このように明治憲法下の神権天皇制は、**日本版の王権神授説**ともいえるもので、天皇を神聖不可侵とした（三条）うえで、天皇は統治権の総攬者である（四条）としていた。しかも、天皇は、旧財閥をしのぐ膨大な皇室財産という私的財産をもち、その経済的基盤としていた。他方、明治憲法下における日本国民は、絶対的な君主の統治権に服従する地位にある**臣民**《しんみん》（subject）とされていた。臣民の権利は、君主である天皇が臣民に恩恵として与えたもの（臣民権）であり、法律の範囲内でのみ認められるといういわゆる**「法律の留保」**を伴うものであった。すなわち、明治憲法下における国民の諸権利は、法律によっていかようにも制限できる不完全なものであったといえる。

諸外国の元首や君主の権能が名目化しつつあることを考えあわせると、天皇を君主と呼んだり、元首と呼んだりすることも名目上許されると解することもできるかもしれない。しかし、これらの概念にはそれ自体が何らかの実質的な権限を含むと考えられるので、名目の問題よりも、天皇が憲法上いかに位置づけられ、いかなる権能を認められているかを問題として明確にすることの方がより重要であると考えられる。

(2)　国家神道は神権天皇制と強く結びついていた

(ア)　国家神道の形成　明治憲法では、臣民の権利として**信教の自由**も保障されていたが、その限界は、「安寧《あんねい》秩序ヲ妨ケス及臣民タルノ義務ニ背カサル限ニ於テ」（二八条）という基準によって定められていた。そこでは、**神社神道**（**国家神道**）は別格で「宗教にあらず」といわれ、国家から特別の待遇を受けた。神道は、布教宣伝に従事せず、祭祀《さいし》中心の活動をなすだけである点に着目されて、宗教ではない

▼用語解説5　法律の留保とは
本来、法律の留保とは、行政権が行使されるためには法律の根拠を必要とするという原則であり、国民の権利・自由の制限は行政権には許されず、法律（立法）に委ねられるというものであった。しかし、明治憲法の下では、天皇に服従し、従属する立場の臣民の権利・自由の保障は、天皇大権の範囲内でしか認められず、法律によるならばいかなる制限もできるとされていた。これに対して現行の日本国憲法では、法律をもってしても侵すことのできない基本的人権を承認しており、国民の権利・自由については、原則として法律の留保を認めず、行政権だけではなく立法権に対してもこれを保障するものである。

と位置づけられてはいた。しかし、実際には**国家から特権を受ける国教**として扱われ、神官に公務員としての資格を与えたばかりでなく、官国幣社《かんこくへいしゃ》（国の神官や地方の国司により奉献されてきた神社）および指定神社を公費で助成するなどして、国家神道が形成されていったのである。他方、キリスト教や大本教などのように政府から弾圧された宗教もあり、国粋主義の台頭とともに、国教的な神社神道の教義は、**国家主義や軍国主義の精神的な支柱**となっていった。

(イ)　神道指令による政教分離　第二次大戦直後の一九四五年一二月、連合国総司令部は、国家神道が政治権力と結びつき天皇を国民の精神的・道徳的バックボーンとした元凶であるとみて、人権指令とともに**神道の国家からの分離**、神道の教義からの軍国主義的・超国家主義的思想の抹殺、学校からの神道教育の排除等を命じた**神道指令**を公表した。それにより国家神道と結びついた神権天皇制を明確に否定しようとしたのであった。さらに、一九四六年一月一日の昭和天皇の人間宣言によって**天皇の神格化が否定**され、国家神道は特権的地位を支えてきた基盤を失うことになった。このような経緯を踏まえて、日本国憲法には、国家と宗教の分離を定める**政教分離原則**が明確に規定されることになったのである（二〇条・八九条）。

◆コラム9《政教分離原則と宮中祭祀《きゅうちゅうさいし》》

国家が国教を設けたり、特定の宗教に特権を与えたりして、それと結びつくとき、そこには、それ以外の宗教の信者または無宗教者に対する国家の迫害が生ずることは歴史の示すところであった。また両者が結びつくとヨーロッパの宗教戦争の例にみられるように妥協不可能な対立を政治に持ち込むことになる。このため、近代憲法は、「信教の自由」の制度的保障として、①「宗教」（私的領域）への国家の介入と、②統治（公的領域）への「宗教」の介入を禁止する国家と宗教との分離の原則（政教分離原則）を採用している。もっとも、国家と宗教の分離といっても、その形態や度合は国によってまちまちである。

日本国憲法は、「いかなる宗教団体も、国から特権を受け、又は政治上の権力を行使してはならない」（二〇条一項後段）と定め、ついで、「国及びその機関は、宗教教育その他いかなる宗教的活動もしてはならない」（同条三項）とし、さらに、「公金その他の公の財産は、宗教上の組織若しくは団体の使用、便益若しくは維持のため、……これを支出し、又はその利用に供してはならない」（八九条）と規定している。

天皇が国家と国民の安寧《あんねい》と繁栄を祈ることを目的におこなう宮中祭祀は、日本国憲法やその下の法律に明文の規定はなく、また、これに係る予算も皇室の内廷費によって処理されている。このため、戦後の宮中祭祀を「天皇の私的な宗教的儀式」と解釈することによって、日本国憲法との整合性を保っているものと考えられる。

3 現行憲法における天皇の地位と国民主権

(1) 象徴天皇制は民主憲法の国民主権原理と調和する

(ア) 国民の総意に基づく象徴天皇制　日本国憲法は、現行天皇が「日本国と日本国民統合の象徴」であり、それは、「主権の存する日本国民の総意」に基づくと規定している（一条）。本条は、**天皇の象徴としての地位**を明らかにするとともに、その根拠が**主権者である「国民の総意」**に基づいていることを明確にしたものである。

象徴天皇制の意義としては、天皇は、明治憲法下の統治権の総攬者としての神権天皇とは異なり**政治権力**をまったくもたず、日本国と日本国民統合の象徴にすぎないということよりも、**象徴以外の役割はもたない**、ということにあると考えられる。このことが、天皇は「国政に関する権能を有しない」（四条）という規定に具体化されたのであった。ここでの「国民の総意」は、憲法の規定する改正手続によって問われることになる。つまり、日本国憲法下における天皇制とは、絶対不変なものではなく、**憲法改正手続**によれば国民の総意によって改廃することも可能となるものである。こうすることでかろうじて**民主主義原理との整合性**が担保されることになる。

(イ) 憲法第一章の意味　日本国憲法は、明治憲法七三条の改正手続により成立した。もともと明治憲法は君主の制定した**欽定憲法**であったので、もしそれが明治憲法の改正であるのなら、日本国憲法は欽定憲法ということになる。だが、憲法前文一節は、「日本国民は……ここに主権が国民に存することを宣言し、この憲法を確定する」と述べ、日本国憲法が**民定憲法**であることを明示している〔⇩第１講4(4)〕。

この点について、日本国憲法は、天皇の地位を主権者である国民の意思に根拠づけている。これは、憲法前文で、「主権が国民に存することを宣言」したうえで一条に象徴天皇制を規定したのであるから当然のことといえるが、皇

位の世襲を定めた二条が神権君主制の名残を感じさせるため、これを払拭して、**象徴天皇制と国民主権原理との調和**を印象づける必要があったからともいわれる。

しかしながら、民定憲法であるならば、その第一章には主権者たる国民の地位についてもっと明確に規定がなされるべきであるが、なぜ天皇の章になっているのか疑問がもたれるところであろう。これについては、日本国憲法の制定過程の特殊事情から日本国民が自らの手で改正したことを示すために明治憲法の改正手続という形式をとり、そのさい**形式的に明治憲法の構成の枠組みを踏襲**する必要があったものと考えられている〔⇒詳しくは、第**2**講を参照〕。

㈦　**天皇の地位の不連続性**　天皇制については、明治憲法下の最後の天皇であった裕仁天皇（昭和天皇）が日本国憲法下においても引き続きその地位についたので、**新旧両憲法**において連続性があるのではないかとの疑問が生じる。確かに**両者とも世襲**である点で違いはなく、また明治憲法においても、天皇は国家の「統治権者兼象徴」であったといえる。だが、その重要な部分を比較してみると、現行憲法下の象徴天皇制は、天皇の地位を主権者たる国民の総意に基づくものとし（一条）、天皇から「国政に関する権能」の一切を剝奪《はくだつ》し（四条）、さらに、皇室財産をすべて国有化している（八八条）。また、天皇の人間宣言によって天皇を神聖不可侵の存在として特別扱いすることはなくなったことからも**両者の連続性はなく**、日本国憲法では、明治憲法の神権天皇制が否定され、**新しく象徴天皇制が創設**されたものと考えるのが妥当とされる。

⑵　象徴天皇制の成立は戦争放棄とともに皇室制度の維持に貢献した

㈠　**国体の護持**　日本のポツダム宣言の受諾（一九四五年八月一四日）に伴って明治憲法を改正することが必然となり、天皇制をいかにすべきかについてさまざまな立場での議論がなされた。国内的には、在野の革新的勢力からは、**天皇制を廃止**して徹底した共和制憲法の制定を唱えたものもあったが、総司令部から早々に憲法改正の示唆を受

皇室の構成と皇位継承の順位

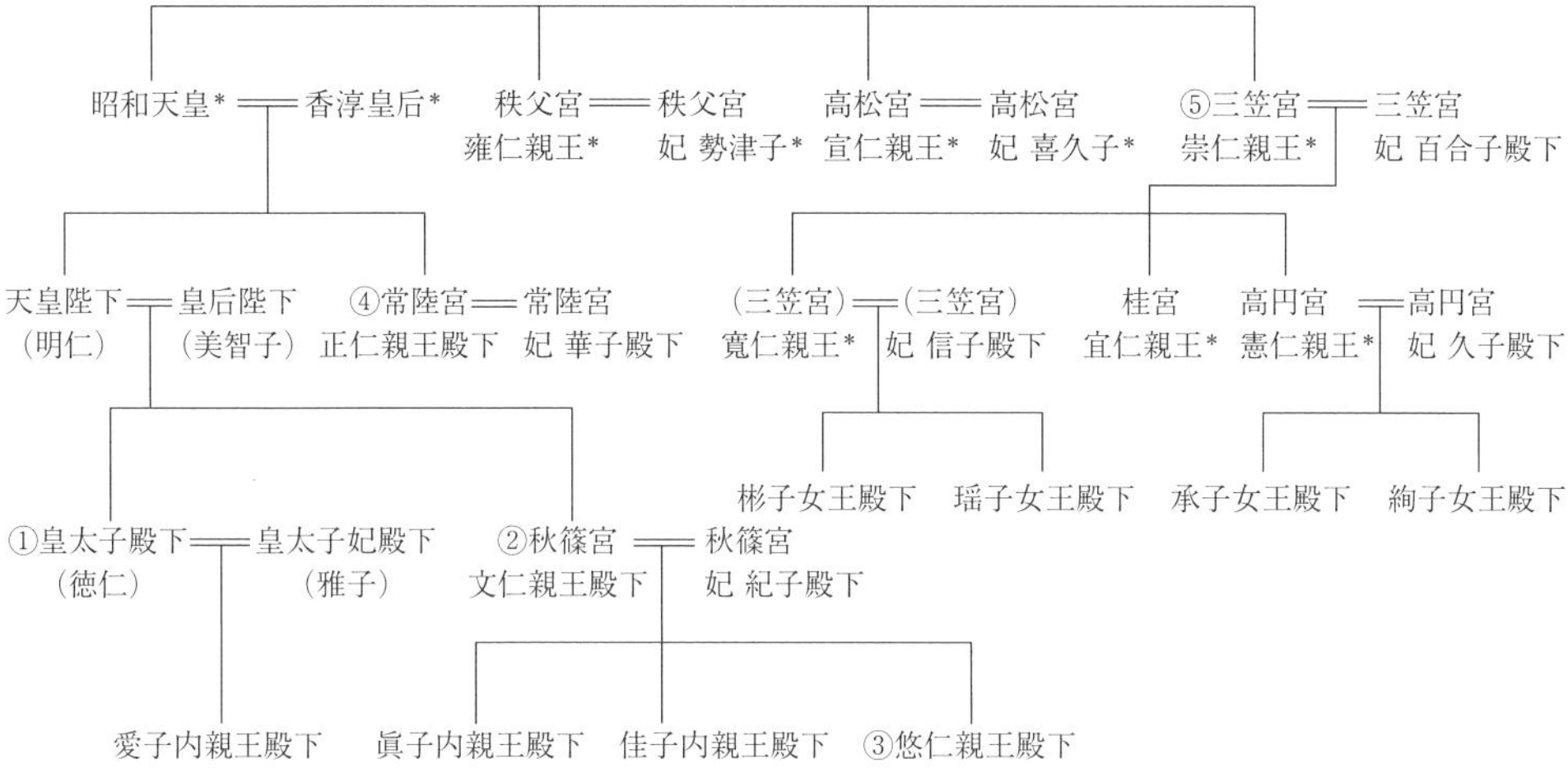

＊：崩御・薨去された方
①〜⑤：皇位継承順位
宮内庁 Web サイトを元に作成（平成29年4月1日現在）

けた日本政府を中心とする保守的勢力は、統治権の総攬者としての天皇の地位を温存しようとして、「**天皇制の護持（国体の護持）**」を主張し、明治憲法のごく一部の改正で切り抜けようとしていた。そして敗戦後における日本の支配層の最大の関心事は、天皇の戦争責任を回避し天皇制の存続を図ることにあったといわれている。

(イ) **国際社会の圧力**　国際的には、**連合国の極東委員会**を構成するソ連やオーストラリアなどが、日本の軍国主義の根本原因は天皇制にあったとして、**天皇制を廃止**すべきであると強く主張していたが、総司令部（GHQ）の中核として日本の**占領統治**を担っていたアメリカは、国民への影響力が甚大で**民主化した天皇制**ならば存置しておくほうが得策だと考えていた。マッカーサーは、「二〇個師団に匹敵する」として戦争終結にも役割を果たした天皇に政治的な利用価値を見いだしていたのである。

(ウ) **戦争放棄と天皇制の存置**　最終的に天皇制については、マッカーサー・ノート三原則によって**戦争放棄**とともに総司令部の憲法草案の骨子として組み入れられたのち、その後の国会での憲法改正手続を経て象徴天皇制というかたちによって決着をみたのであった。明治憲法では、「天皇ハ陸海軍ヲ統帥ス」（一一条）と定め、軍の統帥権を天皇に委ねていた。軍の編制大権（一二条）や宣戦講和の大権（一三条）も天皇に属しており、**天皇の戦争責任**を問うつもりでいた当時の国際情勢に鑑みると、昭和天皇を無傷のまま守り抜くために、日本国憲法の大きな特長をなす**憲法九条によって天皇制が存置**されたとの見方もできるであろう〔⇒第**5**講**2**(3)〕。

(3) 女性天皇は皇室典範の改正により可能となる

(ア) 皇位の世襲制

日本国憲法は、**天皇の皇位の継承**について、「皇位は、世襲のもの」（二条）であって、「国会の議決した皇室典範」が定めると規定している。ここでいう「**皇位**」とは、国家機関としての天皇の地位のことであり、「**世襲**」とは、ある地位につく資格が特定の血縁関係者に限定されていることをいう。これは、**天皇という国家機関**への就任が、血統上の理由によるとされているものである。このような世襲制は、憲法で定める民主主義原理や「法の下の平等」の原理からすれば疑問ともいえるが、先に述べたように憲法改正手続によって最終的には民主的な変更は担保されており、憲法自身の定めた例外ということができる。

(イ) 皇室典範

ところで、憲法が直接規定しているのは、皇位の世襲までであって、その継承については、**国会が議決した法律である**

◆**コラム10《皇室制度の特徴について》**

皇室制度は、①国の制度であると共に特定の限られた御一族に関する制度としての面を持つこと、②柔軟性を持つ制度であること、③皇室と国民との信頼関係により成立し維持されていること、④皇室の方々の御活動によりその意義が明らかにされる制度であること、⑤長い歴史を背景に持っているということが特徴として挙げられる。

このような特徴を持つ皇室制度は、大きく分けて、制度を維持するために活動する三つの主体によって形作られていると考える。

第一の主体は「天皇」である。これは、天皇を中心とした「皇室」と考えてもよいのではないかと思う。

第二の主体は「国民」である。国民は、象徴天皇制度を定めた者であり、制度の制定者である。そして、同時に象徴天皇制度のもたらす結果の享受者であると考える。

第三の主体は「政府」である。内閣と考えてもよい。政府は象徴天皇制度を運用して行く上での責任者という立場にあると考える。

〔園部逸夫「憲法第一章の問題について」香川法学三三巻一・二号、六九―七三頁〕

皇室典範が定めている。明治憲法の時代にも「皇室典範」という同じ名称の法形式が存在して皇位継承等に関する事項を定めていたが、その皇室典範は、皇室の自主法であり帝国議会の権限の及ばないものとされていた。すなわちそれは、明治憲法と対等の地位にある独自の法規範で、もう一つの憲法たる性質をもっていた。しかし、現行憲法はそれを否定して、皇室典範も国会の議決によって定められる法律のひとつとしたのである。

(ウ)　**女性天皇の可能性**　現行の皇室典範によると、**皇位の継承**について、「天皇が崩じたときは、皇嗣が、直ちに即位する」(四条)と規定されており、天皇の死亡という事実の発生と同時に、**皇嗣《こうし》**すなわち第一順位の皇位継承者が皇位を継承することになっている。皇位継承の資格については、皇室典範一条に「皇位は、**皇統に属する男系の男子**が、これを継承する」とあり、現行ではこれによって女性は天皇になれないことになっている。だが、皇位の継承が「男系の男子」に限られているのは、憲法上定められた事柄ではなく、**法律レベルでの問題**であるから、国会で皇室典範を改正して、**女性に皇位継承の資格を与えることは**もちろん可能である。

4　天皇の権能と民主的コントロール

(1)　天皇の国事行為は本来的に形式的・儀礼的行為である

(ア)　**国事行為**　日本国憲法は、**天皇の国事行為**について、それは、「この憲法の定める国事に関する行為のみ」を行い、天皇は「国政に関する権能」を有しないと規定している(四条)。本条は、天皇は憲法の定める**国事に関する行為**に限り公務を行うことができるという象徴天皇制の内容を明らかにしたものである。憲法の定める国事行為は、正確には、日本国憲法六条および七条に列挙されている一二の行為と、性格は異なるが、四条二項の国事行為を委任する行為の合計一三の行為に限定されている。これらの国事行為とは、政治(実質的な統治行為)には関係のない

形式的・儀礼的な性質のものである。これは、日本国憲法が「国事に関する行為」のみを認め、「**国政に関する権能**」を否定していることからも推察される。天皇は、もちろん、一個の自然人として純然たる私的行為（たとえば音楽の演奏など）を行えるが、これは、憲法第一章における国家機関としての象徴天皇制とは関係なく、問題は、天皇が国事行為および私的行為以外に、第三の行為として公的行為をどのように行うのかということである。

(イ) **公的行為**　国家機関としての天皇は、先にふれた一三の国事行為以外にも、公人としての象徴的役割を果たすべく「**公的行為**」を行う。現に、天皇は国会開会式での「おことば」の朗読、外国への公式訪問、国賓《こくひん》接受、外国元首との親書・親電交換、地方巡幸、国民体育大会や植樹祭等の各種大会への出席等一連の公的行為を行っている。こうした行為も、政治に影響を及ぼすものであってはならず、国事行為に準じて宮内庁を通じての内閣の直接または間接のコントロールの下に、つぎのように**内閣が責任を負う**かたちで行われることになる。

(2)　「内閣の助言と承認」によるコントロールは象徴天皇制独自の制度である

(ア) **内閣の責任**　日本国憲法は、天皇の行為については、「内閣の助言と承認を必要とし、内閣が、その責任を負ふ」（三条）と規定する。国事行為は、先にみたように、本来的に形式的・儀礼的性質のものであるが、それらについて天皇は自らの意思に基づいて独自にはなしえず、**内閣の助言と承認**を必要とするのである。この趣旨は、天皇の国家機関としての行為をすべて**内閣のコントロール**の下に置くことにより、天皇制を象徴としての役割から逸脱しないようにするとともに、**責任の所在が内閣**にあることを明確にすることにある。このように、天皇の行為はすべて内閣の意思によって行われ、その責任はすべて内閣が負うものであるから、その限りにおいて当然のことながら**天皇の無答責**が帰結される。

(イ) **助言と承認**　「助言と承認」の意味について、「**助言**」とは、天皇の行為に先だって内閣が行う勧告であり、

「承認」とは、行為の後に、内閣が同意してその責任を負うということである。だが、この「助言」と「承認」は区別されず、むしろ一体不可分の行為であり、それぞれ別個の閣議が必要とは解されない。裁判例のなかには、内閣の助言と承認の二つの行為が必ずなければならない（東京地判昭二八・一〇・一九、東京高判昭二九・九・二二）としたものもあるが、日本国憲法は、**国民主権原理と天皇制**という本来なじまないものを**調和させる**ために内閣の助言と承認という文言を規定したのであり、これによって天皇に対する内閣のコントロールを実質化することがねらいであることは明らかである。また、「**助言と承認を必要とし**」との文理からしても、これが正しい解釈と考えられている。

(3)　皇室財政は国がコントロールする

(ア)　皇室財産の帰属　日本国憲法は、「すべて皇室財産は、国に属する」ものとして、皇室の費用は、「国会の議決を経なければならない」と規定している（八八条）。ここでの「**皇室**」とは天皇および皇族を総称する言葉で、「**皇室財産**」とは天皇の財産と皇族の財産を指す。明治憲法下では、天皇は世界有数の皇室財産を有しており、原則として帝国議会の関与は認められないという皇室経済自律主義がとられていた（旧憲六六条）。日本国憲法は、国民主権原理からも皇室に再び大きな財産が帰属して、不当な支配力をもつことを防止するため、これを根本的に改革し、**国会の議決に服する**よう求めたのである。

(イ)　三種の皇室経費　また、皇室の費用とは、天皇および皇族の生活費および宮廷の事務に要する経費である。これらはすべて国庫から支出されるが、予算に計上して国会の議決を経なければならないとされる。皇室経済法によると、予算に計上する皇室の経費は、**内廷費**《ないていひ》、**宮廷費**《きゅうていひ》、**皇族費**《こうぞくひ》**の三種**に分けられている。①**内廷費**とは、天皇、皇后、皇太子、皇太子妃、皇太孫《こうたいそん》、その他内廷にある「皇族の日常の費用その他内廷諸費」にあてるもので、公金ではない御手元金（天皇家の私費）として宮内庁の経理に属さないものをいう。②**宮廷費**とは、宮廷の公務にあてられる公費であり、皇室の地位における活動のための費用で、宮内庁の経理に属する公金をいう。③**皇族費**とは、内廷にある者以外の各宮家の皇族の生活費にあてるため毎年支給されるものと、皇族であった者が初めて独立の生計を営むさいならびに皇族の身分を離れる際に一時金額によって支出される二種類がある。これらも公金とはせず、宮内庁の経理に属するものではない。

5 今後の課題

(1) 現在の民主政における象徴天皇制は日本の歴史と伝統に合致しているものと考えられるか

戦後、日本は現行憲法の下で民主国家として再出発したが、世襲等を規定する**天皇制と民主主義が両立するかの問題**が論じられてきた。主要な見解は、**統治権（主権）の所在**が天皇から国民へと変更され、国民の総意に基づいて象徴天皇制を採用することになり、憲法の改正手続によって天皇制を改廃することも規定されていることから、かろうじて民主主義との整合性を担保することができるというのである。しかしながら、天皇は、明治以前においては明治憲法で規定されるような統治権の総攬者のような立場にいたことは久しくなかったのであり、それよりも「**日本の歴史を貫いて存する事実**」としては、「天皇が日本国民の統一の象徴」であったとの見解も存する。つまり天皇は、時代とともに常に「**日本**」という**政治社会の象徴**として存在し、実際の権力をもったことはあまりなかったということである。そうだとすると、**日本国憲法における天皇制**とは、明治以降に立てられた国体概念なるものが**民主主義の導入**とともに日本の**歴史的伝統と調和**する方向に戻っていったものと考えられないだろうか。

(2) 天皇と皇族の職務およびプライバシーは適正に守られているか

そもそも天皇は、憲法で定める国事行為を行い最低限の職責を果たせば十分なのであって、それ以上の公的行為(公務)は義務的なものではない。天皇および皇族(皇室)への加重な公務負担については十分配慮すべきであり、あくまでその時々の国民の期待にこたえるかたちで、それぞれの自発的意思によって実施されなくてはならないのである。当然ながら、その場合、それらが政治的な活動であったり、あるいは政治的な利用があったりしてはならず、内閣の適正な判断が求められるのである。

また、憲法の人権の視点からいえば、皇室の私的領域における個人的な活動への配慮が乏しいと懸念される。日本にとって将来も皇室が果たす役割にその大きな存在価値があり、憲法上の制度であるとしても、皇室を担う人たちの継承の意思がなくてはならないところである。そのためにも、皇室と国民とをつなぐ接点となっている各種メディアは、個人の自由や家族のプライバシーに十分配慮した報道が必要であり、皇室に関する情報の流れ方が制度の維持に重要な役割を果たすことをもっと認識すべきではないだろうか。

(3) 時代の流れと現実的な問題を考えて皇室制度の柔軟な対応が必要となるか

皇室については、現行憲法の下で、現在の制度がかたちづくられているが、その背景には、長く、また時代によってさまざまな皇室のあり方が存在した。現在の皇位継承制度は、継承の順序については直系の長男の系統を最優先した制度となっている。だが、皇位継承者を男系の男子(男系とは、「天皇と男性のみで血統がつながる子孫」をいう)に限っている現行の皇位継承制度のままでは、将来皇位継承者が不在になるという事態が予測され、皇位継承資格を女性・女系に拡大することが必要ではないかとの議論がなされている。これに対して、皇室制度については、その歴史に鑑み、男系による継承を維持すべきという立場からは、戦後、皇籍離脱した者の男系男子子孫を皇族として皇位継承資格を持たせて問題を解決すべきであるとの意見もある。だが、皇室制度のどのような点を将来伝えていくか、時代の変化や社会の変化を十分考えていかなくては、**この国にとって大事なことを長く続けることは**難しくなってしまうのではないか。そのことを、われわれ日本国民は真剣に考えなくてはならないのではないだろうか。

第5講　平和憲法の理念と日本社会の普遍的陸標（ランドマーク）

1 日本国憲法の平和主義の原点とはどのようなものか

1945年8月6日に投下された広島原爆（ウラニウム）

1945年8月9日に投下された長崎原爆（プルトニウム）

日本国憲法は、戦争の惨禍による当時の人々の尊い犠牲のうえに誕生したものである。日本を取り巻く厳しい国際情勢のなかで、先人たちが残してくれた平和への思いこそがこの国と将来の国民への大きな遺産であり、現代社会を生きる私たちが受け継いでいかなくてはならないものではないか。唯一の被爆国として、そして最後の被爆国となるべきミッション（使命と責任）をどのようにとらえるかが問われている。

2 日本国憲法の平和主義原理と憲法九条の成立

(1) 平和の原点とは人の痛みを理解する心をもつことである

(ア) 平和主義の歴史的背景

人類社会の歴史は、カント（一七二四〜一八〇四）の平和主義思想の集大成といわれる『永遠平和のために』（一七九五年）によるまでもなく、一般市民を巻き込んだ戦争を繰り返してきたものであったといえる。しかし、戦争状態が激化した二〇世紀になると、国際社会においてはこのような状況を危惧して戦争を原則的に違法とする考え方や侵略戦争を禁止する考え方を国際条約などに盛り込もうとする動きがでてきた。たとえば、いわゆる不戦条約といわれる一九二八年の「**戦争放棄に関する条約**」は、原則としてあらゆる戦争を違法なものとして禁止し、例外的に、自衛と制裁のための戦争だけを許した。さらに、一九四五年六月にサンフランシスコ会議で採択された**国際連合憲章**は、「武力による威嚇または武力の行使」を一般的に禁止し、安全保障理事会が必要な措置をとるまでの間、国家の自衛権の発動が認められるとの制限を加えたのである（五一条）。

また、第二次大戦後には、フランス、イタリア、ドイツなどで侵略戦争の制限ないし国際紛争解決のための戦争を明文で放棄しようとする憲法が制定された。日本国憲法は、戦争終結のためのポツダム宣言の受諾とこうした国際社会の動向の影響を受けながら、さらに平和主義の内容をより徹底させたものといえる。

だが、現代社会を生きる私たちがここで忘れてならないのは、日本国憲法が平和憲法と呼ばれるのは、右のような国際社会における平和主義的傾向の派生や法文上の「平和」についての文言などの**形式的な要素**だけではなく、広島と長崎への原爆投下や沖縄の地上戦、日本各地への空襲等に象徴されるすさまじい戦争の惨禍から甦《よみがえ》ろうとしていた日本国民がすべからく平和主義原理に強く共鳴し支持したという確固たる事実こそが**実質的かつ最大の要素**となって

長崎原爆の被爆者の子ども

いたことである。

(イ) 平和の原点　それだけではなく、凄惨《せいさん》な被爆体験を後世に伝えていこうとして活動する**ヒロシマ・ナガサキの被爆者**たちが共通して述べる「平和の原点とは、**人の痛みを理解する心**をもつことである」という言葉は、私たち人類社会に大きな教訓を与えてくれる。そもそも平和とは、「戦争のない状態」（消極的平和）としてのみとらえるのではなく、貧困・抑圧・差別・飢餓などの構造的暴力が存在しない状態、すなわち「**積極的平和**」の意味にとらえ、世界中の人たちの痛みを受け止め分かち合うことが求められる人類社会の究極の理性を問われるものである。このことは、日本国憲法前文が「全世界の国民が、ひとしく恐怖と欠乏《けつぼう》から免かれ、平和のうちに生存する権利を有することを確認」（第二節）する平和的生存権の思想とも通じるものである。さらには、「**平和**」をあらゆる種類の**暴力（人の痛み）のない状態**という積極的意味にとらえるとするならば、それは「**人権**」保障との同義性ないし不可分一体性が読み取れるのである。

本書では、「**新日本建設の礎《いしずえ》**」（日本国憲法上諭）として戦後の日本社会の復興と発展を支えてきた日本国憲法の特長である平和主義をこのようにとらえ、現行憲法に対する日本国民の平和への思いを継承する視点からも現代社会のさまざまな問題を積極的に検証していくこととしたい。

(2) 日本国憲法の平和主義原理は日本独自の憲法原理である

(ア) 平和国家の宣言　日本国憲法は、その前文で、日本は世界平和を理念とする**平和国家**であることを宣言する。前文第一節の冒頭で、日本国民は、「**政府の行為によつて再び戦争の惨禍《さんか》**が起ることのないやうにすることを決意し、ここに主権が国民に存することを宣言し、この憲法を確定する」と述べ、先の戦争の経験則からも、戦争は「直接には政府の行為によって引き起こされる」（丸山眞男〔一九一四〜一九九六〕）ものであるとして強い決意を示したのである。それを受けて前文第二節では、日本国民が、「恒久の平和を念願」し、「人間相互の関係を支配する崇高な理想を深く自覚」するものであって、「平和を愛する諸国民の公正と信義に信頼」して、「平和を維持」するものであり、さらには全世界の国民が、「平和のうちに生存する権利を有する」（⇒第**3**講**6**(2)）ことを確認している。これは、日本が「一国」平和主義ではなく、**人類規模の恒久的な「平和」**を求める憲法を掲げ**平和国家**としての決意を国際社会に向けて**宣誓**するものである。

(イ) 平和主義原理の規範構造　日本国憲法は、かかる前文の下に以下のような条項を規定し、平和主義原理に法規範性を持たせている。まず**九条一項**は、侵略戦争は当然のこととして、「国権の発動たる戦争」、「武力による威嚇」、「武力の行使」を永久に放棄するとして、包括的に戦争への決別を宣言したのであった。そして、**同条二項**において「戦力」の不保持、「交戦権」の否認を定め、戦争を放棄した決意の強さを手段の点からもうかがわせる内容となっている。そして、「国際社会において、名誉ある地位を占めたい」とする日本国民は、**九八条二項**で、「条約及び確立された国際法規」について、「これを誠実に遵守する」ことを定めるのである。他国の憲法と比べて特徴的な日本国憲法の平和主義原理は、すべからく国民全体に支持されて成立した類まれな**日本独自の憲法原理**といえる。

(3) 憲法九条の骨子はマッカーサーと幣原首相の会談から提起された

(ア) 憲法九条の起源　それでは、日本国憲法における平和主義原理のコア（核心部分）となる憲法九条の起源はどこにあるのであろうか。かかる憲法九条の骨子は、マッカーサー・ノートとして知られる総司令部（ＧＨＱ）による憲法草案作成のための第二原則に登場するものであった（⇒第**2**講**2**(5)）。だが、これは、当時の国際情勢やアメリカ政府側の思惑もあるが、それとともに日本側の意向も反映されていたといわれている。そのため、憲法九条はつぎのような経緯をたどって現実のものとなっていった。

(イ) **ＧＨＱ草案から日本政府による審議へ**　一九四六年一月二四日、憲法改正問題を含めて占領統治について協議するため幣原首相がマッカーサー総司令官と会談したさい、**天皇制を護持するために戦争放棄**という考え方を日本側が提案したものとされている〔⇒第**4**講**3**(2)〕。政治的には、象徴天皇制と憲法九条が抱き合わせとして議論されたことになるが、これは日本国民の平和への希求とともに幣原首相の平和主義思想がマッカーサーを動かし、その決断によって**ＧＨＱ草案**の原則のなかに組み入れられたのであった。そのため、憲法九条は**日米の共同**によってつくられたといわれることがある。

(4) 当初は日本政府も憲法九条が自衛戦争を否定するとの見解を示唆していた

(ア) **憲法九条の争点**　日本国憲法九条は、戦争の放棄、戦力の不保持、交戦権の否認について定めるが、その解釈をめぐっては、①一項の放棄する「**戦争**」とは一切の戦争を指すのか、それとも自衛戦争はそこに含まれていないのか、②二項の「**戦力**」も一切の戦力を指すのか、それとも自衛のための戦力の保持は例外的に許されるのか、③同じく二項の「**交戦権**」とは何を指すのか、という争いがある〔⇒これらの学説の対立については、第**3**講**6**を参照〕。

(イ) 「**武力なき自衛権**」論　これまで学説の多くは、憲法九条は自衛戦争も含めた一切の戦争を放棄し、一切の戦力の不保持を定めたもの、と解してきた。だが、ここでの通説も、九条は「**自衛権**」自体を放棄しておらず、ただ、一切の軍事力の保持を認めていないことから、自衛権の行使は、**武力の行使を伴わない方法のみが許される**、というものであった。それゆえに、日本の自衛権の行使は、①外交交渉による侵害の未然回避、②警察による侵害排除、③民衆が武器をもって対抗する群民蜂起等、によって行使される「**武力なき自衛権**」の意味にとらえられるべきである、と主張されてきたのである。

(ウ) **日本政府の見解**　この点について、当時の日本政府も日本国憲法の制定過程における**第九〇帝国議会**において、吉田茂首相が、「正当防衛権を認めるということそれ自体が有害である」との答弁を行い、憲法九条が**自衛権をも放棄**しているかのような見解を示していたことは有名である。現実の政治問題として国家の存亡にかかわる九条の解釈についてはさまざまな見解が存在し、その後も大きな論議の対象となっていった。

3 自衛隊の創設と憲法九条解釈の変遷

(1) 警察予備隊から自衛隊の創設へ

(ア) **警察予備隊の創設**　一九五〇年に朝鮮戦争が勃発し、総司令部は、七万五〇〇〇人から成る**警察予備隊**（National Police Reserve）の創設を要求してきた。日本政府は、早期独立の思惑とアメリカからの食糧援助等の現実の政治問題もからんで方針を転換することになった。警察予備隊は、憲法九条でいうところの「戦力」ではなく、あくまで警察力の不足を補うものであり、それを超える実力部隊ではないので合憲である、との説明をしていた。

ところが、一九五二年四月二八日の平和条約発効後、警察予備隊は、保安庁法によって**保安隊**（National Safety Forces）と改められ、かかる政府の見解は変更された。すなわち、憲法九条二項が禁じている「戦力」とは、「近代戦を有効に遂行しうる程度」の装備を備えた実力を指すものであるとして、保安隊のような戦争遂行能力をもたない組織は警察権の範囲内であるので合憲である、との見解を示したのであった。

(イ) **自衛隊法の制定**　一九五四年、保安隊は、日米相互防衛援助協定の締結に伴って制定された自衛隊法によって**自衛隊**（Japan

---

◆コラム11《平和とは何か（被爆者の言葉）》
「白いインド砂岩の裸像の母は
白い裸像のこどもに
何をわたそうとしているのだろう

Self-Defense Forces）と改称された。制定当時の自衛隊の目的・任務は、「わが国の平和と独立を守り、国の安全を保つため、直接侵略及び間接侵略に対しわが国を防衛すること」（自衛隊法三条）と規定されていた。日本政府は、自衛隊の発足以降、憲法九条についてその後の公式見解となっている「自衛のための必要最小限度の実力の保持は禁止されていない」という「**独立国家に固有の自衛権**」論を前面に押し出し始めた。それは、同二項の「**前項の目的を達するため**」とは、「国際紛争を解決する手段」（同一項）としての**侵略戦争の放棄**をさしているのであって、自衛戦争は同一項によって放棄されていないのだから、自衛のための必要最小限度を超えない実力は同二項でいうところの「戦力」には当たらないというものである。これは、憲法九条の規範性を十分意識した議論でその後の歴代内閣が踏襲してきたものであった。

(2)　歴代内閣の見解は専守防衛を堅持し集団的自衛権を否定してきた

(ア)　専守防衛　その後の歴代の内閣も自衛のための必要最小限度の実力ならば許されるとして防衛力の整備を行ってきた。だが、日本政府は、日本国憲法九条の法規範性を意識して、防衛力の整備や自衛隊の活動について一定の歯止めをかけてきたことが認められる。まず

ここ三良坂の平和公園
濃い　みどりの森を背景にした
わたすの母子像
夕暮れの広場には　いく百もの
白い灯籠が　いちめんに置かれ
五濁《ごじょく》の世を清らかに
明るく　やわらかく照らしている
像の前に集まった町の人々は
母がこどもに　わたそうとする願いを
胸に燃やして　手をとりあっている

耳をすますと　世界のあちこちから
きこえてくる　ロケット弾の爆発音
にくしみと怒りの叫喚
女やこどもの悲鳴もきこえてくる
その救済のためにと軍隊を送り
更に戦火をひろげる国々
捨てた筈の武器を再び取って
加担しようとする日本

ここ平和公園の白い光は
戦火をしずめる愛と平和の光
白い裸像の母がわたそうとしているもの
地獄の戦火をしずめようとする祈り
世界中の母とこどもに
わたして下さい
わたしたちの　ねがいを」
〔栗原貞子「わたすの母子像」『証言一九九四―ヒロシマ・ナガサキの声』長崎の証言の会、三一五頁〕

第一に、歴代の内閣が、防衛力の整備にあたっては、「**専守防衛**」を基本原則としてきたことであった。専守防衛とは、他国から武力攻撃を受けたときに初めて防衛力を行使し、その態様も**自衛のため必要最小限**にとどめる受動的な防衛戦略の姿勢のことであり、「我が国は攻撃的または他国に脅威を与える兵器は保持することができない」との答弁が国会においてなされており（一九七二年一一月一三日衆議院予算委員会での田中角栄首相の答弁）、その後も踏襲されてきた。

(イ) **防衛費GNP一％枠**　また、一九七六年一一月五日、防衛費をGNP（国民総生産）の一％の枠内にとどめることが三木内閣によって閣議決定され、それ以降の歴代内閣も予算編成にあたってこの枠を維持したのであった。ところが、平和憲法の象徴と考えられたこの「**防衛費GNP一％枠**」**の基準**は、第三次中曽根内閣（一九八六〜八七年）によって撤廃され、総額明示方式へと転換されてしまった。しかしながら、かかる基準の撤廃後、防衛費がGNP比一％を超えたのは一九八七年度予算からの三年度のみで、その後の歴代内閣は、事実上、一％枠を遵守してきたのであった。

(ウ) **非核三原則**　さらには、沖縄返還のさいに非核三原則が国会において決議されており（一九七一年一一月二四日衆議院本会議）、日本は核兵器を製造し、保有し、持ち込むことは許されないとされた。また、武器輸出も原則として認められておらず（一九七六年二月二七日三木内閣による武器輸出に関する政府統一見解）（ただし、二〇一四年四月一日、第二次安倍内閣においてこれまでの武器輸出に関する原則を抜本的に見直す「防衛装備移転三原則」が閣議決定された）、憲法が徴

◆**法令**（資料）**自衛隊法三条一項・二項**（二〇〇六〔平成一八〕年改正・二〇一八年一月現在の現行法）

1　自衛隊は、我が国の平和と独立を守り、国の安全を保つため、直接侵略及び間接侵略に対し我が国を防衛することを主たる任務とし、必要に応じ、公共の秩序の維持に当たるものとする。

2　自衛隊は、前項に規定するもののほか、同項の主たる任務の遂行に支障を生じない限度において、かつ、**武力による威嚇又は武力の行使に当たらない範囲**において、次に掲げる活動であつて、別に法律で定めるところにより自衛隊が実施することとされるものを行うことを任務とする。

一　**我が国周辺の地域**における我が国の平和及び安全に重要な影響を与える事態に対応して行う我が国の平和及び安全の確保に資する活動

二　国際連合を中心とした国際平和のための取組への寄与その他の国際協力の推進を通じて我が国を含む国際社会の平和及び安全の維持に資する活動

兵制を禁止していることについては、学説と内閣の解釈とで一致している。

(エ)　**集団的自衛権の否定**　自衛隊の活動については、自衛のための実力という前提に立つ以上、**海外派兵が禁止**され（一九五四年六月二日参議院決議）、集団的自衛権の行使も許されない（同年六月三日衆議院外務委員会での政府答弁）、ということになった。一九七二年には、当時の田中角栄内閣が「自国の平和と安全を維持しその存立を全うするために必要な自衛の措置をとることを禁じているとはとうてい解されない」として個別的自衛権についての確認をし、その上で、「**集団的自衛権の行使は、憲法上許されない**」との政府見解を示している（一九七二年一〇月一四日参議院決算委員会への提出資料）。さらに、一九八一年の鈴木善幸内閣では、従来の政府解釈を確立させ、「憲法九条の下で許容されている自衛権の行使は、我が国を防衛するため**必要最小限の範囲**にとどまるべきものと解されており、集団的自衛権を行使することは、その範囲を超えるもので、憲法上許されないと考えている」と結論づけた（一九八一年五月二九日衆議院本会議政府答弁書）。そして、その後の歴代内閣もこのように解釈してきたのであった。

▼用語解説６　ＰＫＯ、ＰＫＦについて

ＰＫＯとは、Peace Keeping Operations の略で、平和維持活動と訳されている。国連の平和維持活動は、一般に、①紛争地域における紛争の再発防止や兵力の引き離しなどを目的とした平和維持軍（ＰＫＦ＝Peace Keeping Forces）、②停戦監視や停戦ラインの維持などを目的とし武力行使をともなわないとされる軍事監視団（停戦監視団）、③選挙監視、警察活動、行政への助言・代行などの行政的な支援活動で非軍事的活動の三つに大別される。

ＰＫＯ協力法は、当初、ＰＫＦを凍結したが、それは自衛隊が国連の平和維持軍（ＰＫＦ）に参加しないということではなく、ＰＫＯ協力法三条の業務のうち、左の表にいうイからヘとレが別に法律で解除されるまで行わないことを意味した（附則二条）。しかしながら、二〇〇一年一二月の法改正により、ＰＫＦ凍結は解除されることになったのである。

(3)　自衛隊の海外派遣は日本の積極的な国際協力を求められて実施された

(ア)　**第一次湾岸戦争**　一九九〇年八月二日、イラクはクウェートに突如として侵攻し、それに対してアメリカを中心とする「**多国籍軍**」が結成され、国連決議に基づいて翌年一月一七日イラクとのいわゆる湾岸戦争に突入した。

ＰＫＯの業務内容

	業務	要員
イ	**停戦監視や兵力引き離しなど**	自衛隊
ロ	**緩衝地帯への駐留など**	
ハ	**検問など**	
ニ	**武器の処分・管理など**	一般公務員
ホ	**停戦ライン設定の援助など**	民間人
ヘ	**捕虜交換の援助**	
ト	選挙監視など	
チ	警察行政の監視など	
リ	一般行政の監視など	
ヌ	医療	
ル	被災民救出や難民帰還の援助	
オ	被災民への生活物資の配布	
ワ	被災民の収容施設、設備の設置	
カ	被災民の生活に必要な施設や設備の復旧、整備	
ヨ	汚染や被害を受けた自然環境の復旧	
タ	輸送、保管、通信、建設、機械器具据付け、検査、修理	
レ	その他、政令で定める業務	

2001年まで凍結 ▼（いわゆるPKF部分）（ただし、個人参加の自衛官は可能）

〔『誰も知らないＰＫＯ』集英社、219頁を一部修正〕

戦争は六週間という早期に終結したものの、当時の海部内閣は、アメリカから湾岸戦争分担金の支出を求められ、一三〇億ドル（約一兆五千億円）を支出した。さらに、ペルシャ湾における機雷の除去の任務が要請され、同年四月二六日、戦後初めて**海上自衛隊の掃海艇が海外へ派遣された**のであった。

(イ) **PKO協力法**　これを契機に日本政府は、一九九二年六月一五日、**「国連平和維持活動等に対する協力に関する法律」（いわゆるPKO協力法）**を成立させた。これに基づいて日本は、同年一〇月一三日カンボジアへの自衛隊の海外派遣へと踏み出していったのである。自衛隊派遣は、海外派兵禁止の原則に対する大きな懸念を生じさせることになった。すなわち、湾岸戦争型「多国籍軍」への自衛隊の参加は集団的自衛権の行使にあたり、当然憲法九条との関係からも許されないものであった。国際貢献の根拠となっているPKO（Peace Keeping Operations）協力法は、当初PKF（Peace Keeping Forces）を凍結し、現在も活動に参加する人員等の自己防衛のために必要な最小限度の「武器の使用」については規定されるもののいかなる

「武力の行使」についても認められていない。その後、自衛隊の海外派遣は積極的に行われるようになったが、それは、直接の武力行使を目的とせず、復興支援、地雷・機雷などの除去、災害救助、アメリカ軍の後方支援などを目的として実施されている。

(4) 日本の国際協力は「武力の威嚇又は武力の行使」を含んではならないものとなっている

(ア) **新たな国際平和協力活動への参加**　二〇〇一年九月一一日に発生した米国同時多発テロ事件は、日本が国際的なテロリズムの防止および根絶のための国際社会の取組みへの寄与が求められることになり、自衛隊の海外派遣についても大きな転機となった。それにより、アフガニスタンでのアメリカの軍事行動の支援を目的とした「**テロ対策特別措置法**」（二〇〇一年）およびイラクへの自衛隊派遣のために制定された「**イラク復興特別措置法**」（二〇〇三年）等が制定された。これらの法律にあっても、「武力による威嚇又は武力の行使」は明文で禁止され、また自衛隊の活動領域は「戦闘行為が行われることがないと認められる」地域に限定されていた。だが、これらによる自衛隊の海外派遣は停戦合意が明らかにされておらず、いずれもＰＫＯ協力法とは性格を異にするものであり、これまで日本政府が説明してきた許容限度を超えて**集団的自衛権の行使**にあたるのではないかとの懸念が強まった。この点について、名古屋高裁は、イラク支援特別法に基づく**自衛隊のイラク派遣の合憲性**を争った訴訟において、結論的には請求を斥けたものの、イラクでの自衛隊の空輸活動が戦闘地域において他国による**武力行使と一体化**して行われており**憲法九条一項に違反**するとの判断を示した。これは、今後の司法府の姿勢を推察するうえからも重要な判決といえるものである（名古屋高判平二〇・四・一七）。

(イ) **有事法制の整備**　二〇〇一年の米国同時多発テロ事件は、日本の有事法整備の進展にとっても大きな契機となった。**有事**とは、一般に外国からの武力侵攻や国内の武力蜂起のような場合を指し、軍隊の出動が要請されるような**緊急事態**をいう。「**有事法制**」とはこのような緊急事態が起こったときに即応しうる体制の法制度のことであるが、日本「周辺」での「有事」にさいしての米軍への協力を可能にする「周辺事態法」（一九九九年）、二〇〇三年から二〇〇四年にかけて成立した「武力攻撃事態等における我が国の平和と独立並びに国及び国民の安全の確保に関する法律」等のいわゆる有事法制三法はかかる緊急事態を想定して制定されたものである。**自衛隊法**についていえば、二〇〇一年の改正で防衛秘密の漏洩《ろうえい》に関して、民間人が処罰の対象に加えられ、二〇〇五年の改正では、ミサイル防衛システムの運用方法が定められた。さらに、二〇〇六年の改正では、国連平和協力活動や周辺事態での後方支援活動、在外邦人の輸送が付随的任務から本来任務に格上げされた。また、この改正で防衛庁は防衛省に昇格した。

(ウ)　閣議決定による集団的自衛権の容認　二〇一四年七月、第二次安倍内閣は、これまで歴代内閣が憲法九条の下で禁じられているとしてきた集団的自衛権の行使を認めるために**憲法解釈の変更を閣議決定**した。二〇一五年五月には、戦争中の他国軍を後方支援する新たな恒久法案と集団的自衛権を行使できるようにする武力攻撃事態法改正案など安全保障法制の関連一一法案を臨時閣議で決定した。同年七月には、同法案は衆議院特別委員会で自民・公明両党が採決を強行し、衆院本会議では多くの野党が採決に加わらないまま可決され、同年九月に参議院での審議を経て成立した。**違憲性の強い集団的自衛権の行使容認**に伴い自衛隊の活動等に関する法整備がなされ、二〇一六年三月

▼用語解説7　閣議決定とは

憲法または法令に定められた法律案・政令・予算など内閣の職務権限として明示された事項および他の重要な事項について行われる内閣の意思決定のうちの一つの形式を閣議決定という。この場合、内閣が、「行政権の行使について、全国民を代表する議員からなる国会に対し連帯して責任を負う」（内閣法一条二項）ことに基づくものであることから、出席した閣僚の全員一致を原則とされる。だが、閣議決定での憲法解釈の変更に対しては、そのときどきの内閣の裁量で憲法を事実上改正する危険性もあり、憲法九九条に定められる「天皇又は摂政及び国務大臣、国会議員、裁判官その他の公務員の憲法尊重擁護義務」からも内閣はその権限の行使にあたっては、立憲主義のルールに基づいて憲法を適正に解釈・運用していかなくてはならないのである。憲法解釈については、憲法の番人である最高裁判所とともに最終的には主権者である国民が判断することになる。

に安全保障関連法は施行された。

このような状況のなかで、現職の陸上自衛官が安全保障関連法による集団的自衛権の行使は憲法九条に違反することを理由として出動命令に従う義務はないことの確認を求めて訴えを起こした。一審の東京地裁は、現時点で出動命令が出る具体的な可能性はなく訴えを抽象的なものとして却下したが、二〇一八年一月三一日、控訴審判決で東京高裁は、憲法判断には踏み込まなかったものの、国側の「国際情勢を踏まえても隊員の所属部隊に出動命令が出るとは想定できない」との主張を退け、「すべての現職自衛官が命令の対象となる可能性が非常に高い」との判断を示し、一審判決を取り消し、審理を東京地裁へ差し戻したのである（東京高判平三〇・一・三一）。憲法改正の動きをにらみつつ、最高法規としての**憲法九条が果たす意義と役割**がますます重要なものとなり、それについて、裁判所が今後どのような判断を下していくか大変注目されるところである。

(5)　裁判所は自衛隊の合憲性について明確な判断を回避してきた

(ア)　恵庭事件

これまで裁判所による**九条の解釈**は、自衛隊の合憲性が取り上げられた恵庭事件、長沼事件、百里基地訴訟や、日米安保条約の合憲性が争われた砂川事件等において論じられてきた。恵庭

◆コラム12《安保法制三学者「違憲」衆院憲法審与党推薦含む全員》

衆院憲法審査会で四日、自民党など各党の推薦で参考人招致された憲法学者三人が、集団的自衛権を行使可能にする新たな安全保障関連法案について、いずれも「憲法違反」との見解を示した。国会の場での法案の根幹に疑問が突きつけられたことで、政府・与党からは、今国会中の成立をめざす法案審議に影響を及ぼしかねないと、懸念する声が上がっている。

参考人質疑に出席したのは、自民推薦の長谷部恭男・早大教授、民主党推薦の小林節・慶大名誉教授、維新の党推薦の笹田栄治・早大教授の三人。

憲法改正に慎重な立場の長谷部氏は、集団的自衛権の行使を認める安保関連法案について「憲法違反だ」とし、「個別的自衛権のみ許されるという（九条）論理で、なぜ集団的自衛権が許されるのか」と批判。九条改正が持論の小林氏も「憲法九条二項で、海外で軍事行動する法的資格を与えられていない。仲間の国を助けるために海外に戦争に行くのは九条違反だ」との見解を示した。

笹田氏も、従来の政府による九条解釈が「（略）ぎりぎりで保ってきた」との認識を示し、今回の法案について「（これまでの定義を）踏み越えてしまっており、違憲だ」と指摘した。

また、重要影響事態法案などで、米軍などを後方支援する自衛隊が「現に戦闘行為が行われている場所」以外なら活動できるとした点についても、小林氏らは「（武力行使との）一体化そのものだ」などと発言。三人とも違憲や違憲のおそれがあるとの認識を示した。

事件は、北海道恵庭町にある自衛隊の演習場付近で酪農を営む兄弟が、射撃演習のときに電話通信線を数カ所切断する行為を行い、これが自衛隊法一二一条にいう防衛用器物損壊罪違反にあたるとして起訴された事案であった。被告人は、そのなかで**自衛隊および自衛隊法の憲法違反を主張**したが、札幌地裁判決は、自衛隊が合憲か違憲か**判断をせず**「その他防衛の用に供する物」という自衛隊法一二一条の文言を厳格に解釈し、**無罪の結論**を導いたのであった（札幌地判昭四二・三・二九）。国側は、裁判では敗北を喫したものの自衛隊の**憲法判断が回避**されたことを踏まえて控訴を断念したのであった。

（略）菅義偉官房長官は四日の会見で「違憲という指摘は全くあたらない」と反論し、法案審議には影響がないと強調した。

〔朝日新聞二〇一五年六月五日付より〕

(イ) **長沼事件**　自衛隊に関し裁判所が**初の違憲判断**を下したのが長沼事件の札幌地裁判決であった（札幌地判昭四八・九・七）。防衛庁（現防衛省）が北海道の長沼町にミサイル基地の建設を予定し、それに伴い保安林の指定が当時の農林大臣によって解除されたところ、それに反対する地元住民が当該処分の取消しを求めて行政事件訴訟を提起したのであった。札幌地裁は、①ミサイル基地は有事のさいには相手国の攻撃目標になるから、原告らの**平和的生存権**が侵害される危険があるので、**法律上の訴えの利益**〔⇒第**3**講**4**(1)〕が認められ、さらに、②自衛隊は九条二項で保持を禁じられた**戦力に該当**して**違憲**である、という注目すべき判決を言い渡した。ところが控訴審は、住民に訴えの利益はないとして、原判決を取り消すとともに、自衛隊が憲法九条に違反するかどうかについては**高度の「政治問題」（統治行為）**であり、**司法審査の範囲外**であると判示した。ところが最高裁は、自衛隊の合憲性については判断せず、訴えの利益が消滅しているとのみ判断して、**上告を棄却**したのである。

(ウ) **百里基地訴訟**　この事件は、防衛庁が航空自衛隊の基地を建設するために行った土地売買契約が、**憲法に違反する自衛隊基地の建設**を目的とするものであるから無効である、として争われたものであった。水戸地裁は、その判断は司法審査の範囲外であるといいながらも、自衛権行使のために防衛施設等をあらかじめ整備することは、憲法前文、九条に違反するものではない、と**合憲判断に等しい解釈**を示したのであった（水戸地判昭五二・二・一七）。だが、控訴審、最高裁ともに、自衛隊の憲法判断にはふれず、売買契約を有効とする第一審判決の結論部分を支持して問題を解決した。

その他、損害賠償および飛行差止めを求める基地騒音訴訟もいくつか存在するが、自衛隊についての**明確な憲法判断はいずれも回避**され、これまで裁判所の**消極的な姿勢が批判**されてきた（⇩第３講７(2)）。

4 日米安保体制と集団的自衛権

(1) 憲法九条は主権国家に固有の自衛権を否定してはいない

(ア) 個別的自衛権　日本国憲法九条は、文言上は国家の自衛権についてなにも言及していないが、ここでいう「自衛権」とは、国家が他国から急迫不正の侵害を受けた場合に、自国の生存と安全を守るために自らを防衛する**主権国家に付随する固有の権利**を意味する。国際法上はもちろんのこと、**国家の存立と国民の生命安全・財産**を守るためにある当該国家の基本法である憲法がこれを否定することはありえないことである。だが「自衛権」とは、本来は自国を防衛するためのいわゆる**個別的自衛権**のことであり、つぎにみる集団的自衛権とは区別して論じなくてはならないところである。

(イ) 集団的自衛権　集団的自衛権とは、他国が武力攻撃を受けた場合、自国の実体的権利が侵害されていなくとも、平和と安全に関する一般的利益に基づいて被攻撃国を援助して共同で防衛行動をとる権利のことで、国連憲章で新しく認められたものである（国連憲章五一条）。国連憲章では集団的自衛権も国家に「固有の権利」とされるが、個別的自衛権とは**別個の概念**であることは十分認識されなくてはならない。それは同じ「自衛権」という言葉を使用してはいるものの、**個別的自衛権**が自国に対する侵害を排除するための行為を行う権利であるのに対して、**集団的自衛権**は、他国に対する侵害を排除するための行為を行う権利であり、他国の戦争を幇助《ほうじょ》することを認める国際社会の共同防衛の権利（集団安全保障）を意味するものだからである。

(2) 国連憲章五一条は集団的自衛権の行使を強制していない

(ア) 国連への加盟

一九五二年に日本が占領を解除され国際社会へ復帰するべく国際連合に加盟申請するに際して、憲法九条との関係が議論された。日本政府は、「国連憲章に掲げられた義務をここに受諾し、国連の加盟国となった日から、わが国の有するあらゆる手段をもってこの義務を遵守することを約束する。」と宣言したが、**軍事的協力、軍事的参加**を必要とするような**国連憲章の義務は負担しない**ことを明らかにしている。軍事的協力が憲法九条と相いれないことは明白であり、日本では集団的自衛権の行使は自衛の範囲を超えることになり許されない、と解されているからであった。

(イ) 国連憲章五一条

国家の自衛権としての**集団的自衛権**を新たに認めた国連憲章五一条でさえも、これは、「理事会が必要な手段をとるまでの間」、行使することができるとして、その判断を当該国家に委ねているだけのことであり、個別的自衛権とともにその行使を**義務づけるものではない**。通説では、一九五六年に日本が国連に加盟した当時から、国連憲章第七章が予定した集団安全保障や国連軍についても、国連憲章四三条の特別協定締結というかたちによる日本の国連への軍事協力の可能性は**憲法九条を改正することなしには不可能**とされている。これまで、朝鮮戦争のときの変則的な「国連軍」を別にして国連軍が組織されたことはなく、ベトナム戦争など世界の主要な武力紛争に対して国連安全保障理事会が行動を起こすこともなかった。しかし米ソ冷戦の終結後、五大国の間で合意ができるようになり、安全保障理事会は活発に活動するようになってきた。

(3) 日米安保条約はアメリカに対して日本の個別的自衛権の補完を求めるものである

(ア) 日米安全保障安保条約　日米安保条約は、一九五一年、連合国の占領を終結させるサンフランシスコ平和条約が締結されたとき、それと同時にアメリカとの間で締結された。その後、防衛力増強の義務を定めたＭＳＡ（Mutual Security Act）協定を経て、一九六〇年に**新安保体制**が締結された。その主要な内容としては、まず第一に、日米の相互防衛の体制を確立し、一方の当事国への武力攻撃に共同して対処することを約束している。ただし、そこでの相互防衛は、**日本国の施政下にある領域**に限られている。第二に、アメリカ軍を日本国内に配備する権利をアメリカに認めている。つまり、日本はアメリカに基地を提供し、駐留軍を国内に滞在させる義務を負う。その駐留の目的は、一つは、極東における国際の平和と安全の維持であり、もう一つは、相互防衛の一環として、日本に対する武力攻撃があった場合の防衛である。

(イ) 砂川事件　砂川事件とは、東京調達局が当時アメリカ軍の駐留する砂川町にあった立川基地で地元住民の反対を押し切って基地拡張のための測量を行ったさいに、これに反対する住民が基地内に立ち入り、日米安保条約に基づく刑事特別法二条違反（合衆国軍隊の施設又は区域を侵す罪）に問われたものである。被告人は、日米安保条約およびアメリカ合衆国軍隊の駐留が憲法前文ならびに九条に違反すると主張した。第一審の東京地裁は、合衆国軍隊の駐留により、わが国が自国と直接関係のない武力紛争の渦中に巻き込まれるおそれがあり、わが国が自衛の目的で合衆国軍隊の駐留を許容していることは、指揮権の有無にかかわらず、**憲法の禁ずる戦力の保持に該当**し、これを刑事特別法によって犯罪とすることはできない、として無罪判決を言い渡した（東京地判昭三四・三・三〇）。

これに対して国側は、跳躍上告をして、直接最高裁が判断することになった。最高裁判所は、一方で、①九条によって自衛権が否定されているわけではなく、**必要な自衛の措置として他国に安全保障を求めること**も禁止されるものではない、②憲法が禁止する戦力とは、わが国が指揮権を行使しうる戦力をさし、**わが国に駐留する軍隊は戦力に**

該当しない、と九条の解釈と駐留米軍に関する実質的な判断を行いながら、他方では、③安保条約は、わが国の存立の基礎にきわめて重大な関係をもつ高度の政治性を有するものであって、その合憲性の判断は裁判所の審査には原則としてなじまないものであり、④一見きわめて明白に違憲無効と認められない限りは、裁判所の司法審査権の範囲外にある、と判断したのであった（最大判昭三四・一二・一六）。最高裁判所は、日本が相互平等の義務を負うのではなく、現在の日米安保はあくまで日本の個別的自衛権を補完するものであり、そのように解釈したうえで、合憲性を認めたのである。（ただし、砂川事件の最高裁判決については、当時の田中耕太郎最高裁長官が第一審判決が出された後、アメリカ大使と面談し報告するなど極めて政治的な影響があったことが批判されている。）

5 今後の課題

(1) 日本国憲法九条は集団的自衛権の行使を許しているか

これまで日本政府は、憲法九条の下において許容されている自衛権の行使は、わが国を防衛するため必要最小限度の範囲にとどまるべきものであり、他国に加えられた武力攻撃を実力によって阻止することを内容とする集団的自衛権の行使は、これを超えるものであって、憲法上許されないと考えてきた。そして自衛権の発動としての武力の行使については、①我が国に対する急迫不正の侵害があること、②この場合にこれを排除するために他に適当な手段がないこと、③必要最小限度の実力行使にとどまるべきこと、という三つの要件に該当する場合に限られると厳しく解してきたのであった。

しかしながら、二〇一四年七月に閣議決定された政府見解では、①「我が国と密接な関係にある他国に対する武力攻撃が発生」したさい、「我が国の存立が脅かされ、国民の生命、自由及び幸福追求の権利が根底から覆される明白な危険がある」場合に、②「これを排除し、我が国の存立を全うし、国民を守るために他に適当な手段がない時に」、③「必要最小限度の実力を行使すること」を新しい三要件として示した。かかる「新三要件」を満たせば、個別的自衛権と集団的自衛権の行使、集団安全保障という三種類の武力行使が憲法上可能とされる。

これまでの三要件との決定的な違いは、これまでの三要件の最初の項目が「**我が国に対する急迫不正の侵害があること**」が条件であり、そのため日本は個別的自衛権しか認められなかったのが、新三要件は、「**他国に対する武力攻撃**」を含んでおり、概念の別個な集団的自衛権を明確に認めた点で**まったく異なる**ものである。これまで本書でも考察したように、このことは日本国憲法の柱である平和主義原理を根本から覆す**解釈改憲**を行うことになり、憲法九条の法規範性を踏みにじることになると懸念される。限定的であると一方的にわが国が主張したとしても、集団的自衛権をいったん認めたならば、日米安保条約の同盟国であるアメリカの自衛的な戦争に参加する義務が発生するのは当然であり、憲法九条が禁じる「国際紛争を解決する手段」としての武力行使がなされるのは必至となるであろう。それよりも、これまでも多くの批判があったけれども、**個別的自衛権の解釈と警察権の行使等**を弾力的に実行する政策を選択する道を歩んで行くことの方が、より現実的で**法的安定性**を担保する方策ではないのか、日本の安全保障政策を再確認することが求められていると思われる。

(2)　立憲主義の根本ルールを守るのは為政者の絶対的な義務ではないのか

冷戦後の国際情勢の変化に対して集団的自衛権の行使が戦争に対する抑止効果をもつものかどうかを議論する前に、憲法九条がどのような法規範性をもつものかを再確認し、そのうえで集団的自衛権が必要と判断されるならば憲法改正を行うのが**立憲主義の根本ルール**である。そもそも、憲法を守るように命じられているのは国民ではなく国家権力を担う者であり、憲法はそれらに対する命令書なのであるから、命令に従う者が勝手に命令書を書き換えることはできないのである。憲法の最終的な解釈権者は、内閣ではなく、また最高裁判所でさえなく、この国の主権者であるわれわれ日本国民なのである。これまで積み重ねてきた憲法の根本規範をそのときどきの内閣の解釈によって変更するのは、憲法九条の法的規範性を根本から覆す**解釈改憲**としてこの国の**立憲主義**（政治）と国民主権（民主主義）の否定を意味するものである。日本の重要な安全保障政策を憲法上変更するのならば、解釈改憲ではなく、主権者である国民にその信を問わなければ立憲主義の破壊となってしまうことを為政者は認識しなくてはならず、それを逸脱する為政者に、もはや国政を担う正当性は存在しないことになる。

(3) 憲法九条の改正のデメリットは認識されているか

憲法九条に関する内閣の解釈改憲によって実質的に憲法改正がなされた場合の**デメリット**についてどのようなことが考えられるであろうか。憲法九条の改正は、とくに近隣アジア諸国の強い不信感を招くとともに、現行憲法の国際協調主義からも逸脱し、国益を大きく損ねることになるであろう。第九条の改正に伴って、**集団的自衛権行使の危険性**も発生し、他国の戦争への参加とそれに伴うこの国の領土と日本国民への攻撃可能性の増大が懸念される。また、誰が戦争に行くのかについてもほとんど議論がなされておらず、憲法改正論者の主張からは国民の犠牲と徴兵制度についての説明がまったく聞かれない。さらに、憲法九条の放棄は、戦後の日本人と日本社会の基本ともいえる平和主義原理への帰属意識を捨て去ることになり、**日本国民共通のアイデンティティ**が**崩壊**することも懸念される。

そもそも日本国憲法における戦争放棄は、天皇制の存続との抱き合わせであったのであり、本来ならば当然天皇制の今後のあり方ともつながる議論がなされなくてはならないところ、それには至っていない。それとともに、国家の基本法を改正することにより、今後の政治的安定性が崩れることが懸念される。いったん改正してしまってから元に戻すにはさらなるエネルギーが必要となり、それこそが日本の政治的安定性をゆるがす新たな不安定要因となるのは明らかである。これらの憲法改正のデメリットをどう克服するかについて、改憲論者はどのように国民に対して説明するのであろうか。

(4) グローバル時代における国際社会との協調は平和主義原理を活かすことではないか

二〇一四年のノーベル平和賞の候補に憲法九条を掲げる「日本国民」がノミネートされた。これは、国際社会が日本国憲法の平和主義原理を高く評価し、それを変えることなく守り続けてきた国民を評価するものである。それゆえに日本政府は、これからもさらに日本国憲法の精神に基づく現実的な国際貢献の達成手段を選択することが求められるものである。これは、常に日本国憲法の至上の原理である「人間人格の尊厳」という視点に立って国際貢献の可能性を考え、積極的に実行することである。もっとしたたかに憲法九条のカードを行使して国際貢献を図ることができるはずであり、それが日本政府の責任といえよう。重要なことは、現在および将来の**日本国民と日本社会の普遍的な陸標**《りくひょう》**（ランドマーク）**は憲法九条であることを再確認すべきであり、それこそが国際社会および世界の人々と平和的に共存していくための永遠の指標なのではないだろうか。

憲法評論①《日本国憲法から「二発目の原爆投下の意味」を考える》

〈二発目の原爆投下〉

なぜ長崎は、二発目の原爆が投下されたにもかかわらず、「祈りのナガサキ」といわれるのか。これは、私が学生時代からずっと疑問に感じていたことであった。

一九四五年八月九日、長崎は、八月六日の広島についで、史上二番目に原爆が投下された。広島への原爆投下が戦争の終結になんらかの影響を与えたとしても、そのこと自体けっして正当化されるものではない。にもかかわらず、なぜ二発目の長崎への原爆投下がなされたのか。私たちは、二発目の原爆投下の意味と、それをどのように受け止め、ナガサキの声を世界へ発信していくべきか、戦争の惨禍からこの国が甦るなかで生まれた日本国憲法の平和主義をどのように世界へ発信していかなくてはならないか、ポスト戦後・被爆七〇年を考える共通の課題として問われている。

〈米ソの冷戦と核兵器の実験〉

二発目の原爆投下の理由として、一つには、広島への原爆投下によって、極東地域に国家権力の真空化状態が発生し、その時点ですでに米ソの冷戦が勃発していたために、アメリカがソ連の勢力拡大を牽制することが必要であったことがあげられる。いみじくも、八月九日のソ連の対日参戦がそのことを象徴しているであろう。

もう一つは、ヒロシマ・ナガサキ・ビキニへと続く核兵器による人体実験・都市への破壊実験であったことである。このことは、広島ではウラニウム、長崎ではプルトニウムを原材料とする二種類の異なる原爆を使用したことからも容易に理解されうるであろう。さらに国際社会が、ビキニの水爆実験の後に、はてしない核軍拡競争の時代に突入していったことは周知のとおりである。

〈怒りよりもすさまじい「祈りのナガサキ」へ〉

これらの歴史的事実からも、長崎への原爆投下の意味は、戦前の日本政府の侵略戦争の遂行のみならず、戦後の国際社会におけるパワー・ポリティクス（力の政治）の犠牲となったことにあり、それゆえに、今日のナガサキ市民こそが、ヒロシマの怒りとともに、さらなる怒りをもって核兵器の使用による被害を世界の座標軸に向かって訴えていく役目を負っているのである。

しかしながら、これまで長崎市民は世界に向かって自分たちの声を発するとき、かならずしも怒りを強調してこなかったのはどうしたことか。それは、穏やかな土地柄のせいもあるかもしれないが、原爆の投下地点が都市の中心部から離れていたため、長崎市民の原爆に対する意識が二重層になっていたことが大きな要因であったと考えられる。つまり、ナガサキは、二発目の原爆への「怒り」を市民全体のものとしてとらえ、力強く訴えていかなくてはならなかったところ、それを浦上地域の敬虔なカトリック信者の「祈り」という心情にすり替えて、一部の市民にのみその努力を押し付けてきたのではないだろうか。

〈最後の被爆国として〉

今日ではカトリック自身、戦争による原爆投下は神が与えた試練ではなく、すべて人間の仕業である、と明言している。このことは、ナガサキのみならず全世界の人類社会への重大な示唆を含むものであり、私たちは、二発目の原爆投下の意味をしっかりと認識し、平和主義を核心とする憲法を頂く国民として、また、最後の被爆国としてもそれを発信し続けなくてはならないのである。

第二部
現代社会における法的諸問題を考える

第6講　政治社会の紐帯（国籍）と人権の享有
第7講　自己責任・管理社会と個人の包括的基本権
第8講　男女共同参画社会と法の下の平等
第9講　高度情報社会と表現の自由
第10講　グローバル社会と国際移動・居住の自由
第11講　家庭・学校・地域社会と子どもの人権(1)
第12講　家庭・学校・地域社会と子どもの人権(2)
第13講　生活安全社会と生命・身体の自由
第14講　少子高齢社会と三つの自由について
第15講　国際社会と憲法

第6講　政治社会の紐帯（国籍）と人権の享有
——国籍の取得・継承・人権保障

1　国籍は個人にとってどのような役割を果たしているか

「芙蓉会」の人々……在韓日本人妻の悲哀

「芙蓉《ふよう》会」……何と美しい名であろうか。しかし、この会の実態を知ったならば、そのあまりにもひどい惨めさにだれしもが息をのむのではなかろうか。

これは在韓日本人婦人の会の名である。かつて「内鮮一体」とか「内鮮結婚」とかの国策にそって、朝鮮人と結婚し旧朝鮮に渡ったが、日本の敗戦の結果、日本への帰国を切望しながらも、「国籍の壁」に阻まれて帰ることもできず、異郷にあって日本の過去の植民地に対する罪科を一身に負わされ、祖国からは見捨てられ、極貧と忍従の生活を送っている人々の集まりである。

希望のない不安な生活を送っていても、祖国と断絶されているからには、なんとか自分たちの力で生きる道を開かなければという自覚が生まれてきても、反日感情の強いときであり、横の連絡をつけることはきわめて困難であった。李承晩大統領当時、きびしい命令で三人以上の集会は禁ぜられていた。やっとのことカトリック教会の中でそのような会をもつことができた。しかし、それを韓国政府に届けるに当たって「在韓日本婦人会」という名称では許されず、この「芙蓉会」におちついたのであった。

〔山本敬三『国籍〔増補版〕』（三省堂選書、168～170頁）〕

国籍は人が生まれた時から大きな意味をもっている。各国における国籍法の違いによって多くの悲劇を生み出す可能性がつきまとっている。

2 国籍と人権

(1) 国籍は政治社会としての国家と個人との紐帯である

(ア) 国際社会と国籍　今日の国際社会は、主権・領土・国民という要素をもつ国家が独立した構成単位となって多数併存し形成されている。個人は、原則としていずれかの国家に所属してその構成員（国民）となっており、そのための要件が国籍である。すなわち「**国籍**」は、個人を特定の**国家**（**政治社会**）に結びつける**法的な紐帯**《ちゅうたい》（絆）である、といえる。個人は、国籍の属する国家の国民として、国内法上の諸権利を享受することができ、また国外にあっても自国の**外交的保護**を受けることができる。

(イ) 国内管轄事項としての国籍　だが、国籍を決める世界的に統一されたルールはなく、それぞれの**国家の定める法律**によって原則として自由に国籍の要件が決定され、そのため**国籍**に関する事項はいわゆる「**国内管轄事項**」とされる。各国がそれぞれ規定する国籍法制の現状では、無国籍や重国籍などの発生を避けることができず、それゆえに、さまざまな困難な人権問題が生まれてきたことも事実であった。

(2) 国籍には人権にかかわるさまざまな諸相がつきまとう

(ア) 無国籍　古くは万国国際法学会の一八九五年のケンブリッジ会期において「すべての人は一つの国籍をもたなければならない。そ

▼用語解説8　外交的保護とは
個人（国民）が自国から離れて外国の領域内（領土）にあるときは、原則として、滞在する国家の統治権限（主権）の下に置かれる。その一方で、個人が外国で不法な損害を受け、その国の国内法上の手続によって救済措置を得られなかった場合は、一定の条件の下で、個人の国籍が属する国家は、自国民を外交的手段によって保護する権利を有する。これを外交的保護権といい、それに基づいてとられる措置を外交的保護という。ただし、外交的保護権は、被害を受けた個人の権利ではなく、国家の権利であることに注意しなくてはならない。

して、何人も二つの国籍をもつことはできない。」という原則が決議され、また一九四八年の世界人権宣言が「すべての人は、**国籍をもつ権利**を有する」（一五条）と規定した。このことからも、国際社会が無国籍の発生を防止することに大きな関心を抱いてきたと容易に理解しうるところであろう。

(イ)　**重国籍**　国籍のあるべき理想として「**国籍単一（唯一）の原則**」（One and only one Nationality）がいわれているが、現在の国際社会においては重国籍者が多数存在している。重国籍は、外交的保護権の衝突、忠誠義務の衝突、兵役義務の衝突、単一国籍者との不平等などの弊害があるため発生防止の方策がとられてきた。日本の国籍法においても、外国人の日本への帰化申請にさいして自国の国籍喪失を要件としたり（五条一項）、日本人の外国籍取得のさいに日本国籍の消滅を規定したり（一一条一項）すること等によって**重国籍の発生を防止**しようとしている。

(ウ)　**妻の国籍**　第一次大戦より前においては、世界的に妻は夫の国籍に従うべきものとされていた。これは「**夫婦国籍同一主義**」といわれ日本を含めほとんどの国がこの立場をとっていた。ところが、その後、世界の主要国は、女権拡大のフェミニズム（⇒第**8**講**2**⑴）や国内的事情によって、婚姻は当然には妻の国籍に影響を与えないとする「**夫婦国籍独立主義**」の方向へ改められていった。日本も従来の国籍法では、家制度等に基づく理由から夫婦国籍同一主義がとられてきたが、戦後の一九五〇年にその内容が新憲法および改正民法の趣旨に沿わないことから、旧国籍法が廃止され新たに制定された国籍法から夫婦国籍独立主義が採用された。

(エ)　**子の国籍**　妻の国籍に関して夫婦国籍独立主義が採用されるようになると、国籍の取得に関して血統主義をとっている国においては新しい法的問題が発生することになった。すなわち、父母の国籍がそれぞれ異なるとき子はどちらの親の国籍を取得するか、という問題である。日本の国籍法（一九五〇年）は、出生の際の国籍取得に関して、まず「出生の時に父が日本国民であるとき」に「子は……日本国民とする」（二条）と規定して、いわゆる「**父系優先血統主義**」をとっていた。だが、父系優先血統主義の採用については、日本国憲法における男女平等原則に反するのではないかという指摘が当初からなされていた。

かかる主張に対して裁判所は、国籍については、その性質上立法府に広汎な裁量が認められることを前提とし、重国籍防止の必要性・有用性および補充的な簡易帰化制度をあわせもつ限りにおいて合憲との判断を下していた（東京地判昭五六・三・三〇）。その後、日本は一九八五年に「締約国は、子の国籍に関し、女子に対して男子と平等の権利を与える」（九条二項）と規定する**女子差別撤廃条約を批准**し、その結果として国籍法の改正が迫られようやく**父母両系血統主義を採用**するに至った。しかしながら、子の国籍の取得については、従来親の立場から考えられてきたが、子どもも**独立した人格**をもつ**人権の享有主体**であることに鑑みて、子の固有の権利として把握されなくてはならない。たとえば、国際人権規約も、「すべての児童は、国籍を取得する権利を有する」（二四条三項）と規定し、また児童の権利条約も「児童は、出生の時から国籍を取得する権利を有する」（七条）と規定している。今後も**子どもの人権確保**のためこれらの規定のもつ意義が十分考慮されなければならないであろう。

㈥　**領土変更と国籍**　日本においては、国籍の変更に関してかつて植民地であった「**朝鮮**」「**台湾**」との関連において、重大な問題を現出させることになった。まず、朝鮮に関しては、一九一〇（明治四三）年八月二二日に「韓国併合に関する条約」（日韓併合条約）が締結された結果、日本は旧朝鮮を併合した。そして、当該条約によって**朝鮮半島出身者**は、強制的に「**日本国籍**」を取得させられ**国際法上は日本国民**として扱われることになった。しかし、日本政府は、韓国（朝鮮）を台湾などとともに**日本領土**（内地）とは**異なる地域**（外地）として区別し、とくに朝鮮半島出身者に対して、併合初期には**民籍法**、後には**朝鮮戸籍令**を適用し、明らかに**二級市民**としての取り扱いを行っていた。一方、台湾は日清戦争の結果として一八九五年に締結された下関講和条約によって日本の支配下に入ることになった。これによって**台湾の人々**は強制的に日本国籍に変更させられたのである。

これらの**植民地支配**は、一九四五年、第二次世界大戦の日本の敗戦によって終了した。その後、サンフランシスコ平和条約がその効力を発する直前の一九五二年四月一九日、一つの**民事局長通達**が出された。これは、朝鮮および台湾を日本の併合前の状態に戻す（「原状回復の思想」）というもので、併合当時、朝鮮人または台湾人であった者およびその子孫は、すべて**日本国籍を喪失**するというものであった。このような重大な国籍帰属の問題を民主的手続による**国会の法律**で決定するのではなく一片の民事局長通達によって行政的に処理したこととともに、領土変更のさいの重要な原則である「**国籍選択制度**」が採用されなかったことは人権問題として大きな禍根《かこん》を残すこととなった。

(3)　国籍は国家による人権保障のための絶対的な要件とはいえない

(ア)　国籍の意義　国籍の概念は、「国民」共同体としての近代国家が誕生した後の一八世紀から一九世紀にかけて成立したものとされる。そして各国においては、国家は**国籍を基準**として自国の構成要素となる**国民**とそうでない**外国人**とを区別して、法的権利・義務について異なる取扱いをしてきた。だが、このような国籍の機能は、国籍に固有の絶対的なものとして当然に認められるものではなく、一定の法的効果の発生のために法がとくに認めたものであることは注意を要する点であった（⇒第**10**講**4**(1)）。

(イ)　国籍概念の相対化　第二次大戦後、国際社会は人的交流等の急激な変化をとげ、人がその属する国家（政治社

◆法令（資料）　昭和二七年四月一九日民事甲四三八号法務府民事局長通達（「平和条約の発効に伴う朝鮮人台湾人等に関する国籍及び戸籍事務の処理について」）

日本政府はこれによって朝鮮人と台湾人の国籍を一括して処理しようと考えたもので、次の内容から成っている。

朝鮮及び台湾関係について

（一）　朝鮮及び台湾は、条約の発効の日から日本国の領土から分離することとなるので、これに伴い、朝鮮人及び台湾人は、内地に在住している者を含めてすべて日本の国籍を喪失する。

（二）　もと朝鮮人又は台湾人であった者でも、条約の発効前に内地人との婚姻、縁組等の身分行為により内地の戸籍に入籍すべき事由の生じたものは、内地人であって、条約発効後も何らの手続きを要することなく、引き続き日本の国籍を保有する。

（三）　もと内地人であった者でも、条約の発効前に朝鮮人又は台湾人との婚姻、養子縁組等の身分行為により内地の戸籍から除籍せらるべき事由の生じたものは、朝鮮人又は台湾人であって、条約発効とともに日本の国籍を喪失する。

会）への紐帯として国籍を考える場合も、**変動しつつある社会に対応する概念**として把握する必要がでてきた。民主主義原理に立脚する国家は、それ自体が目的ではなく人間の幸福実現のための手段としてのみ存在の意味がある。すなわち、国籍が**人権保障にとって重要な意味**をもち、国家の壁を越えた人の移動がますます盛んになる状況においてはその機能も注意深く検討されなくてはならないといえる。国際社会における国家と国籍制度が依然として存在するなかで、人として自由で独立した人格をもつ個人の尊厳を保障するために、これらの状況を法がどのように克服していくかが強く求められていくところである。

◆コラム13《国家より「人間の論理」の優先》
人は「国民」である前にまず「個人」である。はじめに個人が存在し、それが集まって国家を形成する。国家はそれ自体が目的ではなくして、個人の福祉に奉仕する手段に過ぎないともいえる。「国籍唯一の原則」は個人の国家への忠誠を強制する古い国家主義にもとづく面が多いのではなかろうか。「国籍と人権」の諸問題を考える場合、当然のことながら「国家の論理」より「人間の論理」を優先すべきではあろう。

〔山本敬三「国籍と人権」畑博行・水上千之編『国際人権法概論〔第四版〕』有信堂、一三五―一三六頁〕

3 憲法と国籍制度

(1) 日本国民の要件は憲法上法律によって定められている

(ア) 日本国民の要件

日本国憲法は、「**日本国民たる要件**は、法律でこれを定める」（一〇条）と規定している。ここでいう国民とは、国家の構成要素としての国民であり、その国の国籍を有する者をいう。言い換えると、日本国民たる要件とは**日本国籍を保有する**ということになり、それはかならず民主的な法律によって定めなければならないことを意味する。それを受けて現行国籍法は、①出生による国籍の取得（二条）、②認知による国籍の取得（三条）、③帰化による国籍の取得（四条）の要件を定めている。

(イ) 無国籍の防止

無国籍の防止については、日本国憲法はそれ自身の言葉としてなにも語ってはいないが、人間人格の尊厳を至上の価値原理とし、国際社会との協調主義を基本原則としているゆえに、無国籍者が日本国籍を取得して日本国民となることを否定するものではない。また、日本が憲法上の手続に則りこれまでさまざまな国際人権条約に加入してきたことにより、国籍の取扱いについても国内的に遵守義務《じゅんしゅぎむ》が発生して立法、行政、司法の各機関を法的に拘束するものである。

(2)　世界各国の国籍法には血統主義と生地主義がある

(ア)　**血統主義**　世界各国の国籍取得の要件は、国内管轄事項のため同一ではなく、この点について立法制度を大別すると、**血統主義**（jus sanguinis）と**生地主義**（jus soli）とに分かれる。血統主義は、子がその出生にさいし、親の血統に従って**親と同じ国籍**を取得する制度である。**親子の遺伝的関係**（血縁）を重視して、国家の構成員たる資格を与えるもので、国家は民族共同体を中核とするという点において、**血縁共同体**としての性格をもっていることをその理由とするものである。日本の国籍制度には、血統主義について現行法の**父母両系血統主義**とかつては二重国籍の防止等を目的とした**父系優先血統主義**があった。

(イ)　**生地主義**　生地主義は、子がその出生にさいし、その**出生地国の国籍**を取得する制度である。これは、国家が自国の領土内で生まれた子に自国の国籍の取得を認めるもので、**生まれた場所を重視した地縁関係**によって国家の構成員たる資格が与えられるというものである。国家は、領土を構成要素の一つとするという点において**地縁共同体**としての性格をもっている。出生に伴う出生地との地縁の発生は、出生地における地域社会の構成員たる資格すなわち住民たる資格の取得を意味する。自国で生まれて**住民**としてその**文化に同化した者**を自国国民とすることには合理性が認められ、生地主義の採用は移民国家に多い。

(3) 国籍の取得には出生・認知・帰化による方法がある

(ア) 出生による取得　現行国籍法は、子の出生による国籍の取得について「出生の時に父又は母が日本国民であるとき」(二条一号)または「日本で生まれた場合において、父母がともに知れないとき、又は国籍を有しないとき」(同三号)と規定している。日本の国籍法制は、これまで**血統主義を原則**として、**生地主義による補完**という方法を採用してきた。生地主義を規定する国籍法二条三号に関して、一九九二年に国籍確認請求を行った「**アンデレ・ケース**」は世間の注目を集めた重要な事例であった。最高裁判所は、フィリピン人らしき母親から日本の病院で生まれてすぐに遺棄されたアンデレ君について、一審と二審とで判断が異なるなかで、「父母がともに知れない者」にあたるとして日本国籍を認めたのであった。無国籍になりかけた子を司法的に救済したことは高く評価されるものといえる(最判平七・一・二七)。

(イ) 認知による取得　日本では、一九八四年に国籍法が改正されるまで、子が日本の国籍を取得するためには、出生のときに親が法律上正式の婚姻関係にあることが原則とされていた。そのため日本人である父親と外国人である母親との間に生まれた**非嫡出子**《ひちゃくしゅつし》は日本国民となることはできなかったが、このときの改正によって父母が後に結婚し「**認知**《にんち》」によって**嫡出子**《ちゃくしゅつし》になった者について(このように出生時の非嫡出子が後に嫡出子になることを「**準正**」という)一定の条件を満たせば、法務大臣に届け出ることによって日本の国籍を取得することはできると規定した(旧第三条一項)。認知の場合と準正の場合とを区別するのは、**認知されただけの子**(**非嫡出子**)は**準正**《じゅんせい》**された子**(**嫡出子**)とは民法上の取扱い(氏、親権、相続)を異にし、それは仮装認知のおそれ等があることが理由とされていた。

だが、最高裁判所は、二〇〇八年の**国籍法違憲判決**において、旧国籍法三条一項の制定当時においては、日本国籍取得の要件に**認知**に加えて**準正**を設けたことには、立法目的との間で一定の合理的関連性があったが、その後の日本を取り巻く**国内的、国際的な社会的環境等の変化**に照らしてみると、準正を出生後における日本国籍取得の要件としておくことについては、もはやその正当性を主張することは難しくなっており、**非嫡出子**のみが著しい**差別的取扱い**を受けて**憲法一四条一項に反する**との判断を下したのであった（最大判平二〇・六・四）。

それによって、現行国籍法は、「父又は母が認知した子で二十歳未満のもの（日本国民であつた者を除く。）は、認知をした父又は母が子の出生の時に日本国民であつた場合において、その父又は母が現に日本国民であるとき、又はその死亡の時に日本国民であつたときは、法務大臣に届け出ることによつて、日本の国籍を取得することができる。」（三条一項）という規定に改められたのである。

(ウ)　帰化による取得　日本国民でない者（外国人）は、法務大臣による許可を得て、「**帰化**」することによって**日本国籍**を取得することができるとされている（四条）。帰化は、その条件の差異により、普通帰化と特別帰化に区別される。前者は、一般の外国人が規定の条件を満たすべき**普通の帰化**であり（五条）、後者には、日本国民であった者の子や配偶者等、日本となんらかの特別の関係にある外国人について帰化の条件の一部が緩和または免除される**簡易帰化**（六条〜八条）と、日本に特別の功労のある外国人について帰化の条件がすべて免除される**大帰化**（九条）がある。ただし、これらの条件を満たして帰化を申請したとしても、かならずしも帰化が許可されるとは限らず、ど

▼用語解説9　「婚姻」「嫡出子と非嫡出子」「認知」と「準正」について

①婚姻とは
　いわゆる「結婚」のことで、日本では婚姻届を提出することが法律の手続とされ、その手続を有効に行なうことで婚姻が成立する。婚姻の実質的要件としては、(i)当事者となる男女が結婚に同意していること、(ii)婚姻適齢（男性一八歳、女性一六歳）に達していること、(iii)重婚でないこと、(iv)女性が再婚禁止期間を経過していること（前婚の解消または取消の日から六カ月を経過していること）等があげられる。そして、妻が婚姻中に懐胎した子は、夫の子と推定される。

②嫡出子および非嫡出子とは
　嫡出子とは、婚姻関係にある男女の間に生まれた子（婚姻子）で、それ以外の子を非嫡出子（婚外子）という。

③認知とは
　認知とは、嫡出でない子と父親との間に法的な親子関係を発生させることをいう。認知には、父親自らの意思でする任意認知と、裁判によって確定する強制認知があり、いずれの場合も認知された結果、その子と父親は、生まれたときから親子であったことになる。父親は、母親の承諾を得てその胎児を認知することができる。

④準正とは
　準正とは、非嫡出子について、父親が認知した後にその母親と婚姻した場合や認知されていない子が父母の婚姻後に認知された場合は嫡出子となり、このよう

のような外国人に帰化を許可するかは、国家の自由裁量行為とされている〔⇩婚外子相続分差別については第**8**講**5**(2)コラム15参照〕。

✓に非嫡出子が、後に嫡出子の身分を取得することをいう。

(4) 国籍の喪失は個人の意思によらなくてはならない

(ア) 国籍の離脱　日本国憲法は、何人《なんぴと》にも「**国籍を離脱する自由**」(二二条二項)を保障している。現行国籍法は、これを受けて重国籍の解消および無国籍の発生防止にも配慮しつつ、日本国民が**自己の志望**によって外国の国籍を取得したときは日本国籍を失う(一一条一項)と規定している。また、外国の国籍を有する日本国民は届出によって日本の国籍を離脱することができるものとして(一三条一項)、日本国籍の保有が外国への帰化を希望する日本国民の妨げにならないよう配慮している。国籍離脱の条件は日本国籍のほかに外国国籍を有することだけであり、外国人の帰化の場合とは異なり、法務大臣は適法な届出がなされればその届出を受理しなくてはならず、届出をした者はその届出の時に日本国籍を喪失することになる(一三条二項)。

(イ) 国籍留保制度　現行国籍法は、日本国外で出生した時に日本国籍と外国国籍を取得する子について、原則として親が法定期間内に積極的に**国籍留保の意思表示**をしない限り、国籍を**出生時に遡って喪失**させる国籍留保制度を規定している(国籍法一二条)。これは、子の出生の時から厳格に**重国籍の発生を防止**しようとするものであるけれども、国籍が子の権利保障にとって重要な役割を果たすことを考えれば、その後の本人の意思に基づく国籍の選択によっても解消することができるゆえに、厳格に解する必要はないものと考えられる。

(ウ) 国籍選択制度　これについて、一九八四年の国籍法の改正では、父母両系血統主義の採用等に伴って増加する**重国籍の解消**に対処するため、新たに国籍選択制度を導入した。現行国籍法は、「外国の国籍を有する日本国民は、外国及び日本の国籍を有することとなった時が二十歳に達する以前であるときは**二十二歳に達するまでに**、その時が二十歳に達した後であるときはその時から二年以内に」いずれかの**国籍を選択しなければならない**と規定している（一四条一項）。重国籍者が外国国籍を離脱して日本国籍を選択する場合、**離脱に関する各国の法制度**がきわめてまちまちで、**外国国籍の放棄**を厳格に要求することは現実には困難であり、重国籍の解消は**本人の自主的処理**に委ねようとするのが国籍法制の基本的立場であると考えられる。

4 今後の課題

(1) 子どもの基本的権利としての国籍の取得と継承は保障されているか

国籍は、自国における基本的人権の保障、公的資格の付与、公的給付等を受ける上できわめて**重要な意味をもつ法的地位**である。日本国民の子でありながら、あるいは日本で生まれ育っているにもかかわらず、現実にはこうした法的地位を得ることができないでいる子どもたちが多数存在する。最高裁判所は、子どもの国籍継承権が**基本的人権**であることを認めていないが、そもそも国籍法の違憲判決を出す前提として、国籍の取得に関してすべて立法裁量に委ねるのではなく、男女平等原則等を踏まえてその継承を憲法上の権利として認めていたからこそ判断ができたのではないかと考えられる。前国家的な権利ではないにしても、憲法一〇条、一四条、二四条等の精神を総合的に勘案して、単なる法律上の権利ではない**子どもの国籍継承権**を認めていくべきではないだろうか。

(2) 重国籍の防止は現代社会において重大な問題なのだろうか

現代のグローバル社会において国際結婚によって生まれた子は両親の文化を背負って生まれて育つものであり、子どもにとっては父の国籍も母の国籍も等しく重要である。「二つの祖国」は是認されなくてはならない。そのような意味からも、重国籍は絶対的に防止しなくてはならないものなのであろうか。人権の視点から考えると、これまで当然のこととして受け入れられてきた「国籍単一の原則」には疑問が生じる。国籍の任意取得による重国籍を認めることの当否に関しては、近時ヨーロッパ諸国で多くの議論がなされており、重国籍を認める方向へ法改正を行っている国も多くみられる。これは自分の祖国の国籍を保持することによって祖国へのアイデンティティを保ったまま、居住地区の国民たる地位を取得できることが望ましいとされたものであり、国籍の得喪に関して個人の人格的利益を尊重したものと考えられる。このような傾向が世界的に広まっているという事実は十分に認識されなくてはならないであろう。

第7講　自己責任・管理社会と個人の包括的基本権
——幸福の追求・プライバシー・自己決定・環境権

1　新しい人権はどこから導かれるか

《社説》視点・二〇一三参院選　憲法と人権　変えてはならないもの

　水俣病患者は長い間、憲法が保障する基本的人権を侵害され続けてきた。それを放置する政権与党が憲法改正を言い出す資格があるのだろうか。

　……憲法13条は国民の生命・自由・幸福追求の権利は国政で最大限尊重されると定め、25条は健康で文化的な最低限度の生活を営む権利を国民に保障する。水俣病の半世紀は、国民の権利が国によってないがしろにされる現実があることを映し出す。……参院選で自民党は憲法改正を公約に掲げた。なかでも、憲法改正草案で示した「国民の権利及び義務」の章は、見過ごせない問題をはらんでいる。

　……現行憲法では国民の権利が尊重されるのは「公共の福祉に反しない限り」との条件が付くが、改正草案はその条件を「公益及び公の秩序に反しない限り」と置き換えたのが特徴だ。「公共の福祉」とは一般に、他人に迷惑をかけるなど私人対私人の権利がぶつかった際に考慮すべき概念とされるが、草案は公権力によって人権が制約される場合があることを明確にしたのだ。……一方で草案は、家族が助け合う義務、政府が緊急事態を宣言した際に指示に従う義務など、新しい義務を国民に課す。……憲法で国家権力を制限し、国民の自由と人権を保障するという考え方が立憲主義だ。草案はこの理念を大きく逸脱する。それだけでなく権力側が国民を縛ろうとする狙いがあるのではないか。野党の多くが「時代錯誤」などと批判したのは当然だ。……公明党は自民党のこうした考えには距離を置く一方で、現行憲法に環境権など新しい人権を加える「加憲」をアピールする。新たな人権規定の創設に反対するつもりはないが、現行憲法でも導き出すことが可能で、立法で十分との指摘もある。

　……とりわけ人権にかかわる問題は私たちの日常生活に直結する。現行憲法の理念は時代を超えても変えるべきではない。参院選後に本格化するであろう議論に向き合い、自らのこととして考えたい。

〔毎日新聞2013年7月20日付より〕

2 個人の包括的基本権としての幸福追求権

(1) 憲法一三条は個人の包括的基本権を保障する

(ア) 生命、自由および幸福追求権　日本国憲法一三条は、すべて国民は個人として尊重され、「生命、自由及び幸福追求」に対する権利は国政のうえで**最大の尊重**を必要とすると定めている。この規定の真意は、一七七六年のアメリカ独立宣言に由来することは文言上明らかであり〔⇒第**3**講**5**(1)〕、その淵源《えんげん》は、ジョン・ロック（一六三二〜一七〇四）の「生命、自由および財産」にまで溯《さかのぼ》る。さらにはアメリカ合衆国憲法修正五条・一四条にも関連するもので、日本国憲法の草案作成にかかわった総司令部（ＧＨＱ）民生局の理想主義的な思惑が読み取れるところである。

(イ) 個人の尊重と幸福追求権の意義　人権のなかでも、その思想史的な系譜から包括的自由権の総称とされる憲法一三条の「**幸福追求権**」は、それ自体漠然としているとの批判もなされるが、通説では「**個人の尊厳**」原理と結びついて、人間の人格的生存に不可欠の権利・自由を包括する**具体的権利**とされる。幸福追求権の意義は、「通常の個別的基本権とは異なるところの基本権の根底に位置する**人格の核心**にかかわる独自の権利」であり、憲法一三条によって保障される**包括的基本権**として位置づけられるのである。

(2) 幸福追求権から「新しい人権」保障が導かれる

(ア) 「新しい人権」の背景　近代立憲主義憲法の正統を受け継ぐ日本国憲法は、国家の決めた目標を達成することこそが国民にとっての幸福であるから国民の犠牲を要求するというのではなく、**個人が**「**幸福を追求**」する自律的な活動を基盤に社会を維持・発展させていこうという考え方に立っている。ところが、戦後七〇年、日本社会の急激な変動はさまざまな問題を発生させ、憲法の個別的な人権規定では対応しきれない状況となり、国民の権利意識の高揚とともに**憲法一三条の幸福追求権**を根拠として「**新しい人権**」が主張されるようになった。

(イ)　幸福追求権の内容　新しい人権の根拠としての幸福追求権の内容は、**人格的生存**にかかわるさまざまな法益が観念され、主張されている。しかし、あくまでも「基本的」人権として保護を求める以上、人間の生活にとって**基本的な必要性を満たす利益**であることが必要である。最高裁判所はこれまでいくつかの権利を承認しているが、いかなる利益であれば「基本的」といえるかについて、いまだ明確な基準を打ち出してはいない。だが、現代社会の要請に応えるべく人権保障の枠組みを整えることは必要なことであり、以下においては、幸福追求権の内容とされている権利のうち**プライバシーの権利、自己決定権、環境権**について検討する。

3　プライバシーの権利

(1)　個人の秘密はプライバシーの権利によって守られる

(ア)　プライバシーの概念　プライバシー（privacy）の権利は、一九世紀末のアメリカにおいて、大衆新聞のゴシップ記事による私生活の暴露に対するコモン・ロー（判例法）上の権利として初めて提唱された。かれらは、その権利を「**一人にしておいてもらう権利**」（**the right to be let alone**）として説明した。その後、避妊具の使用を禁止した州法や堕胎を禁止した州法が争われた事案において、連邦最高裁判所はプライバシー権の侵害であるとしている。このように、プライバシーの権利の概念も、親密な私的領域に「自ら引きこもる権利」から「**重大な私事について自ら決定する権利**」へと展開していった。

(イ)　「宴のあと」事件　日本においてもアメリカの影響を受けて、ある政治家をモデルとした三島由紀夫の小説

『宴のあと』が問題となった事案で一九六四年に下された判決（東京地判昭三九・九・二八）のなかで、初めて憲法一三条の「個人の尊重」の理念から導かれるプライバシーの権利を認めた。その要件として、公開された内容が、①私生活上の事実または私生活上の事実らしく受け取られるおそれがあり、②一般人の感受性を基準にして本人の立場に立った場合公開を欲しないであろうと認められ、③一般の人々にはいまだ知られていないものであり、④公開によって本人が実際に不快、不安の念を覚えたことがあげられ、それによりプライバシーの侵害があったとして損害賠償が命じられた。すなわちプライバシーの権利は、「**私生活上の事柄を無断で公開されない権利**」として理解されたのである。その後、最高裁も、一九六九年に正当な理由なしに容貌《ようぼう》等を撮影されない権利（肖像権）を憲法上の権利として承認し（最大判昭四四・一二・二四）、一九七〇年にも喫煙の自由を憲法上のプライバシーの権利として認めたととれる判決（最大判昭四五・九・一六）を下している。

(2) 自己の情報をコントロールする権利もプライバシーという

(ア) 自己情報コントロール権　現代社会は、コンピュータ・ネットワークや電気通信技術の発達によって膨大な情報を個人が瞬時に授受できるようになり、すでに高度情報化の時代を迎えて久しい。**高度情報社会**の危険性は、私的領域のみならず、公的領域においても自分の知らないところで政府機関等によって自分の情報が収集・保有・利用されることにある。そこで、**プライバシーの権利**は、より広く「**自己の情報を自らコントロールする権利**」ないし「**自らの情報に関する自己決定権**」としてとらえられるようになった。プライバシーの権利保障を実現するためには、法律によって、個人情報の収集・保有・開示等を規制し、情報の当人に開示・訂正請求権等を保障することが必要である。この点について、二〇〇三年制定の**行政機関個人情報保護法**や**独立行政法人等個人情報保護法**、そして多くの**地方公共団体の個人情報保護条例**によって、開示・訂正・抹消請求権が保障されることになった。

(イ)　**個人情報保護法**　日本においては、個人情報保護法制は地方公共団体の条例が先行したが、条例では民間部門(経済活動)の規制は困難であり、行政のガイドラインを通じた業界の自主規制があるのみであった。そこで、**公的部門と民間部門の両方をカバーする基本法制**を整え、そのなかで民間部門について一定の規律を行うという方向性が打ち出され、二〇〇三年、**個人情報保護法**が制定され、二〇〇五年四月から全面施行されることになった。この法律は、五千件以上のファイルをもつ民間の個人情報取扱事業者に対して、①利用目的の特定と制限(一五条・一六条)、②適正な取得(一七条)、③取得にさいしての利用目的の通知(一八条)、④データ内容の正確性の確保の努力義務(一九条)、⑤データの漏洩《ろうえい》・滅失《めっしつ》・毀損《きそん》の防止その他の安全管理措置(二〇条)、⑥第三者提供の制限(二三条)、⑦本人の求めによる開示義務(二五条)、⑧本人の求めによる訂正・追加・削除義務(二六条)、⑨本人の求めによる利用停止・第三者提供の制限(二七条)等を義務づけている。また、一定の義務違反に対しては、行政の関与(大臣の是正命令など)が用意され、命令にも従わない場合には罰則も適用されることが規定されている。

(ウ)　**プライバシーの権利侵害の具体例**　**自己情報の収集**の段階でのプライバシーの権利にかかわる問題として裁判で争われたものに、①警察官によるデモ行進の写真撮影(最判昭四四・一二・二四)、②速度違反自動取締装置による運転者の写真撮影(最判昭六一・二・一四)、③外国人への指紋押捺の強制(最判平七・一二・一五)等がある。**表現の自由**との関係では、①ノンフィクションにおいて前科を実名で書くこと(最三小判平六・二・八)や少年犯罪者の氏名・容貌《ようぼう》等の報道(少年法六一条)等がある。なお、憲法の条文のなかには、すでにプライバシーの権利の一部を保障しているものがあり、①通信の秘密の保障(二一条二項)、②住居・書類等の捜索・押収のさいに令状を条件としていること(三五条)、③供述を強要されないこと(三八条一項)等があげられる。これらの条項に該当しない場合に限って、**一三条に基づくプライバシーの権利**が適用されることになる。

4 自己決定権

(1) 自己決定権は「自由」の核心部分となっている

(ア) 個人の自由と自己決定　本来、他人とは無関係の事柄については、個人が自由に決定することが当然のことと考えられるが、私たちの身の回りでは、実は法律によって多くの規制がなされている。ところが、近年、社会全体の管理化への反発と、国民の権利意識の高揚に伴って、幸福追求権の一内容として、「**個人の一定の私的な事柄について、公権力から干渉されることなく、自ら決定することができる権利**」としての、「**自己決定権**」が主張されるようになった。自分のことについては、他者ではなく自分自身が決定する。これこそが、**個人の自由の核心部分である**とも考えられている。

(イ) 自己決定権の内容　この「自己決定権」の内容としては、これまでさまざまな議論がなされてきた。私事について、自分のことを自分で決定するのは、①自己の生命・身体の処分にかかわる事柄（治療拒否・尊厳死・臓器移植）、②人間のリプロダクション（生命の再生産）にかかわる事柄（避妊・堕胎）、③家族の形成・維持にかかわる事柄（結婚・離婚）、④個人のライフスタイルにかかわる事柄（服装・髪形・喫煙・飲酒・登山・性的自由）等があり、多岐にわたっている。しかし、憲法上の基本的権利としてどのような自由が自己決定権と認められ、法的に保障されるかは、いまだ定説を見ていないのが現状といえる。

(2) 自己決定権の問題として次のような事柄が議論されている

(ア) 女性の権利と胎児の人権　そもそも女性だけが生理的に妊娠するという機能をもっており、妊娠し、子を産むことは**女性の天命**と考えられてきた。人工的に妊娠を避ける**避妊**や、妊娠を中断する**人工中絶**は法律によって禁止され、女性は、天の命ずるままに子を産むことを強制されてきたのである。だが、女性が自分の人生を自由に、自分の意思によって生き、その運命を自分の力で切り開いていくためには、子を産むことについても、**自分の意思で選択、決定する権利**が認められなくてはならないことになる。そのため、子どもを産まないという決定を実現する最後の手段として人工妊娠中絶がある。

しかしながら、その一方で、生まれ出《いづ》る「**胎児の生きる権利**」が問題となる。これについては、**人権享有主体としての「人」**はいつ発生するのかという問題が提起される。**児童の権利条約**では、一般にはイギリスのように、「本条約が『出生後に対してのみ』（only following live birth）適用がある」旨の解釈宣言を行っている国もあれば、「受胎の時から」（from the time of conception）とする国もある。アルゼンチンとグァテマラは、「本条約における『児童』は『**胎児を含む**』と解する」という趣旨の解釈宣言を行っている。日本においては、刑法上は、殺人罪が適用される場合に**一部露出説**をとっており（大判大八・一二・一三）、民法上は、**出生により「人」**となるとされているが（三条）、胎児は、「相続については、すでに**生まれたものとみなす**」として**権利能力**が認められている（八八六条）。

(イ)　**死ぬ権利**　医療法は、「医療は、生命の尊重と個人の尊厳の保持を旨と」すると定めている（一条の二第一項）。だが、人工呼吸器、人工栄養装置等の生命維持装置によって生存を維持している状態を考えた場合、自らの尊厳を守るための究極の自己決定として、安楽死や尊厳死が主張されている。**安楽死**とは、死苦を緩和するための生命の意図的な断絶のことで、①苦痛緩和の措置としての「間接的安楽死」、②治療を行わない「消極的安楽死」、③激痛に苦しむ患者を安楽にする「積極的安楽死」、さらに、④「自殺幇助型安楽死」の類型が考えられる。**尊厳死**とは、自然死、治療行為の中止とも呼ばれ、これは消極的安楽死のように死期を早めるのを目的とするものではなく、過剰な医療を避け、人間としての尊厳を保って死に至ることをいう。諸外国では認めるところも往々にしてあるものの、日本では、法律上、安楽死も尊厳死も認めていないが、裁判所は、一定の条件を満たした場合は、患者の自己決定権を根拠に容認することがある（横浜地判平七・三・二八）。

(ウ) **人工生殖の権利とその限界**　科学技術の発達によって、人工授精、体外受精、代理母等により人為的に子どもを産むことが可能になり、子の親が誰かという問題が発生するようになった。それは、①不妊に対する治療として、夫以外の精子を妻に**人工授精**させ出産したときに精子提供者と子の関係をどうみるのか、②第三者の卵子と夫の精子を**体外受精**し妻の子宮に着床させ出産した子と卵子提供者との関係をどうみるのか、③夫の精子と妻の卵子を**体外受精**し第三者（代理母という）の子宮に着床させ出産した子と第三者（**代理母**）との関係をどうみるのか、ということである。①については、夫婦の合意のもとに人工授精が行われたのである限り、精子提供者と子の関係は成立しないとし、②と③については、出産分娩によって母子関係が発生することから、卵子提供者と子との親子関係は存在しないと考えるのが妥当であるが、その理由づけは容易ではない。

(エ) **ライフスタイル**　ライフスタイルを自分で決定する自由の一つとして、性的交渉の自由がある。**性的交渉の自由**は、きわめて私的な事柄に属し、また、**人間存在の根源**にもかかわるもので、国家の関

◆コラム14《**東海大安楽死事件**》

裁判所は、大学病院の医師が末期患者の家族の懇願に応えて致死量の薬物を注射して死亡させた事件において、患者の自己決定権を根拠に、一定の条件をクリアした場合には無罪になるという判断基準を示しています（東海大安楽死事件、横浜地判平七・三・二八）。まず、尊厳死の場合、①死が回避不可能であること、②患者の意思表示があること（リビング・ウイル等の事前の意思表示や家族の意思表示から患者の意思を推定することも許される）、という二要件、間接的安楽死の場合、①耐え難い肉体的苦痛があること、②死が回避不可能で、死期が切迫していること、③患者の意思表示があること（推定的意思で足りる）、の三要件があげられています。積極的安楽死については最も条件が厳しく、①耐え難い肉体的苦痛があること、②死が回避不可能で、死期が切迫していること、③苦痛の除去・緩和に他の手段がないこと、④患者の明示の意思表示があること（推定的意思では足りない）、が必要とされています。

このように、自己決定権は一定の場合には、「死の迎え方についての選択権」を認めるものとされたわけですが、「死そのものを選ぶ権利」（死ぬ権利）を認めたものではありません。東海大事件判決が安楽死の条件から「精神的苦痛」を除外しているのは、そのような主観的な条件を含めることが自殺の容認へとつながり、生命軽視の危険な坂道へと発展しかねないことを危惧したからです。自己決定権の根底には、生きることはすばらしいことだという大前提が横たわっていることを忘れてはなりません。

与や、第三者の強制による自由の侵害は、とうてい許されないものである。**セクシャルハラスメント**の問題も、性的交渉の自由を他者に強要されず自ら決定する権利の問題としてとらえることができる〔⇩第**8**講**4**(2)〕。

〔横藤田誠「個人の自律と自己決定権」畑博行編『現代法学入門』有信堂、二九—三〇頁〕

(オ)　**校則**　**生徒の髪形や服装の自由**は多くの学校教育の現場で制限されている。しかし、「髪形や服装などの身じまいを通じて自己の個性を実現させ**人格を形成する自由**は、精神的に形成期にある青少年にとって成人と同じくらい重要な自由」といえる。ところが、学校の裁量権限を広く認め、校則によって生徒の自由をかなり制限しているのが実状といえる。裁判所も、生徒の丸刈りの強制についての訴訟において、当該校則の目的の合理性や教育上の効果については疑問であるとしながらも、学校側の裁量を尊重し、「その内容が著しく不合理であることがあきらか」でない限り違法とはならないと判示している（熊本地判昭六〇・一一・一三）。子どもの自己決定権の制約が許されるかどうかは、パターナリズムを根拠として年齢、事柄の重要性、制約の必要性、制約の程度などを考慮して判断しなくてはならないところである〔⇩第**11**講**2**(2)〕。

5　環境権

(1)　環境権は人間らしい人格的生存のために主張されている

(ア)　**人格的生存**　水、空気、日照、静謐《せいひつ》、景観などの自然環境は、人間の生存にとって不可欠である。このような自然環境が良好な状態にあって初めて、人は**人間らしい生活**（**人格的生存**）ができるのである。ところが、日本は、一九六〇年代頃から、経済が高度成長するとともに、水質汚濁、大気汚染、日照妨害、騒音、景観破壊などのいわゆる「公害」問題が生じ、人間の人格的生存を脅かすような未曾有《みぞう》の環境破壊がもたらされた。

(イ) **環境権の法的性格**　このような現象は、憲法制定時には考えられないことであった。このため、憲法一三条の保障する幸福追求権の一環として、環境権の概念が提唱され、「**良い環境を享受する権利**」として主張されるようになった。幸福追求権が人間の「**人格的生存に不可欠な諸利益**」を享受する権利とすれば、良好な自然環境に対する権利、すなわち、環境権がそのなかに包含されるとするものである。学説は、環境破壊の差止めを求める**自由権的側面**は憲法一三条の幸福追求権にその根拠を求め、公権力に対して積極的な環境保全策を求める**社会権的側面**として憲法二五条にも基礎づけている。

(ウ) **環境権概念の多様性**　環境権については、①空気・水・土壌などの**自然環境**に限定する説、②歴史的遺跡や文化財などの**文化的環境**を含める説、さらには、③道路・橋・公園などの**社会的環境**をも含める説が主張されている。だが、人としての人格的生存にとって良い環境というのは、物理的な環境だけでなくおよそ人間社会における他者との良好な関係性をも意味するものである。そうだとすれば、それは「**人権**」の概念と表裏であり、本書でいうところの「**積極的平和**」と同義である〔⇒第**5**講**2**(1)〕。すなわち、それは「**人間人格の尊厳**」を確保するために必要な他者との健全な関係性を意味するものである。

(2) **環境破壊に対しては事前的救済が必要である**

(ア) **環境破壊の予防**　本来、環境破壊による権利の侵害に対する法的救済としては**事後的救済**がなされるが、人間の生命や健康を危うくする侵害行為がなされようとする場合には、当然ながら**事前的救済**が必要となる。それも侵害行為や被害が明白になる以前に**差止請求**が認められなければ、被害を有効に防止しえない。環境権概念の提唱の意義はこの点にある。このことは、この権利の提唱者が、「われわれには、環境を支配し、良き環境を享受し得る権利があり、みだりに環境を汚染し、われわれの快適な生活を妨げ、あるいは妨げようとしている者に対しては、この権利に基づいて、これが妨害の排除または予防を請求しうる権利がある」と述べていることからも明らかである。

(イ)　判例の立場　裁判所は、保護される環境の内容的・地理的範囲が漠然としていることや、権利者の範囲が限定されていないことなど環境権の不明確性を理由として、はっきり承認しているとはいえないものの、その内容の一部を認めたものもある。たとえば、屎尿《しにょう》・ゴミ処理施設の建設の差止請求を承認し（広島地判昭四六・五・二〇）、周辺住民が夜間の飛行差止めと損害賠償を求めた大阪空港訴訟の控訴審判決も、憲法一三条および二五条を根拠として、**人格権**に基づく差止請求権を認めている（大阪高判昭五〇・一一・二七）。これらの判決はいずれも、人格権に基づいて差止請求権を承認するものであるが、環境権を「**自然環境にかかわる人格権**」としてとらえるならば、それらは、少なくとも、環境権の趣旨を承認していると解することができる。

近年、有明海の漁業従事者等が、国に対し、**諫早湾干拓事業**に基づく潮受堤防の設置により漁業環境が悪化し、同人らの漁業を営む権利、人格権、環境権および自然享有権を侵害されたとして、潮受堤防の撤去、または南北排水門の常時開門および損害賠償を求めた事案で、裁判所は、諫早湾干拓事業により有明海の漁業環境が悪化したとし、判決確定後三年までに五年間堤防の排水門の開門を継続することの請求を認めた（福岡高判平二二・一二・六）。本件は、国が上告を断念したため確定し、最高裁もその効力を認めている（最判平二七・一・二二）。裁判所は、現在のところ、学説が主張するような環境権を正面から認めてはおらず、いまだ成熟途上の権利であるといわざるをえないが、今後の裁判所の動向が注目されている。

6 今後の課題

(1) 自己決定権を根拠に受精卵検診や胎児の出生前検査は許されるか

近年、妊婦の血液を調べて、胎児に病気があるかどうか判定する**新型の出生前検査**が導入された。妊婦とその家族は、**胎児に障がい**があるとわかったとき、多くの場合、重大な決断に直面する。しかし、その一方で、決断を支える体制が、十分に整っていないことがわかってきた。私たちは、急速に広まる出生前検査とどう向き合うのだろうか。また、そのほかにも受精卵検診や安楽死の問題等、現代社会は生命をめぐる自己決定をどのように考えていけばいいのだろうか。

一般に中絶が認められるのは妊娠二二週未満までとされているが、障がいのある子どもを産んで育てるとしたら、どんな生活になるのか、なにか支援は受けられるのか、逆に中絶したらどんな思いをするのか、女性には知りたい情報がたくさんあるはずである。一般に医師らによる遺伝カウンセリングで伝えられるのは、検査の意味や病気の詳しい症状など、医学的な説明が中心となっている。産むか産まないかの判断は、最終的には妊婦とその家族が決めることだとしても、それでいいのだろうか。それ以上に、ハンディをもって生まれてくる子どもの「**生命の権利**」はどうなるのであろうか。われわれは、当事者である障がいをもって生まれてきた弱い立場の人たちの声をもっと聴くべきではないだろうか〔⇒第15講4(2)〕。

(2) 原発・環境保全に対する国民の権利は認められるか

二〇一四年五月二一日、福井県などの住民らが関西電力大飯原発三、四号機の運転差止めを求めた裁判で、福井地裁が再稼働を認めない判決を下した（福井地判平二六・五・二一）。二〇一一年の福島第一原発の事故後、原発の運転差止めを命じる判決は初めてのことであった。注目されるのは、原発のもつ本質的な危険性として「人格権」という権利の侵害を指摘し、「事故が起きたら半径二五〇キロ圏内の住民の人格権が侵害される」と判示したことである。幸福追求権～環境権～人格権というリンケージの枠組みで差止めが認められたのは画期的なことであるが、日本政府は安全性を確認した原発を再稼働する方針はまったく変わらない、としている。また、二〇一七年一二月一三日には、広島高裁が四国電力伊方原発三号機（愛媛県）の運転を差し止める仮処分の決定を下した（広島高決平二九・一二・一三）。これは、高裁レベルで原発の運転を差し止めた初めての司法判断であるが、今後その他の原発訴訟の行方が注目されている。

東日本大震災において、巨大地震と大津波による自然災害だけでなく、未曾有の体験をわれわれ日本人にもたらしているのが東京電力福島第一原発事故に伴う国内最大の原発災害である。これまでいくつかの原発訴訟で、行政の専門的な裁量を認める立場で審理し、原子力安全委員会の安全審査や電力会社の安全対策に住民が被ばくする具体的な危険性を認めず、大半の請求を斥けてきた従来の裁判所の姿勢について、前述の大飯原発や伊方原発の運転差止め裁判がその議論のきっかけになるのかもしれない。憲法を改正するまでもなく、原発・環境保全についても国会における活発な議論によって解決することが求められている。一人ひとりがこの社会で真に安心して豊かに生活できるよう、憲法一三条から導き出される「環境権」の主張について、われわれは真剣に考えていかなくてはならないのではないだろうか。

第8講　男女共同参画社会と法の下の平等
――ジェンダー・政治参加・職場・家族

1　男女平等の実現は人類社会にとって永遠の課題か

ベアテ・シロタ氏の講演会
性差別の是正は、これまで国や時代を超えて人類共通の課題であった。戦前の日本で家族とともに15年間生活し、総司令部（ＧＨＱ）の通訳として日本国憲法の誕生に立ち会い男女平等を起草したベアテ・シロタ氏。

2 フェミニズムと人権保障の歴史

(1) 近代人権宣言の「人」とは主として白人男性を意味するものであった

(ア) 女性差別の起源　近代立憲主義憲法では、「人は生まれながらにして平等である」といわれ、自然権思想から導かれた各国の近代人権宣言もこのことを高らかに謳い上げている〔⇒第3講5(1)〕。だが、この当時の宣言においては、家父長制を背景として「人」(men, l'homme) とは主として「白人男性」を意味すると考えられていた。すなわち女性や黒人は人権の享有主体としての「人」とは考えられてはいなかったのである。これに対して、女性たちが抗議運動を行い、その後、欧米各国で女性の権利を求める運動が定着した。これがフェミニズムの誕生といわれる。

(イ) 女性の社会進出　一九世紀には、女性の特性〔⇒第7講4(2)〕が強調され、限られた私的領域のなかでありながらも、女性は自立し、相互の連帯を深め、社会での活動を行うようになっていった。禁酒、奴隷制運動などはその象徴的なものであり、そうした公の活動をしているうちに、女性の「権利」の問題に目覚めていくことになったのである。これは、女性の「政治参加の自由」についても道を拓いていくことになった。

その後、一九六〇年代頃からは、職場や家庭、教育、マスメディアといった、あらゆる場や機関を通じて、社会生活の隅々に浸透している制度的な差別の撤廃のみならず、それを支える性差別的な慣習や文化の改革を目的とするものとなっていった。このような社会的・文化的につくられた「性差」をジェンダーという。

(2) 婦人参政権は二〇世紀になってから各国で認められるようになった

諸外国においては、フィンランド(一九〇四年)、フランス(一九四四年)、イギリス(一九一八年)、ドイツ(一九一九年）、ソビエト（一九一七年）、アメリカ（一九二〇年）というように、各国とも二〇世紀になってからいわゆる婦人参政権が認められるようになった。日本における女性の政治参加は、一九二〇（大正九）年の**新婦人協会設立**（平塚らいてうの提唱に市川房枝、奥むめおらが参加）をそのルーツとして第二次大戦後の一九四六年四月の衆議院議員総選挙で初めて実現し、それによって選出された女性議員とともに構成された第九〇回帝国議会で日本国憲法草案が審議された。男子の普通挙権の獲得とともに、戦前からのこれらの活動は、**日本における民主主義の源流**の一つであると考えられる。

戦後初の総選挙で誕生した女性代議士〔1946年〕

3 法の下の平等の意味

(1) 平等の概念についてはさまざまな考え方がある

(ア) 個人の多様性と平等な処遇　私たちは、人は一人ひとりみな「**同じではない**」（人はそれぞれ多様な個性をもった人格として**同格**ではあるが、**同質ではない**）ことを知っていると同時に、「**人として等しく**」扱われることを望んでいる。さまざまな理由によって生じた有利・不利の条件を当然のことと考えて自由な競争をするのか、それとも競争以前に不平等な条件等の是正を求めていくのか、そのような葛藤《かっとう》のなかで、次のような**平等の概念**が語られている。

(イ) 絶対的平等と相対的平等　まず第一に、すべての人をあらゆる点で等しく処遇する（事実上の差異を一切考慮に入れない）**絶対的な平等**が考えられる。これに対して、**相対的平等**とは、各人の属性、資質、能力等一定の差異と、ある処遇とを相応・均等させる（事実上の差異を考慮に入れる）ことを意味するものである。

(ウ) **機会の平等と結果の平等**　つぎに、すべての者が同じルールの下で有利な社会的地位に近づく同じチャンス（機会）を与えられていることを意味する形式的な**機会の平等**が考えられる。これに対して、**結果の平等**とは、同じルールを適用した後に生み出された諸個人間の較差を是正しようとする実質的な平等を意味する。だが、結果の不平等を完全に解消することは、少なくとも「自由」の観念とは両立しない。なぜなら、**自由**は、そもそも「個性と能力に応じた人格の展開を内実とし、努力に対する正当な評価を求めるもの」だからである。

(エ) **差別と区別の違い**　「差別」とはなにを意味するかについて、これまでの憲法学は、合理的差別／不合理な差別というように、単に「区別」と同義で用いながら、「不合理な差別」だけが憲法上禁止されると説いてきた。これについて最高裁判所は、憲法における平等の要請は、「事柄の性質に即応して**合理的な根拠**に基づくものでないかぎり、差別的な取扱いをすることを禁止する趣旨」（最大判昭四八・四・四）であるとして、**合理的でない不平等な処遇**を差別として禁止している。

(2) **日本国憲法は「平等」保護の規定を数多くもっている**

(ア) **明治憲法における平等条項**　国際社会において近代国家の仲間入りの遅れた日本で制定された明治憲法（大日本帝国憲法）は、残念ながら平等原則の規定を欠いた。そもそも「神聖ニシテ」侵すことのできない天皇を中心として皇族・華族などの**特定の社会的身分**が存在し、これらを含む一部の特権階級からなる貴族院が存在していたことからみても、すべて万人は平等であるという理念を憲法に取り込む余地はなかったと考えられる。

(イ) **日本国憲法における平等条項**　日本国憲法は、第一に、法の下の平等を「人種、信条、性別、社会的身分又は門地により、政治的、経済的又は社会的関係において、差別されない」（一四条一項）と規定しているが、最高裁は、これは**単なる例示**にすぎないと解している（最大判昭四八・四・四）。また、同条二項において、華族その他の貴族制度を否定しているものの**天皇および皇族**に関しては、**例外的に世襲**により存続させている〔⇒第**4**講**3**(3)〕。また特権階級が生ずることを避けるために、同三項において栄誉・勲章その他の栄典の授与には一切特権を伴ってはならないことを定めた。

さらにこのほかにも、平等原則を個別的に具体化するために、①家族生活における平等（二四条）、②教育の機会均等（二六条）、③選挙における差別の禁止と平等（一五条三項・四四条但書）がある。とくに四四条但書は、人種・信条・性別等以外にも「教育、財産又は収入によつて差別してはならない。」と定めている。

(3) 差別は国家の積極的な是正措置によっても解消される

(ア) 私人間の差別　日本国憲法の諸条項は、国民の「差別されない権利」すなわち国家が国民を差別することを禁止している。そもそも憲法とは、国家の基本法として個人と国家との間の**公的なルール**を定めるものであり、私人間の争いは**個人の権利・義務**として法律以下のレベルで解決されることになっている〔⇒第**1**講**3**(3)〕。それゆえ、大企業やマスコミなどの法人を含むいわゆる私人相互間の差別に関しては、人権保障の本質や憲法が直接適用されるかどうかの問題を含んでいる。

(イ) ポジティブ・アクション　だが、憲法が国家に対して事実上存在する差別的状態を是正するよう命じているかについては、欧米諸国において論議され導入されているポジティブ・アクション（**積極的差別是正措置**）が参考となる。これは主に雇用や教育の分野で実施されており、たとえば就職および昇進、大学の入学判定などについて**マイノリティ集団**（**社会的少数者**）を優遇すること等をとおして、同集団の社会的地位向上を図る施策をいう。しかし、それが「**逆差別**」であるとか、優遇される集団に対してかえって**劣等の烙印**（スティグマ）を押すことになるのではないかとの批判も提起されている。

4 雇用関係における男女平等

(1) 女性も労働者としての基本的権利が保障される

(ア) 憲法と雇用関係の法　日本国憲法二七条は、国民の勤労の権利および義務を前提として国家による労働市場への介入・労働条件の規制を認め、同二八条は、労働者の団結の力を背景にした使用者との交渉を保障している。この憲法二七条二項の規定を受けて制定されたのが、労働基準法等の**労働保護法**（個別的労働関係の法）であり、二八条の**労働三権**の保障を受けて制定されたのが、労働組合法等の**労使関係を規律するための法**（集団的労働関係の法）である。

(イ) 女性労働者の地位　一九八五年の女子差別撤廃条約の批准以前は、労働基準法が女性労働について定めており、そこでは、「**男性は外、女性は内**」とするような男女の役割分担観念が散見され、女性に対する**時間外労働・休日労働・深夜業**に対する規制等、男女平等よりも**女性保護中心**の規定が設けられていた。従来、女性は、肉体的・精神的弱者とみなされて、年少者とともに第六章で保護されていたが、このような女性に対する見方が女性に対する差別を生み、**雇用の機会を奪う一因**となっていた。そのため、同年の男女雇用機会均等法の制定と同時に、労働基準法も見直され、現行法では第六章の二にお

▼用語解説10　労働三権とは

労働三権《ろうどうさんけん》とは、経済的に弱い立場にある勤労者の利益を確保する労働基本権のうち、①勤労条件に関する交渉を行うため労働組合その他の労働者団体を結成する権利である団結権、②これらの団体の代表が使用者と交渉する権利である団体交渉権、③交渉における対等性を確保するため同盟罷業（ストライキ）、怠業、示威運動等の団体行動を行う権利である団体行動権（争議権）の三つを指す。日本国憲法二八条にその規定が設けられており、労働三権を労働基本権と呼ぶこともある。

公務員も本条に規定する「勤労者」に該当するが、「全体の奉仕者」（一五条二項）としての特殊な立場にあることから、政治活動の自由の制限と同様に争議権および団体協約締結権が否定されたり、またきわめて公共性が高く、かつ特殊な職務に服する警察職員、消防職員、自衛隊員、海上保安庁職員および刑事施設職員については、団結権も否定されている。

いて、女性は年少者と別に規定されるようになった。現在の雇用の分野における法は、次のような方向を目指している。

(2) 雇用関係の法は「男女平等」を目指しつつさまざまな規定を置いている

(ア) 雇用機会の均等

女子差別撤廃条約を日本政府が批准するために制定された男女雇用機会均等法は、当初は、教育訓練、福利厚生、定年、退職、解雇については、「労働者が女子であることを理由として、男子と差別的取扱いをしてはならない」（旧九条ないし一〇条）として**義務規定**がなされたが、募集、採用、配置、昇進については、「女子に対して男子と均等な機会を与えるように努めなくてはならない」（旧七条ないし八条）として**努力規定**とされていた。これが**一九九七年の改正**によって、雇用の分野における**男女の均等な機会および待遇の確保を強化**し、募集・採用については、男性と「均等な機会を与えなければならない」（五条）とされ、配置・昇進等についても男性と「差別的取扱いをしてはならない」（六条）として、**努力規定が義務規定**となった。さらに、女性労働者に関する特例として、「男女の均等な機会及び待遇の確保の支障となっている事情を改善することを目的」として、女性のみを優遇することを認める**ポジティブ・アクション**を採用した。

(イ) 母性の保護

雇用の分野における女性の保護は、①妊娠・出産にかかわる母性保護、②家族的責任を担う女性の保護、③健康の保護という三つの根拠に基づいていた。②の家族的責任は女性が担うものとの前提に立ち、③は女性を労働の場における弱者とするものであった。だが、この考え方は**一九七五年の国際婦人年を契機**に転換し、女性のみの保護は、①の母性保護に限定してさらに拡充し、②と③は男女共通の問題として男性にも拡大することが**国際的合意**となった。母性の保護に関して、労働基準法は、出産保護について、「六週間以内に出産する予定の女子が休業を請求した場合」「産後八週間（申し出により六週間）を経過しない女子」を就業させてはならないとする産前産後の休業（六五条一項）、妊産婦の勤務時間の制限（六六条）、妊産婦の危険有害業務への就業制限（六四条の三）や軽易業務への転換（六五条三項）を保障している。また、男女雇用機会均等法では、妊産婦の健康管理を事業主の義務としている（一一条・一二条）。

(ウ)　**職業生活と家族生活の両立**　家族的責任については、本来は女性だけの問題ではないが、事実上それが女性にかかっている現状に鑑みて労働基準法は、主として女性に対する配慮として**育児・介護時間の保障**を定めている（六七条）。他方、「**育児・介護休業法**」は、男女両労働者に対する育児休業制度や介護休業制度等を採用している。この法律は、一九九九年四月一日から、法制度として企業に**介護休業制度の導入を義務**づけたもので、それまでの育児休業法に介護休業の規定を新設して統合し、名称を変更するものであった。本法律では、育児や介護を必要とする一定の男女労働者に対しては、本人の申請により深夜業を免除することを規定している（一六条の二および三）。

(エ)　**セクシャル・ハラスメントの防止**　現行法において、セクシャル・ハラスメントの行為者の法的責任の追及については、**事後的に刑法および民法**によって可能である。だが、雇用の場への男女共同参画を保障するための環境整備として、男女雇用機会均等法では、事業主に対し「雇用管理上必要な配慮をしなければならない」（二一条）と定めてセクシャル・ハラスメントが発生しないようにすること（予防）を求めている。いわゆるセクハラには、食事やデートへの誘いを拒否した女性労働者が昇進できない等の不利益をもたらす「**対価型セクハラ**」、および、ヌードポスターを掲示する等女性労働者の就業環境を害する「**環境型セクハラ**」の二種類の定義があり、それらの性的言動に起因する問題の防止のために事業主に雇用管理上の適切な対応を命じている。

5 家族関係における男女平等

(1) 法は親密な私的領域における人間関係も規律する

(ア) 法は家庭に入らず

男女の親密な人間関係においては、当事者の個性によって暗黙のルールができあがり、国家が法によって介入し**男女や家族関係**のあり方を規律する必要はないものと考えるのが当然である。ところが、現実には、本来法とは無縁であるはずの**親密な人間関係**においても、離婚や子の親権、親の扶養、相続の放棄等の争いが生じて第三者の介入が求められ、そのための**国の法制度**が必要となってくる。

さらに、今日「法は家庭に入らず」どころか、家庭は社会状況の変化や価値観の多様化によって「**個人の尊厳**」さえも危うい状態にさらされている。夫やパートナーによる暴力や家庭内での児童の虐待が大きな問題となって、**配偶者暴力防止法（DV防止法）**や**児童虐待防止法**が制定されたのはその良い例であり、さらに、**公的介護保険制度**の導入は、高齢社会において家族が担っていた介護機能が低下したことによるものである。現代における結婚や家族に関する法律は、単に第三者の介入を必要とする例外的な場合のルールというだけでなく、**同性婚**や**性同一性障がい者**の性別の取扱い等、**親密な私的領域**における**新しい家族像**へ向けた議論の端緒となっていると考えられる。

(イ) 個人の尊厳と両性の本質的平等

日本国憲法は、**婚姻は両性の合意**のみによって成立するとし、**夫婦は同等の権利**を有すると規定している（二四条）。男女間の両性を前提として、法律は一定の婚姻の成立方式をとったものだけを正式の婚姻（**法律婚主義**）としており、日本では、民法七三九条によって、「戸籍法の定めるところにより届け出ること」（婚姻届の提出）によって成立するとしている（**届出婚主義**）。さらに、婚姻が有効に成立するためには、①婚姻する当事者に婚姻の意思があること（憲法二四条一項）、②男一八歳、女一六歳の**婚姻適齢**に達していること（民法七三一条）、③重婚でないこと（同七三二条）、④女性の再婚については**再婚禁止期間**を経過していること（同七三三条）、⑤近親婚でないこと（同七三四条）、⑥未成年者の婚姻には**父母の同意**のあること（同七三七条）等の要件を満たすことが必要とされている。

(2) 家族関係における不平等も是正されなくてはならない

(ア) 再婚禁止期間

現行民法は、「女は、前婚の解消又は取消しの日から六箇月を経過した後でなければ、再婚をすることができない」（七三三条一項）として、**女性にのみ制限**を課していた。この規定の趣旨は、前婚と後婚の子の**嫡出推定**が重なることを避けることにある〔⇒第6講3(3)〕。だが、「妻が婚姻中に懐胎した子は、夫の子と推定」（七七二条一項）され、「婚姻の成立の日から二百日を経過した後又は婚姻の解消若しくは取消しの日から三百日以内に生まれた子は、婚姻中に懐胎したものと推定」されるとする規定（同二項）との整合性を考えると**待婚期間**は一〇〇日でいいことになり、すでに一九九六年の民法改正要綱でも提案されていたのである。実際には、子の父親が不明確になるおそれがない場合があり、女性に対する不合理な差別であるとして、次の夫婦同氏の原則とともに**最高裁の憲法判断**が待たれていた。

これについて最高裁は、二〇一五年一二月一六日、女性にのみ定める六カ月（一八〇日）の再婚禁止期間のうち一〇〇日を超える部分を、性別による差別を禁じた憲法一四条一項、婚姻における両性の本質的平等を定めた憲法二四条二項に反するとして違憲の判断を下した（最大判平二七・一二・一六）。それを受けて、二〇一六年六月一日に民法の一部を改正する法律が成立し、女性の再婚禁止期間が前婚の解消または取消しの日から起算して一〇〇日に短縮されるとともに、①離婚時に妊娠していなかったこと、②離婚後に出産したこと等、「父は誰か」という推定が重ならない場合には、再婚禁止期間内でも再婚することができるよう改められた。

(イ)　**夫婦同氏の原則**　夫婦は婚姻のときに定める夫または妻の氏を称することになっている（民法七五〇条）。しかしながら、個人の氏名については、最高裁が、「社会的にみれば、個人を他人から識別し、特定する機能を有するものであるが、同時に、その個人からみれば、人が個人として尊重される基礎であり、その個人の人格の象徴であって、**人格権**の一内容を構成する」（最判昭和六三・二・一六）と判断しているように、人格的生存にかかわる不可欠な利益と考えられる。男女平等の観点からは、夫婦としての一体性よりも個としてのアイデンティティの維持や家族の多様性を重視すべきであり、民法改正要綱でもかかる別姓論の意義を認め、「夫婦は、婚姻の際に定めるところに従い、夫若しくは妻の氏を称し、又は各自の婚姻前の氏を称するものとする」として、**選択的別姓制度の導入**が提案されていた。しかし、最高裁は、前述の再婚禁止期間違憲判決と同じ日に、「女性側が不利益を受ける場合が多いと推認できるが、通称使用の広がりで緩和されている」と指摘し、「姓の変更を強制されない権利」は憲法上保障されたものではなく、夫婦同氏の原則については、「結婚を巡る法律に男女平等を求めた憲法には反しない」として原告の訴えを退けたのであった（最大判平二七・一二・一六）。そして、選択的別姓制度については「合理性がないと断ずるものではない」と付言して国会での議論を促したのであるが、世界的な趨勢《すうせい》や個人の尊重と

◆コラム15《婚外子相続分差別の違憲判断》

二〇一三年九月四日、最高裁判所は、「嫡出でない子の相続分は、嫡出である子の相続分の二分の一とする」という民法九〇〇条四号但書前段の規定が憲法一四条一項に違反するとの判断を下した。最高裁による法令違憲の判断は、二〇〇八年の国籍法違憲判決以来五年ぶり九件目のことであった。それによると、相続制度は、被相続人の財産を誰に、どのように承継させるかを定めるものであるが、相続制度を定めるにあたっては、それぞれの国の伝統、社会事情、国民感情なども考慮されなければならない。一九四七年の民法改正当時は、民法が法律婚主義を採用している以上、法定相続分は婚姻関係にある配偶者とその子を優遇してこれを定めるが、他方、「非嫡出子にも一定の法定相続分を認めてその保護を図ったものである」として、本件規定が立法府に与えられた合理的な裁量判断の限界を超えたものということはできず、憲法一四条一項に反するものとはいえない。

しかしながら、民法改正時から現在に至るまでの間の社会の動向、わが国における家族形態の多様化やこれに伴う国民の意識の変化、諸外国の立法のすう勢および日本が批准した条約の内容とこれに基づき設置された委員会からの指摘、嫡出子と嫡出でない子の区別に関わる法制等の変化等を総合的に考察すれば、家族という共同体の中における個人の尊重がより明確に認識されてきたことは明らかである。そして、父母が婚

家族関係の普遍性を考えると、はたして本判決が今後とも社会の批判と要求に耐えうるのか大きな疑問が残るところであろう。

(ウ) **婚姻適齢**　現行では、民法七三一条により、男一八歳、女一六歳が婚姻が認められる下限と定められている。これも男女平等の観点から男女とも一八歳とする案が提示されている。だが、同じく一九九六年の民法改正要綱では、これも男女平等の観点から男女とも一八歳とする案が提示されている。社会全体の晩婚化傾向とともに、成人年齢を一八歳とする議論とも相まって、あらためて検討する時期にきているように思われる。

6 今後の課題

(1) 男女共同参画社会形成への支援は十分といえるか

一九九九年に**男女共同参画社会基本法**が制定された。ここでいうところの男女共同参画社会とは、男女が、社会の対等な構成員として、自らの意思によって社会のあらゆる分野における活動に参画する機会が確保され、もって男女が均等に政治的、経済的、社会的および文化的利益を享受することができ、かつ、ともに責任を担うべき社会であるとされる（二条）。これは、男女の人権が尊重され、かつ、少子高齢化等の社会経済情勢の変化に対応できる豊かで活力ある社会を実現することを目的とするもので（一条）、男女が性別による差別的取扱いを受けないこと等を基本理念とするものである。

だが、その一方で、とくに**少子高齢化**という急激な社会状況の変動を背景にして、本来の**家族機能**が**喪失**されるこ

姻関係になかったという、子にとっては自ら選択ないし修正する余地のない事柄を理由としてその子に不利益を及ぼすことは許されず、子を個人として尊重し、その権利を保障すべきであるという考えが確立されてきているものということができる。したがって、遅くとも原告Aの相続が開始した平成一三年七月当時においては嫡出子と嫡出でない子の法定相続分を区別する合理的な根拠は失われており、憲法一四条一項に違反していたとして違憲の決定を下したのである。

このたびの最高裁決定の意義は、二〇〇八年の国籍法違憲判決と同様に婚外子差別の是正が世界的な趨勢となっているとともに個人の尊重と家族の普遍性を立法事実として認識して違憲判断を下したことであり、今後の再婚禁止期間や夫婦同氏の原則等の事案への影響が注目されるところである。

とが懸念される。このことは、現代社会においてさまざまな問題をもたらす要因となるものであり、その支援は国家・社会にとっての大きな課題といえる〔⇒第11講5(2)〕。女性が公的な社会生活へいやおうなしに参加せざるをえない状況の一方で空洞化される家族機能の支援について、現行の育児・介護休業法等の実質化が再検討されなくてはならないのではないだろうか。

(2) 法は親密な男女（人間）関係の多様化をどのように受け止めるか

近年は欧米などでの同性婚合法化の波を受け、日本でも同性婚についての議論もされ始めて、男女や家族の関係について大きくその意味が変化しようとしている。たとえば、「**性同一性障害者の性別の取扱いの特例に関する法律**」の規定に基づき男性への性別の取扱いの変更の審判を受けた人が婚姻し、相手の女性が婚姻中に懐胎して出産した子の父の欄の戸籍の記載を空欄にされたことに対する訂正の許可を求めた事案の上告審で、最高裁判所は、民法七七二条の規定に従って嫡出子としての戸籍の届出をすることは認められるとの判断を示した〔最三小決平二五・一二・一〇〕。また、二〇一五年四月には、東京都渋谷区で同性カップルを「**婚姻相当**」とする条例が全国で初めて成立した。

そもそも日本国憲法の誕生に立ち会ったベアテ・シロタ氏らが男女平等や家族のあり方を論じていたのは、女性が「**人**」として認められていなかった戦前の状態を改めるためであった。だが、**個人の尊厳と両性の本質的平等**を実現するために日本国憲法二四条は成立したのであるから、今日の男「性」および女「性」間の人間関係の多様性という社会状況の変化を法がどのように受け止めるべきか切実な問題として問われることになる。家族が「**社会の自然かつ基礎的な単位**」であり、そのあり方が、個人のライフスタイルのみならず将来の国家・社会のあり方に大きな影響を持つものであるだけに、私たちはこれに真摯に向き合わなくてはならないであろう。

第9講　高度情報社会と表現の自由
——情報の流通・メディア・知る権利

1　高度な情報の流通を国家がどこまで規制することができるか

《社説》個人情報保護　新たな不安に対応せよ

03年に法律ができて以来、初めての本格的な改正となる個人情報保護法案の審議が国会で始まった。

情報通信技術の発達で、この12年間に個人データをとりまく環境は様変わりした。パソコンや携帯電話だけでなく、テレビや自動車、あらゆるモノがネットに接続される時代だ。買い物履歴や位置情報が蓄積されて個人の好みや行動を企業が把握できるようになった。

その結果、思ってもいない形で個人が特定されたり、他人に知られたくない情報が本人の承諾がないまま使われてしまったりする危険も生じている。

（略）今回の改正では、個人情報保護委員会を設置し、何が個人情報かの範囲をはっきりさせて企業が勝手に流通できなくさせることを狙う。会社に無断でデータを持ち出した社員に対する罰則も新たに設ける。

同時に、個人情報データの適正な活用を通じて新産業の創出や経済活性化もうたっている。個人を識別できないように加工したデータであれば、本人の同意がなくても第三者に提供できるようにしている。

確かに、集積される個人情報は企業に新たなビジネスの機会を生んでいる。特定の場所、時間帯に集まる人の動きに合わせた営業も可能になるし、個人の好みに沿った商品の紹介もできるだろう。

しかし、経済の活性化につなげると言っても、「自分のデータが勝手に使われないか」という不安が残るようでは、掛け声倒れに終わりかねない。結局、十分なプライバシーの保護を果たせるかどうかがカギになる。

情報通信技術は、日進月歩である。現実に法律が追いつかない局面は今後も出てくるだろう。法令を通じた政府規制のほかに、企業側の自主規制も含めて、本人の意に沿わない個人情報の流通を防ぐことが求められる。今回の法改正をその一歩としてほしい。

〔朝日新聞2015年5月9日付より〕

2 高度情報社会における「表現の自由」の意味

(1) 「表現の自由」とは社会における情報の流通を保障することである

私たちが市民生活を営むうえでの表現の自由は、「情報」の伝達に関する活動の自由と解されている。市民社会における表現活動の主体は、個人であったり法人や団体であったりする。また、表現活動の性質についてもさまざまで、①個人の自己実現のための活動、②営利的言論活動、③政治的言論活動等に分類されるが、それぞれの表現活動を明確に区別することは困難とされる。

表現活動をいわゆる情報の伝達ないし流通に関する事柄として考えた場合、昨今の高度情報社会の到来は、「表現の自由」の保障を論じるうえでも大きな課題を投げかけているといえる。

(2) 高度情報社会は科学技術の発展によって急速に変化している

ここでいう高度情報社会とは、マイクロエレクトロニクス技術と電気通信技術の急速な発展によって市民生活が根本的な変化を受けている社会を意味するものである。このような情報化社会においては、情報の生産や利用が容易《たやす》くなり、高速のネットワークを通じて市民の積極的かつ多様な表現行為が可能となる一方で、**プライバシー侵害の増加**や**情報格差の発生**等のマイナス面が生まれてくることが問題となっている。

そのために、情報化社会の進展に伴って新たに発生する法的現象を視野に入れつつ、「表現の自由」の憲法上の地位と個人の人格の自由な発展のためのルールが必要となってくるのである。

3 「表現の自由」と情報の流通

(1) 「表現の自由」は個人にかかわるさまざまな情報活動を保障する

(ア) 憲法上の根拠規定　日本国憲法は、「集会、結社及び言論、出版その他一切の表現の自由」(二一条一項) を保障し、「検閲は、これをしてはならない。通信の秘密は、これを侵してはならない」(同条二項) と規定している。これは、表現行為そのものとともに、「表現の自由」の保障を実質的なものとするために「検閲《けんえつ》の禁止」と「通信の秘密」が二項で規定されているのである。

(イ) 「表現の自由」の意味　ここでいう「表現の自由」とは、思想・信条・意見・知識・事実・感情など個人にかかわるさまざまな情報の伝達に関する活動の自由と解される。ただし、これは、発信者と受信者とが別々に存在する**対人・対外的なコミュニケーションの成立** (情報の伝達) が前提とされるものである。ある個人が発信者であると同時に受信者となることを個体内 (内的) コミュニケーションといい、それは表現の自由にかかわるものではなく、一般的な自由の問題として区別される。たとえば、自分がすぐれた芸術的センスや技能を持っていたとしても、それを他者へ発信し、受領してもらえなければ情報の流通とはいえず、単なる個体内の活動の自由でしかないのである。

(2) 「表現の自由」には優越的地位がある

(ア) 「表現の自由」の意義　T・エマーソンによると「表現の自由」は、①個人の人格の形成と展開 (自己実現) にとって不可欠であって、人間の精神活動の自由の実際的・象徴的基盤であること、②立憲民主主義の維持・運営 (国民の自己統治) にとって不可欠であること、③真理への到達、④社会の安定と変化の間の均衡に資する機能を有するといわれる。また、人身の自由や私生活の自由などの保障度を国民が不断に監視し、自由の体系を維持する最も基本的な条件であって、その意味において「ほとんどすべての**他の形式の自由の母体**であって**不可欠の条件**である」ともいわれる。

(イ) **「表現の自由」の優越的地位**　このように精神的自由に類型化される「表現の自由」は、他の自由と比べて、とくに、前述の①および②の**不可欠性のゆえに「優越的地位」**が帰結される。すなわち「表現の自由」については、**個人の自由な人格の形成**に不可欠であるとともに、市民社会での自由な意見が集約され、それが民主的手続を経て国家（政治社会）の意思として決定される統治システムにおける**主権者としての国民の意思決定**に資することが、優越的地位を与えられる根拠と考えられる。

(3) 「表現の自由」は情報の発信〜受領〜収集活動をその保障の内容とする

(ア) **「情報の流通」の保障**　いわゆる憲法上の「表現の自由」の保障は、情報の流通にかかわる国民の諸活動が**公権力によって妨げられないこと**を意味する。このような情報を伝達する表現行為は、情報が他者に受領されてはじめてその自由が実現するのであって、砂漠や大海原において一人きりでいてはその実現は不可能である。その意味で「表現の自由」は、情報の発信権と情報の受領権をあわせもつものと考えられる。さらに情報を発信するためには、その前提として情報の収集が不可欠であり、情報収集権をも包摂するものと考えられる。

(イ) **保障の内容**　すなわち、①**情報提供権**は、自己の意見を表明ないし発信するという「表現の自由」の核心をなすものであり、②**情報受領権**は、自発的に情報を提供する者の存在を前提とするため受領権の侵害は同時に提供者の権利の侵害となる場合が多いこと、③**情報収集権**は、収集活動が公権力によって妨げられないという自由権的側面（消極的情報収集権）と、公権力に対して情報の開示を請求するという請求権的側面（積極的情報収集権）とを有している。

(4)　「表現の自由」に対する制約は厳格な審査が求められる

(ア)　違憲性の推定原則　表現行為は、思想・良心の自由と異なりそれ自体他者の権利・自由と抵触する外的行為であるため、このことから「公共の福祉」による制約は許されるものとなる。しかし、その**優越的地位**に鑑み、この領域における制約は通常の合憲性の推定原則が排除され、むしろ違憲性の推定原則が妥当すると解される。

(イ)　厳格な審査基準　それゆえに、表現の手段ないし媒体の多様性とそれぞれの特性を考慮し、その制約の合憲性については厳格な審査基準で臨まなければならないのである。これには、**表現内容の規制**か、それとも**時・場所・方法の規制**かに区別して合憲性が厳しく審査され、また、規制手続の審査としては、公権力が事前抑制手続を用いることは原則として禁止され、とくに検閲をすることは絶対に許されないとする「**事前抑制・検閲禁止の法理**」等がある。

4　マス・メディアの「表現の自由」

(1)　マス・メディアも憲法上の地位を有する

(ア)　マス・メディアの地位　これまでの説明からも、「表現の自由」が国民主権に資する公的な性格を有することが理解されるところであるが、これを具体化する役割を果たすのがいわゆる**公器としてのマス・メディア**である。その意味において、**立憲民主主義**（民主的政治過程）における表現活動に果たす役割が、マスコミュニケーションの媒体たるマス・メディア（新聞・ラジオ・テレビなど）の自由の存立基盤であるといえる。それとともに、**個人の自律およ**

び人格的発展を根拠とする情報の受け手〔個人〕の利益がマス・メディアに特別な地位を与えることも看過されてはならないのである。

(イ) マス・メディアの人権　憲法上も、法人や団体の人権享有主体性については肯定的にとらえられており、それゆえにマス・メディアの人権享有主体性も認められると考えられる。ただし、マス・メディアは憲法が基本的人権の享有主体と考える自然人ではないゆえに、個人の人格の自由な発展を保障するのと同じようなレベルで考える必要のないことはいうまでもないことである。

(2) マス・メディアの取材活動の自由は国民の「知る権利」に資するものである

(ア) 報道の自由　社会におけるマス・メディアの重要な役割の一つである報道の現実を考えてみると、取材から編集、報道までが一連の不可分の流れを成していることが理解される。報道の自由は、すでに知りえた事柄を前提として、それを外部に伝達する行為であり、判例も憲法二一条の保障があることを明示している〔最決昭四四・一一・二六〕。

(イ) 取材の自由　一方、取材の自由は、生の事実に接近し、そこから表現する内容を新たにつくり出すという行為であるため、明らかにその両者は性格を異にしているが、報道の自由が憲法で保障されている以上、自由な報道のための素材を収集する取材活動の自由も十分に保障されなければならないといえる。この点、裁判所の認識もマス・メディアと取材活動の自由について、次のように変化してきた。

(ウ) 取材源の秘匿　刑事訴訟法〔一四九条〕および民事訴訟法〔二八一条〕では医師、弁護士等に証言拒否権を認めているが、ジャーナリストはその保護の対象とされていないことが問題となった一九五二年の石井記者事件〔最判昭二七・八・六〕では、最高裁判所は、憲法二一条は「一般人に対し平等に表現の自由を保障したものであって、新聞記者に特種の保障を与えたものではない」として、取材活動を二一条の保障の外に置いていた。しかし、法廷内の写真撮影が問題となった一九五八年の北海タイムス事件（最決昭三三・二・一七）では、「およそ、新聞が真実を報道することは、憲法二一条の認める表現の自由に属し、また、そのための取材活動も認められなければならないことはいうまでもない」とする判断を示したのである。

(エ)　**報道と国民の「知る権利」**　一九六九年の博多駅取材フィルム提出命令事件（最決昭四四・一一・二六）に至っては、**報道機関の報道は国民の「知る権利」に奉仕**するものであり、事実を報道する自由は憲法二一条の保障の下にあると述べたのに続き、「また、このような報道機関の報道が正しい内容をもつためには、報道の自由とともに、報道のための**取材の自由**も、**憲法二一条の精神に照らし、十分に尊重に値する**ものといわなければならない」とした。ここで、取材の自由は、国民の「知る権利」と関係づけられながら、初めて**憲法的保障**のなかに明確に組み込まれることになったのである。しかし、「取材の自由」の憲法的評価は、報道の自由が「憲法二一条の保障のもとにある」と明言されているのに対し、「憲法二一条の精神に照らし、十分尊重に値する」となお慎重な言い回しが選ばれている点は注意する必要があるところである。

(オ)　**正当な業務行為**　一九七八年の外務省秘密電文漏洩事件（最決昭五三・五・三一）では、国民の「知る権利」に奉仕するという観点から、「報道の自由は、憲法二一条が保障する表現の自由のうちでも特に重要なもの」という位置づけがなされ、そこから、国家公務員法で禁止されている**秘密漏示**《ろうじ》**の「そそのかし」**（一一一条）の構成要件に形式的には該当する場合であっても、報道機関の取材活動については、「正当な業務行為」として**違法性が阻却**（⇒第**13**講**3**）される余地が認められると判断された。その意味では、一般人以上の権利が報道機関に認められているといえる。

(カ)　**法廷傍聴メモ**　また、一九八九年の法廷傍聴メモ訴訟（最判平元・三・八）において、法廷におけるメモ採取を一般人に禁止しながら、司法記者クラブ所属の**報道機関の記者**に対しては**メモ採取を許可**していたことについて、

「裁判の報道の重要性に照らせば当然であり、**報道の公共性**、ひいては報道のための取材の自由に対する配慮」という観点から合理的な措置であるとしている。

(3) マス・メディアには「責任」と自主規制が求められる

(ア) 公器としてのマス・メディア　右のような判例からも、マス・メディアの関係者には一般人以上の権利（取材源の秘匿、法廷メモ、証言拒否等）が認められ、国家による強制からの自由が制度として保障されることが理解される。だが、これらは決して「個人的な特権」ではなく、国民への迅速かつ正確な情報の提供という公的ないし公共的な目的に資する**公器としての任務の遂行**のためにのみ与えられる地位であることはいうまでもないことである。

(イ) 私的な経済的基盤　他方、マス・メディアは、主権者たる国民の「知る権利」に資するという役割を課せられているにもかかわらず、その**経済的基盤**は**私的な市場原理**に委ねられているところがさまざまな問題が発生する原因ともなっている。そのため、当然マス・メディアにも規制が必要となるのであるが、常に**公権力の監視**を行うという公的な役割からも、法律による公権力の領域（政治社会）からの規制ではなくあくまで私的領域（市民社会）における**自律的な規制**が求められる。つまり、現代社会における情報の

◆コラム16《マス・メディアに対するアクセス権》

アクセス権とは、市民がマス・メディアに対して自己の意見を表明する場を提供することを求める権利をいい、具体的には、反論記事の無償掲載等の要求（反論権）や紙面・番組への参加などがこれにあたる。これは、表現の自由の一形態としてとらえられる概念で、その根拠は憲法二一条に求められる。マス・メディアの巨大化・寡占化《かせんか》の中で、市民との間に対立構造がみられるようになり、もっぱら情報の受け手の立場を余儀なくされる一般市民が言論で対抗することが難しくなった。そのため、このような状況を打開するため、「マス・メディアに対する知る権利」として、送り手であるマス・メディアを利用させることにより、思想の自由市場への平等な接近を確保しようとするものである。

しかし、憲法は国家と個人との関係を規律するものであり、私人対私人の関係にあるこうしたアクセス権を法的権利として承認した場合、①マス・メディアへの公権力の介入の道を開き、②マス・メディア自身の表現の自由が侵害され、③批判的報道に対して萎縮効果を及ぼす危険があるため、アクセス権に否定的な学説が多い。最高裁も、サンケイ新聞事件で、憲法二一条を根拠とした新聞への反論文掲載請求権を否認している（最判昭六二・四・二四）。それゆえに、マス・メディア自身の自律的な規制と責任が求められるのである。

主要な送り手であるマス・メディアは、その活動が適正かつ公正なものでなくてはならないという「**責任**」が常についてまわることを忘れてはならないのである。

5 国民の「知る権利」と情報公開

(1) 国民の「知る権利」は民主政治の原則と結びつく

(ア) 国民の「知る権利」　主権者である国民の意思に基づいて政治が運営されることを基本とする**民主的統治体制が実質化**するためには、国民が、政治的意思決定の対象となる事柄について、正確で十分な情報をもっていなくてはならず、これには、国民や住民が、政府や自治体の活動に関する情報、また、それらが保有している**情報を直接知ることも**含まれている。このような**公的な政府情報の公開**を求める憲法上の根拠は、情報の収集～情報の提供～情報の受領をその内実とする「**表現の自由**」の**保障**に含まれる国民の「知る権利」とされている。すなわち、国民が国政に対し有効な批判者となるために政府情報の公開が必要となるのである。

(イ) 判例の立場　しかしながら、情報開示請求権としての国民の「知る権利」を直接承認した最高裁の判例はいまだ見あたらないのが現状である。博多駅取材フィルム提出命令事件（最決昭四四・一一・二六）では、最高裁は、報道の自由が「民主主義社会において、国民が国政に関与するにつき重要な判断の資料を提供し、国民の『知る権利』に奉仕するものである」として、初めて「知る権利」への言及を行ったが、これも報道の自由の制限との関連においてなされたものであった。

(2) 情報公開の基本理念は民主政治を実質化することにある

(ア) 情報公開制度　いわゆる情報公開制度とは、一定の適用除外に属する情報を除いて、政府や自治体が保有しているすべての情報を、**国民や住民の請求に応じて公開する制度**のことをいう。この制度の最大の特色は、国民や住民に情報の公開を請求できる「**権利**」を認め、政府や自治体に、それに応じて情報を公開すべき「**義務**」を課す点にある。行政サイドの国民や住民に対する単なるサービスではなく、**行政情報の公開を法的な権利義務の関係**に置こうとするもので、このような法制度の制定によって、行政の適正化の確保が可能となり、国民主権原理に基づく民主主義的な統治を実質化することができるのである。

(イ) 地方自治体における情報公開　日本における情報公開制度は、一九八二年四月の山形県金山町の「公文書公開条例」の施行に始まった。その後、**情報公開条例を制定**する自治体が毎年着実に増え続け、今日においては、地方自治の制度としても完全に定着しつつある。だが、国については、一九九九年になってようやく情報公開法の制定をみたのであった。

(3) 一九九九年に初めて国政レベルで情報公開法が制定された

(ア) 情報公開法の制定　国政レベルにおいては、行政改革の一環として、「国民に開かれた信頼される行政の実現」を図る観点から、一九八八年に「**行政機関の保有する電子計算機処理に係る個人情報の保護に関する法律**」、一九九三年に「**行政手続法**」を制定した。そして、一九九四年に制定された行政改革委員会設置法のなかで、二年以内に情報公開法案についても意見の具申がなされるよう規定され、行政改革委員会の下に設置された情報公開部会で調査が進められるようになった。このような状況のなかで、国の情報公開に向けた取組みは自治体の積極的な対応に比べて大きな遅れをとりながら、一九九八年三月に情報公開法案が国会に提出され、四国会にわたる審議を経て、一九九九年五月七日に成立したのであった。

(イ) **情報公開法の特徴**　本法の目的を規定した一条では、懸案であった国民の「知る権利」が明文化されておらず、その代わりに**「国民主権」「説明責務」「国民の的確な理解と批判」「公正で民主的な行政の推進」**といった原理的な概念が羅列されている。その理由は、最高裁の判例においても行政情報に対する開示請求権としての憲法上の「知る権利」は認められていないような状況において、概念のあいまいな「知る権利」という文言を法律上用いれば、むしろ解釈・運用上の混乱を招くおそれがあることから、本法では「知る権利」という文言を用いていないとされている。この点について、情報公開は、民主主義の実効化とともに、個人の人格の自由な発展にも資するものであり、そのことを**「知る権利」という用語が意味する**ゆえにも、それが本法に明文化されなかったことは残念なところであった。

(4) 個人情報の保護制度は個人のプライバシー権を保護する

(ア) **情報公開のリスク**　情報公開が**公的情報に対する民主的統制の確保**に資するとしても行政機関が保管する情報を一律に公開するとしたら、その一方で、さまざまな問題が生じるものと危惧される。その意味において、公開の対象になる情報の範囲、すなわち、**公開の対象とならない情報の種類**が問題とされてきた。その結果として、本法における情報公開の例外事由としては、個人に関する情報（五条一号）、任意提供された法人の情報（同条二号）、国家機密および公安に関する情報（同条三・四号）、行政の意思形成および執行過程に関する情報（同条五・六号）等が列挙されている。

(イ) **個人情報の保護**　他方、とくに**個人のプライバシー**を内容とする情報の保護については、慎重な取扱いが求められる。情報公開制度は、個人の情報に関しては適用除外が原則とされ、さらに本人の情報を保有する行政機関の記録そのものについて、具体的にアクセスし、訂正や削除を求める権利とその制度、すなわち「**個人情報保護制度**」によって補完されなければならないところである。これについては、二〇〇三年に**個人情報保護法**が制定され、公的機関および民間双方を規律することになった〔⇒第**7**講**3**(2)〕。

6 今後の課題

(1) 高度情報社会の進展による危険性をわれわれはどのように克服するか

高度情報社会とよばれる現代において、コンピュータに代表されるようなマイクロエレクトロニクス技術の発達、あるいは通信衛星や放送衛星、光ファイバー技術などの電気通信技術の発達によって、国境を越えて情報が流通し、個人を取り巻く情報は大量かつその速度もますます早くなってきている。このような高度情報化の進展に伴い外部からの情報システムへの不正アクセスやデータの改ざんあるいは情報システムの破壊などさまざまな危険性が増大して、いわゆる**情報セキュリティの確保**が求められている。また、**マス・メディアからパーソナルメディアの時代に突入し**情報へのアクセスがしやすくなる一方で、大量に氾濫《はんらん》する情報をどのように選別するかという問題が出てきている。情報の信頼性が確かなのか、事実と大きく異なる情報操作が行われていないかなど、**自分自身で情報を取捨選択するリテラシー**が求められているのである。

高度情報社会における大きな課題として、セキュリティやリテラシーの重要性がますます高まり、必要かつ正しい情報入手の差が、そのまま個人の格差につながることも懸念され、これからは**一人ひとりの責任**によって情報と向き合う能力を高めていくとともに**教育による情報提供**の必要があるのではないだろうか。

(2) 高度情報化によって地球レベルにおける「市民社会」が誕生するか

一九四八年の世界人権宣言は、「すべて人は、意見及び表現の自由を享有する権利を有する。この権利は、干渉を受けることなく自己の意見をもつ自由並びにあらゆる手段により、また、**国境を越えると否とにかかわりなく、情報及び思想を求め、受け、及び伝える自由**を含む」（一九条）と規定し、国際社会における情報の自由な流通の法的根拠を述べている。これまでの国際社会の流れとしてみれば、主権を有する国家が「国益」を根拠として情報の自由な流通を抑制しようとしてきたことは事実であるが、今日ではそれはもはや不可能となっている。すでに世界規模で成り立っている経済市場やそれをサポートする電気通信網の整備が、**「国益」の観念や国家の壁**（国境）を越えて情報を流通させる大きな原動力になっているのである。

このように、情報技術の発達によって情報が国家の壁を越えて瞬時に伝達される時代に突入したなかで、国際社会はどのように変化していくであろうか。主権国家が人や物の移動とともに情報をもコントロールできていた時代から、世界はものすごい勢いで**グローバル化**ないし国家の壁を越える**トランスナショナル化**してきているといえる。それゆえに、世界は地球レベルでの市民社会の形成や新たな政治社会の出現を予感させるのに難《かた》くないのである。世界規模での高度情報化の進展によって、それが市民生活に与える影響も大きくなるゆえに、私たちは、個人の人格の自由な発展と社会状況の変化に国境を越えてどのように対応していくか、真剣に考えなくてはならない時代を迎えているのではないだろうか。

◆憲法評論②《日本国憲法から「メディア・リテラシー」を考える》

〈メディアの危機的状況〉

高度情報社会といわれる現在、一部メディアによる人権を無視した報道や暴力表現・性描写などによる青少年への悪影響が問題とされている。このような報道被害に対して公権力によるメディア規制の動きも活発になり、メディアや情報発信にたずさわる者のあり方が問われる危機的状況が発生している。

その一方で、一般市民も受領した情報を正しく判断し、メディアを積極的に活用していくこと（リテラシー）が求められているのである。

〈憲法の視点から〉

一般的にメディアを通じた情報は、収集（提供）～発信（伝播）～受領（受信）という流通過程によって私たち市民に提供される。日本国憲法は、この全過程を「言論・表現の自由」として公権力によって妨げられないよう強く保障している。それゆえに憲法（立憲主義）の視点からは、情報の流通にかかわるそれぞれの立場の者もメディアの特質を理解し、それを能動的に活用する能力や方法を学習することが求められるのである。これを憲法的メディア・リテラシーと呼ぶこととしたい。

〈リテラシーの内容〉

それではメディア・リテラシーの対象となる事柄はなんであろうか。

第一は、メディアから情報を受け取る者（情報受領者）のリテラシーである。受領した情報が正しいかどうかを判断するために、社会理念・制度の認識と客観的事実に基づく科学的な思考方法の習得が求められる。

第二には、メディアを使って情報を発信する者（情報発信者）のリテラシーである。その一つは、常に人権に配慮した報道をどのように担保するかということである。それは、とくに犯罪被害者の人権と報道について論議されているものである。

もう一つの問題は、青少年の健全育成についての情報発信者の見識である。暴力・性・薬物を肯定的に扱う有害番組が多くなり、保護者のみならず社会的にも大きな懸念をもたざるをえない状況にある。

第三には、メディアへ情報を提供する者あるいは収集される者（情報提供者）のリテラシーである。一九九九年四月からようやく国レベルでの情報公開法が施行されることになったが、公的機関の情報提供が国民主権原理に基づく民主政の維持のために課せられた義務であることを理解し、また国民もそれを積極的に活用しなくてはならないのである。

その一方で、私人の情報公開については、政治家などの公人とは異なり取材する側は情報提供者の自己決定の意思を最大限に尊重する必要がある。それゆえに情報提供者は、当然のことながらマスコミ等の取材に対して自らの意思を主張し、その限界をはっきりと提示することが求められよう。

〈メディアの公共性〉

これらの事柄に共通する課題は、とくに「個人の自己情報コントロール権」としてのプライバシーの権利と、主権者たる国民の「知る権利」に資するメディアの役割を憲法的な視点で十分に認識し、それを活用しようとする者が自らそのあり方を律するようになれることである。

また、メディアの公共性とは、立憲民主政と自由で独立した人格をもつ個人の自己実現に資することであり、それゆえに単なる私人の興味本位の関心事は公器としてのメディアの本来的な仕事ではないことが認識されなくてはならないのである。その点を看過すると、公権力の介入を招くおそれが生じてしまうのである。

さらに情報化社会は、印刷、ラジオ、新聞、テレビ等のマス・メディアだけでなく、インターネットのようなパーソナルメディアの登場によって情報量もその形態も急激かつ高度な変化を余儀なくされている。誰もが情報受領者であると同時に情報発信者であり、かつ情報収集者となるパーソナルメディアの時代に突入してしまったゆえに、このメディア・リテラシーのもつ意義は非常に大きいといえる。

〈公民としての資質〉

人類社会の歴史は、物質のみならず情報が十分に流通し、そこでの活発な議論がなされることによって市民社会を形成し、それが国家を支える原動力となったことを物語っている。それゆえにメディア・リテラシーとは、高度情報化社会における公民教育の一環として位置づけられよう。自ら問題を発見し、自らが考え、解決していく「生きる力」にメディア・リテラシーは不可欠であるゆえに、このような学習が学校教育だけではなく、社会教育や家庭教育の場でも広がっていくことを期待したい。

日米安全保障条約締結反対のデモ〔1960年６月15日〕
（一枚の写真にはさまざまな情報と見方がある）
（毎日新聞社提供）

第10講　グローバル社会と国際移動・居住の自由
——海外渡航から国際家族の形成へ

1　国境を越える人の移動はどこまで規制ができるのだろうか

日本人移民・おけいの墓
日本人がはじめてアメリカ本土に移民したのは、1869年6月頃、会津藩出身者が入植して作った「若松コロニー」によるとされる。カリフォルニア州ゴールドヒルに入植した人たちのなかにおけいという名の若い娘がいた。コロニーが悲惨な結末をむかえたあと、おけいは19歳の若さで1871年に死亡した。彼女のなきがらは、夕陽の沈む祖国日本の方角をながめ涙をうかべながらいつも何かを一心に祈っていた場所である小高い丘の上に埋葬された。

2 国際社会における人の移動・居住の自由

(1) 日本は二〇二〇年には二五〇〇万人の外国人入国者数を見込んでいる

グローバル化の時代といわれて久しい今日、ここ数年来、日本に正規入国する外国人は年間九〇〇万人を超え、法務省の統計によると、中長期在留外国人と特別永住外国人を合わせると二〇〇万人以上になり、総人口に占める割合は約一・六〇％である。日本政府は、観光立国推進基本計画（二〇〇七年六月二九日閣議決定）により、訪日外国人を東京オリンピックの開催される二〇二〇年までに二五〇〇万人、将来的には三〇〇〇万人まで伸ばすことを目標としている。本来、人は近代国家の成立以前にも自由に移動し、その土地で生活をしていたのである。ところが近代国家が成立し、国籍や出入国管理制度が整えられ、国境によって移動の自由に制限が加えられることになったが、人的輸送や情報手段等の科学・産業技術の発達もあって、国際的な人の移動がますます活発になるにつれて、あらためて現代のグローバル社会における人の移動・居住の自由の意味が問い直されなくてはならない状況になってきている。

(2) 人は経済的格差やさまざまな要因によって移動する

一方、経済のグローバル化の進展に伴って、世界的に外国人労働者の国際移動も顕著《けんちょ》となってきている。これは経済的な理由に基づいて所得の高い先進諸国へ人が大量に移動するということである。だが、各国では合法的に入国し、在留しているこれらの外国人だけでなく、不法就労等を目的として、不法に入国・残留する外国人が増加していることも知られている。このような統計に現れてこない外国人も合わせるとかなりの数にのぼると思われ、日本社会も地球規模での人口移動を真摯に受け止め、外国人との関係を公正なものにしていかなくてはならない状況であることがうかがえる。

(3) 国際社会では政治・経済難民の発生が続いている

国際社会における難民の庇護は、一九八一年、日本が加入した難民条約によって、「本国において、人種、宗教、国籍、特定の社会集団の構成員、または、政治的意見のゆえに迫害を受けるおそれが十分存在し、そのため外国に逃れて、本国の保護を受けることができなかったり、その保護を望まない人」に対する日本政府の履行義務となった。実務上、条約の厳密な解釈からは、政治難民をその対象として、戦争、天災、貧困、飢饉等から逃れようとする、いわゆる経済難民は該当しないとされるが、国連難民高等弁務官事務所（ＵＮＨＣＲ）の取扱いの実状は、難民の定義を広く解釈し、これらの人々も含めている。ただ、難民の庇護は、生存権的必要性があるものの、わが国への入国に先立ち、外国から難民認定の申請をすることはできないものとされている。国際社会においては、各地にさまざまな形態の難民が存在・発生することも事実であり、今後ともこれらの人々が国際移動を余儀なくされることが予想される〔⇒第15講4(2)〕。

3　海外渡航の自由の現代的意味

(1) 憲法は国民に「海外渡航の自由」を保障する

(ア) 「海外渡航の自由」の意味　日本国憲法は、「何人《なんぴと》も、外国に移住……する自由を侵されない」（二二条二項）として、公権力（政府）が個人の海外移住を禁じてはならないことを規定している。海外渡航の自由とは、かかる外国への移住とともに、一時的な海外旅行をも含むものと解される。海外渡航の自由が憲法上保障されるということは、出国および入国（帰国）の権利が認められるということになる。とくに帰国については、日本国民ならば憲法以前にも国家との結びつき（対人高権）が存するゆえに当然認められなくてはならないものである。

(イ) 憲法上の根拠規定　海外渡航の自由については、それが憲法上保障されているとする点について争いはないが、その根拠規定に関しては、①右の憲法二二条二項を根拠とするもののほかにも、②憲法二二条一項の「居住・移転の自由」に含まれるとする説、③憲法一三条により幸福追求権の一部として保障されているとの説が存する。

(2) 「海外渡航の自由」は人身の自由・精神的自由も含んでいる

(ア) 海外渡航の自由の多面的性格　海外渡航の自由は、国内における居住・移転の自由とも密接に関連して、経済的自由のみならず身体的拘束からの自由や人格の発展に必要不可欠な性質のみならず、情報の享有主体である人（外国人）からの情報収集を確保するための「表現の自由」という側面をもあわせもつことが認識されなくてはならない。個人が自由に他国の人々と交流し、自らの生活の場を選択し、自己の幸福の実現を図ることは、もはや一国の領域内で完結することはできなくなっているのである。

(イ) 旅券法による制約　近代的な旅券・査証制度が整備されたの

◆コラム17 【シリア渡航計画で旅券返納】杉本祐一氏が会見「報道の自由を奪われることを危惧する」

「シリア渡航を計画した」として外務省からパスポート返納を命じられ、応じていたカメラマン・杉本祐一氏は12日午前、都内で会見を行い、旅券返納の経緯を明らかにしつつ、「ジャーナリストが報道の自由、取材の自由を奪われることを危惧する。外務省に異議申し立てを行い、場合によっては、法的措置も検討する」と語った。

杉本氏は、旅券を返納した経緯について、2月の2日か3日に外務省から電話があり、「新聞記事をよんで、取材を検討していること知った。今回の取材はやめてほしい」と言われたと説明。その翌日には、新潟県警の中央警察署の警備課長から会いたいとの電話があったため、喫茶店で面会し、「中止して欲しい」「行きます」というやりとりをしたという。警備課長は、家族の連絡先を教えて欲しい、無事に帰ってきて欲しい、とも語ったという。

その後の、7日の午後7時頃、杉本氏の自宅を、外務省領事局旅券課の外務事務官と課長補佐、警察官が2、3名が訪れた。「返納しろ」「しない」というやりとりをしたあと、外務事務官は、岸田外務大臣の名前入りの旅券返納命令書を読み上げ、旅券法の辞典を開いて返納命令について説明。返納しない場合は逮捕する、と語ったという。

杉本氏は、「逮捕されてしまえば、パスポートは没収、事情聴取を受け、起訴され、裁判になった場合の裁判費用もかかる。このリスクを考えた際、パスポート返納に応じざるを得なかった」と返納に応じた理由は、第一次大戦当時であり、現在においても、入管法によって海外渡航（旅行）にさいしては旅券の所持が義務づけられている（出入国管理及び難民認定法六〇条、六一条）。それに関連して旅券法は、「著しく、かつ、直接に日本国の利益又は公安を害する行為を行うおそれがあると認めるに足りる相当の理由がある者」（一三条七号）に対して、外務大臣が旅券の発給を拒否することができると規定している。これは、「公共の福祉」による制約であるとしても、一般的な人権相互間の調整原理による制約ではなく、**政治社会としての国家**（**政府**）**の利益**を念頭に置いた制約であることに注意を要する。それゆえに、海外渡航が個人の重要な自由利益であることに鑑みても、政府の単なる政策的な判断による制約は認められず、より**厳格に審査**されなくてはならないものと考えられる〔⇒第**3**講**5**(4)〕。

(ウ)　**外国人としての海外渡航**　人が海外渡航するためには、右のように自らが所属する国家の国民として旅券（パスポート）を取得し、場合によっては入国を希望する国家の査証（ビザ）を取得しなくてはならない。そして、他国に入国するときからその者は当該国家によって、「国民」（national or citizen）とは区別される「外国人」（alien or foreigner）として法的に処遇されることになる。それぞれ在留する国の法令によって処遇も異なる場合があるけれども、人間人格の尊厳を有する人として共通に守られなくてはならないものが存する。それについて、日本国憲法はつぎのようにとらえている。

を説明した。夜7時55分ごろ、外務省の職員らは、「パスポートは、お返しすることはない」と語り、引き上げたという。

　また、杉本氏は、記者団からイスラム国による人質が殺害されていることの危険性について問われると、「20年間の取材の経験から、無理はしないと決めており、コバニやトルコ側のアクチャガレの取材を優先して考えていた。イスラム国の支配地域に行くつもりもなかったし、シリアに入るかどうかも、現地の信頼できる仲間と相談して、現地情勢を見極めながら、判断しようと考えていた」と説明した。

　杉本氏は、「パスポートを取り戻したい。私の事例が先例になり、他の報道関係者まで、強制返納を命じられ、報道の自由、取材の自由を奪われることを危惧する。できるだけ早く、外務省に異議申し立てを行い、場合によっては、法的措置もとることも検討したい」と語った。

〔THE PAGE 2015年2月12日（木）12時3分配信 http://thepage.jp/detail/20150212-00000003-wordleaf　二〇一五年六月一四日最終検索〕

4 外国人の人権享有主体性

(1) 日本国憲法には二つの領域における「国民」の意味がある

(ア) 二つの「国民」の意味　国家と国民との関係を規定する基本法として存在する憲法は、当然のことながら、一般的に国民をその対象としてさまざまな規定を行っている。しかし、ここで注意を要するのは、日本国憲法で使われている「国民」という用語は、**二つの意味**をもっていることである。というのは、憲法の構造は、大きく二つの領域に分けて考えることができ、それは、①**「国民主権」「権力分立」といった法理**が妥当する統治に関する領域と、②**個人の基本的人権保障の法理**が妥当する領域とに分けて考えることができるからである。ところが、日本国憲法は、いずれの領域においても区別すること なく「国民」という言葉を使っているので、前者の**統治機構でいうところの「国民」**（たとえば、(i)国家の構成要素としての国民、(ii)国の政治のあり方を最終的に決定する主権の主体としての国民、(iii)選挙人団または有権者団と呼ばれる国家の統治機関としての国民等）と、後者の**基本的人権の享有主体としての「国民」**の意味を区別して論じなくてはならないのである。

◆コラム18《国家および社会構成員性と国籍の機能》

①国家構成員性と国籍要件

民主国家の存立の正当性は、各人の自然権の保全を基軸に考え、その必要な限度での統治権力の信託という構成をとり、(i)外部からの脅威に対する防衛（対外的な独立）、(ii)国内平和の維持（対内的な治安秩序の維持）、(iii)経済・社会・文化的発展のための外的条件の整備（国民の福利）等を目的として公権力の行使を行うことにある。このような国家における「国民」とは、国家構成員としての国家への服従者であるとともに、国家意思形成への参与者という二つの側面を兼ね備える者ということになる。それゆえに政治社会ないし政治共同体としての国家と国民を結びつける国籍の機能というものは、国家にかかわる「主権」についての多義的な性質を勘案とすると、依然として大きな意味をもつものと考えられる。

②社会構成員性と国籍要件

その一方で、主権原理が貫かれる国家領域ではなく、私的自治の領域たる市民社会における国籍の機能については考慮の余地が存する。市民革命を経験した近代（国民）国家は、個人の生命、自由および所有に対する権利を実現する「市民社会」の存在を前提とし、それを含み込むものであった。かかる市民社会の構成員たる要件は国家の構成員とは異なり、かならずしも国籍を必要とするものではない。なぜならば、市民社会は、政治的支配を排除した「脱政治・脱国家的領域」を意味し、自由、平等な私人として相互に独立した市民の集合体であるからである。ここでは、経済・社会共同体における自由で独立した個人がその構成員となるゆえに、国籍が絶対的な意味をもつものではないのである。

(イ) **国民と外国人**　「外国人」とは、法的にいえば国民が当該国家の国籍を保有するのに対して、無国籍者も含めて在留する**当該国家の国籍を有さない自然人**のことをいう。このように国民と外国人とを区別する**国籍の機能**について国家構成員性および社会構成員性の観点からいえば、**統治機構の領域**（政治社会ないし公的領域）では、統治団体としての国家の構成員ではない外国人は、国家の統治（国政）へ参加する権利は認められないと考えられるが、他方、**基本的人権に関する領域**（市民社会ないし私的領域）では、人権のとらえ方によっては、憲法上も議論の余地が生まれてくる。すなわち、人権が人であることを理由にして、無条件に認められるものであるとすれば、国民であれ外国人であれ、**自然人**として区別されることはないと考えられるからである（⇩かかる「公／私」の二分論については、第**1**講**4**(3)および第**3**講**2**(4)を参照）。憲法上の人権の享有主体性については、「人」（person）がその対象となり、かならずしも国籍と結びつけられていないことは看過されてはならないところである。

(2) 日本国憲法は外国人にも基本的人権を保障する

(ア) **学説・判例の立場**　外国人の人権享有主体性について、学説は、人権の前国家的・前憲法的性質や日本国憲法の国際主義を理由として積極的に権利保障をとらえる方向にあり、権利の性質によって外国人に適用されるものと、そうでないものとを区別し、できる限り憲法上の権利保障を及ぼすべきであるという「**権利性質説**」が支配的で通説とされる。外国人の政治活動の自由に関するマクリーン事件最高裁判決にみられるように、「憲法第三章の諸規定による基本的人権の保障は、権利の性質上日本国民のみをその対象としていると解されるものを除き、わが国に在留する外国人に対しても等しく及ぶ」（最大判昭五三・一〇・四）として、判例も権利性質説の立場をとっている。

(イ) **外国人には認められないとされる権利**　このように外国人にも基本的人権の享有主体性が認められ、権利の性質によって、積極的にその保障が及ぼされることは明らかとなっているが、その一方で、外国人には法的にもさまざまな制約があることもまた事実である。国民とは異なる法的地位を有する外国人には、その性質上、**入国の権利、選挙権、生存権**等が認められないとされる。

(3) 外国人の権利保障の状況は十分とはいえない

(ア) 出入国の権利

入国の自由が外国人に認められないとするのは、国家の対外的な主権原理を理由として、**国際慣習法上**、当然のこととされている。判例も、「国際慣習法上、外国人の入国の許否は当該国家の自由裁量により決定し得るものであって、特別の条約が存しない限り、国家は外国人の入国を許可する義務を負わないものである」（最大判昭三二・六・一九）との判断を示している。しかし、外国人が出国の自由を有するのは、「その権利の性質上外国人に限って保障しないという理由はない」（最大判昭三二・一二・二五）として、最高裁も認めるところである。外国人の出入国については、一般的にはこのようにいうことができる。

しかしながら、出入国の自由は、法定特別永住者や入管法の別表第二関係に規定される「永住者」「日本人の配偶者等」の外国人等、**日本社会に生活の本拠を有する永住ないし長期に居住する外国人**（**永住・居住外国人**）にとって、一時的に滞在する外国人とはその意味が法的にもまったく異なるのを看過してはならないところである。これ

◆コラム19《法定特別永住者の人権》

日本社会における外国人の人権を論じるうえでの特徴的な問題は、合法的に在留する外国人の多くを占める朝鮮半島および台湾出身者等、第二次大戦前の植民地主義の結果として今日に至るまで在留を余儀なくされた人たちに関するものである。これらの人たちは、現在、「日本国との平和条約に基づき日本の国籍を離脱した者等の出入国管理に関する特例法」（平成三年法律七一号）によって「法定特別永住者」（三条）として特別な地位にあるが、そもそも戦前は日本国民でありながら、日本の敗戦後は国籍選択権も行使することなく、外国人としての地位を強いられてきたのである。とくに、その子孫たちは、生まれついたときから日本国民となんら変わらぬ市民生活を送っているにもかかわらず、日本の国籍法が原則として血統主義をとってきたことにより、一世と同様に「外国人」として日本社会で生きていかなくてはならない人たちである。

らの外国人の**再入国**は、裁判所が北朝鮮祝賀団事件で述べるように、「その実質は、日本国における在留地を生活の本拠とする一時的な海外旅行であり」（東京地判昭四三・一〇・一一）、日本国民が憲法によって保障される海外渡航の自由に伴う帰国と実質的に変わらないのである。

(イ) **公的領域への参加の権利**　政治参加の権利、とくに**選挙権**は、国家機関としての国民、すなわち、有権者団として政治へ参加する**「資格」**のようなものとして、通常の私的な主観的権利とは区別して考えられている。これは、基本的人権に対する「公共の福祉」による制約原理ではなく、統治機構上の「国民主権」原理の問題として論じられているところからも理解することができる。

国家レベルへの政治参加は、国民がその国の統治のあり方を決定する最終的な権力を有するとされる**「国民主権」原理**に立脚する憲法体制の下では、政治的権利ないし資格の主体が、その構成員である国民に限られるのは当然のことと考えられている。また、外国や国際機関等によって政治的支配を受けないという対外的な独立、および、自国民による統治という国際社会の「国家主権」原理に照らしても、外国人はその資格を享有することはできないものとされる。

他方、外国人の**地方自治体レベルの政治参加**については、異論が唱えられている。そもそも**地方自治制度**は、地域的に共通の行政サービスを必要とする私的領域で市民生活を営む**「住民」**が、自己のために

◆コラム20《都管理職試験／外国籍拒否は合憲／最高裁大法廷》

原告が逆転敗訴　日本国籍がないことを理由に東京都が管理職試験の受験を拒否したことが憲法の保障した法の下の平等に違反するかどうかが争われた裁判の上告審で、最高裁大法廷（裁判長・町田顕長官）は二六日、「重要な決定権を持つ管理職への外国人の就任は日本の法体系の下で想定されておらず、憲法に反しない」との初判断を示した。その上で、都に四〇万円の支払いを命じた二審判決を破棄し、原告の請求を退ける逆転判決を言い渡した。原告側の敗訴が確定した。

（略）多数意見は、十三人の裁判官による。これに対し、二人の裁判官がそれぞれ、「外国籍の職員から管理職への受験機会を一律に奪うのは違憲だ」と反対意見を表明した。（略）

解説「国民主権をうたった憲法の下で、外国籍の人の人権をどこまで保障すべきか。とりわけ、特異な歴史を背負ってこの社会で生きてきた在日韓国・朝鮮人の場合はどうか。今回の訴訟で問われたのは、そのことだ。（略）」

〔朝日新聞二〇〇五年一月二七日付より〕

自ら統治を行うことを本旨（団体自治と住民自治）としており、地方公共団体の構成員も、地域共同体の一員として利害関係を有する事柄について共同決定を行う実質を備えたものでなくてはならないと考えられるからである。

この点について、最高裁判所は、国家レベルの政治参加とは異なり、居住要件を満たす一定の外国人に、「法律をもって、地方公共団体の長、その議会の議員等に対する選挙権を付与する措置を講ずることは、憲法上禁止されているものではな」く、それは「専ら国の立法政策にかかわる事柄」である（最判平七・二・二八）、との判断を示している。

(ウ) 経済・社会的権利の保障　これまで、人が人としての生存または生活のために必要な諸条件の確保を国家に要求する権利である生存権をはじめとする社会的権利は、その者の属する国家によって保障されるべき権利と考えられてきた。しかし、世界人権宣言の二二条が、「すべて人は、社会の一員として、社会保障を受ける権利を有し」、と規定しているように、経済社会への参加が認められ、労働し、租税を納付し、一般的な市民生活を営む人については、その経済的財源の分配に関して、国籍を紐帯とする国家構成員性を基準とするのではなく、経済社会共同体の構成員として、憲法上の平等原則が厳格に適用されなくてはならないと考えられる。これについては、日本政府が、一九八一年に「難民の地位に関する条約」（難民条約）を批准・加入したことにより、国民年金の加入や児童手当の受給など社会保障関係の法令にあった国籍要件は原則として撤廃された。

生活保護法については、その適用対象は「国民」（一条および二条）となっていたが、それまで実際には永住・居住外国人にも適用されていたため法改正はなされず、難民条約の批准・加入によって国際法上および国内法上の法的義務が発生することを認めて、その後も同様に運用されてきたと考えられる。ところが、最高裁判所は、日本で生まれ育った中国籍の永住外国人の生活保護受給申請事件において、同法の適用対象について定めた「国民」とは日本国民を意味するものとして訴えを斥けてしまった（最判平二六・七・一八）。これについては、日本国憲法でいうところの人権享有主体としての国民をコラム18にあるような社会構成員性の観点から理解するとしたならば、生活保護の受給対象には当然本件の永住外国人が含まれることになるであろう。

5 国際家族の誕生と家族生活を営む権利

(1) 日本国憲法は「家族」を人権保障の単位と位置づけているか

(ア) 個人の家族生活を営む権利

人は、国際移動に伴って海外に定住するようになれば、外国人であろうとも、当然に家族を形成し、生活を営むことになる。人類共通のすぐれて重要かつ永遠のテーマである「家族」に関する事項に関して日本国憲法は、法律は「個人の尊厳と両性の本質的平等」に基づいて制定されなければならないと規定している(二四条二項)。一般に、これが憲法における家族生活を営む権利の根拠規定とされる。それとともに、日本国憲法一三条の幸福追求権を根拠とする学説が存する。家族関係は、「世代を追って文化や価値を伝えて行くという意味で、社会の多元性の維持にとって基本的な条件であるが、何よりもそれが個人の自己実現、自己表現という人格的価値を有するが故に、基本的には、人格的自律権の問題と考えるべきである」というものである。

(イ) 家族単位の人権享有主体性

生活共同体としての家族について日本国憲法二四条は、両性の自由意思によって法律上の婚姻関係を結ぶことだけではなく、事実上も含めて家族という共同生活を行う自由すなわち生活共同体を形成しかつ営む権利を保障しているものと考えられる。そして、公権力の行使については、個人の家族形成および共同生活の自由を妨げないだけでなく、むしろ婚姻および家族を保護および援助することが義務づけられていると考えられる。ところが、残念なことに生活共同体としての家族すなわち家族単位の人権享有主体性はこれまで消極的にとらえられてきた。

そもそも権利の享有主体となるのは自然人だけではなく、営利を目的とした法人の経済的自由、宗教法人の信教の自由、学校法人の学問の自由、放送会社の報道の自由等、最高裁判所は**法人や団体にも人権享有主体性**を認めてきた。個人だけでなく、それぞれの人的集合体に法的人格を認めてその人権を保障することは、結局、その利益は個人とそのコミュニティに帰属するゆえに、憲法上もその保障が認められるのである。そうだとすると、日本国憲法は家族それ自体を明示的に憲法上の人権享有主体とは規定していないが、当然そのことを含意する趣旨であると考えられる〔⇒第**3**講**5**(2)〕。

(2) 国際家族の法的地位は条約に規定されている

さらに、このような**家族単位**の人権保障の可能性は、日本が加入している**国際人権規約B規約**が、「家族は、**社会の自然かつ基礎的な単位**であり、社会及び国による保護を受ける権利を有する。」（二三条一項）として、家族単位そのものを**権利の享有主体**として認めていることをもその根拠とすることができる。本条の趣旨は、人権の保障は個人の人権を保障するだけでは十分とはいえず、その個人が属する家族を保護しなければならないというものである。同項は、家族それ自体が社会および国による保護を受ける権利を享有することを規定しているのである。この点、**世界人権宣言一六条三項**もまったく同一の趣旨であり、この国際人権規約B規約が即時の実施義務を締約国に負わせている（二条二項）ことに鑑みても、**日本国憲法九八条二項**を通じて国内法的効力を有する国際人権B規約二三条一項から家族単位の人権享有主体性を導くことは、十分に可能であると考えられる。

6 今後の課題

(1) 国際移動に伴う「家族」の人権保障をさらに強化すべきではないか

国際移動に伴って人が家族生活を営もうとする場合、その前提として滞在国での在留ないし居住の自由が保障されなくてはならない。たしかに、家族生活そのものは滞在国でなくても実現可能であるとしても、**国際家族としての自己実現**を当該国家に求めるとしたら、その前提として**家族構成員の在留が保障**されなくてはならないのである。

国際家族の人権保障の強化について考えてみると、**家族単位の憲法上の地位**が認められるとするならば、法律によって入国が許可されたとしても、とくに日本国民と実質的な家族関係が存在する者を単に法律レベルの解釈で一律に外国人として退去強制し、その結果として引き起こされる他の家族構成員の家族生活を侵害することは許されないことになる。なぜならば、退去強制される当該外国人だけが権利を侵害されるのではなく、家族単位の崩壊によって家族の他の構成員もが家族生活を営む憲法上の自由利益を侵害されることになるからである。そうだとすれば、これは**反射的利益の享受から権利主体への転換**であり、入管法の個別的な適用や運用について、憲法上の家族単位の地位を前提として国家の権限行使を制約する可能性が広がると考えられるのではないだろうか。

(2) 社会構成員といえる外国人の権利は実質的に保障すべきではないか

日本社会には、単なる一時的滞在ではなく、合法的かつ長期に在留する者も数多く存在し、その人たちは、経済活動の自由を認められ、社会の発展に寄与している。また、現行国籍法が原則として血統主義をとっているために、歴史的理由により在日韓国・朝鮮人や中国人等、本邦で生まれついたときから日本国民となんら変わらぬ市民生活を送っている外国籍の人たちも多数存在する。これらの外国人をすべて一律に「外国人」として処遇することが多くの問題を生じさせる原因となっている。

外国人の権利については、国家（公的）領域内における権利享有主体性（**国家構成員**）について、政治共同体としての国家への帰属が意味をもつ場合には国籍が基準となり、他方、経済・社会的領域における自由利益の享受は、居住ないし生活実態を伴う領域共同体の一員（**社会構成員**）であることが基準とされなくてはならないと考えられる。これは、「**同一の寄与、負担のあるところに同一の利益、権利あるべしという衡平の観念**」を根拠とするものである。それでは、具体的にどのような外国人が社会構成員にあたるかというと、居住や生活実態すなわち生活の本拠を領域共同体に有する人のことであり、これは、本講でも考察したように、**国民とは区別される**「**住民**」にあたるものと考えられる。憲法でも、地方自治体の構成員を国民とは異なる住民として規定し、これを受けて、地方自治法でも住民について定めているのである。ここでの「**住民性**」を有する人たちには、私的領域におけるさまざまな権利・自由について、**厳格な平等保護法理の適用対象として国籍には関係なく対応すべき**ではないだろうか。

◆コラム21《権利享有主体としての外国人の七つの類型モデル》

本書では、国民と同様に憲法上の人権享有主体である外国人について次のように考えている。

①国際法上の特権を有する外交官や外国軍隊の関係者等、超法規的な特別な地位を有する外国人、②戦争時における敵性外国人、③一般旅行者など短期の一時的在留外国人、④日本社会に「生活の本拠」を有する永住ないし長期の居住外国人、⑤入管法などの行政規定に違反して在留および活動する非合法外国人、⑥さまざまな迫害からの庇護を求める難民、⑦いずれの国の国籍も保有しない無国籍者等である。

これらの外国人の類型モデルと、さまざまな権利領域（権利の性質）を前提として、それぞれのカテゴリーの外国人がどのような社会領域への参加資格を有して、そこでの権利・自由の享有主体となりうるかを判断することができるであろう〔⇒社会領域のモデルについては、第**3**講**2**(4)を参照〕。いったんそこでの権利享有主体性をみとめられたならば、憲法上の平等保護の対象となり国民と同様の権利保障がはかられなくてはならないのが、日本国憲法の趣旨であると考えられる。

(3) 外国人と日本社会との紐帯《ちゅうたい》(community tie) も実質的に考慮されなくてはならないのではないか

生活の本拠が日本社会に存在し、日本国民や本邦に在留する外国人と市民生活上のさまざまな紐帯(community tie)を有する社会構成員といえる外国人にとっては、出入国の自由は、日本国民の海外渡航や居住・移転の自由と実質的になんら変わりはないのである。いったん合法的に本邦に入国し、実質的な家族関係や財産関係など日本社会との紐帯が発生したならば、そのような外国人については、退去強制事由に該当したからといって入管法を杓子定規に運用して簡単に国外へ追放することは、単なる人道上の問題を発生させるだけでなく、憲法的にも、外国人の生存権保障にかかわる重大な問題となる。合法・非合法を問わず、日本社会との結びつきないし紐帯がどの程度強固かを判断することによって、入国拒否、退去強制や再入国処分等の出入国管理制度の運用・適用をコントロールする基準とならないか、が求められるところである。

この点について、わが国の判例では、現在の法定特別永住者にあたる外国人の退去強制事件で、①原告が約四〇年間もの**長期にわたって本邦に居住**し、**日本国民と家族生活を営み**、**生活基盤**を築き上げてきたこと、②原告の入管令違反の軽微性と、退去強制による原告とその**家族の崩壊および残された妻子の生存にも重大な影響**を与えることを比較して、③本件における退去強制処分は、きわめて**苛酷な措置**であり、はなはだしく正義の観念にもとり、人道にも反するゆえに、**法務大臣に裁量権の逸脱《いつだつ》・濫用《らんよう》**があったとして、当該処分を取り消した事例がある(札幌地判昭四九・三・一八)。これは、明らかに、裁判所も、**外国人と日本社会との紐帯**を意識して、それが、法的判断基準となることを認めたものといえる。とくに、社会構成員性を有する外国人の退去強制や再入国については、新規に入国する一般外国人とは異なり、日本社会との紐帯が憲法上の権利を発生させるものと認めつつ、その具体的基準について、今後とも個々の判例を積み重ねていく努力が求められるところであろう。

◆憲法評論③《日本国憲法から「外国人の地方参政権」を考える》

〈外国人の地方選挙権〉

昨今、日本に居住する外国人の地方選挙権付与法案の論議に関心が高まっている。これには、永住外国人一般を対象とする意見や旧植民地出身者とその子孫である「法定特別永住者」に限定しようとの意見がある。

後者は、明らかに戦後処理の清算の一環といえるものであるが、たとえ歴史的経緯を勘案したとしても、外国人への地方選挙権の付与は一国の統治の根幹にかかわる重要な問題であり、立法政策としても戦後処理・補償にすり替えて特定の外国人のみを優遇するものであってよいものであろうか。

ここでは、国の統治（立憲政治）の根本である日本国憲法を視点として、外国人の地方選挙権付与の範囲とその意義について考えてみたい。

〈最高裁判所の判断〉

最高裁判所は、外国人の政治活動の自由が問題となった有名なマクリーン事件で「基本的人権の保障は、権利の性質上日本国民のみをその対象としていると解されるものを除き、わが国に在留する外国人に対しても等しく及ぶ」との判断を示している。つまり、基本的人権については、外国人にも日本国民と同じようにできる限り憲法上の権利保障を及ぼすべきである、というのが最高裁判所の基本姿勢なのである。

さらに最高裁は、国政レベルの参政権については国民主権原理などからも日本国民のみをその対象としているが、地方自治レベルの参政権については、永住者等の一定の外国人に選挙権を付与することは憲法上禁止されてはおらず、「専ら国の立法政策にかかわる事柄」であるとの判決を下している。

〈住民としての外国人〉

ここで問題となる地方自治の主人公たる「住民」とは、地方自治法一〇条によると「市町村の区域内に住所を有する者」をいう。そして、住民は「その属する普通公共団体の役務の提供をひとしく受ける権利を有し、その負担を分担する義務を負う」とされ、ここでは国籍要件は課されていない。

したがって、この場合の住民には一定の外国人も含まれ、日本国民と同じように行政サービスを受け、その負担を担う義務を有するのである。また、この場合の外国人とは永住外国人だけではなく、日本人と結婚して日本国民の親として子どもを養育するような長期の居住外国人も多数含まれている。

〈法制化への視点〉

それでは具体的な立法政策としてどの範囲の外国人について地方選挙権の付与が可能であろうか。

地方自治の本質を地域住民への共通の行政サービスととらえるならば、それは生活の本拠たる「住所」を有する者でありかつ、役務の提供を等しく受けるために納税義務を果たしうる者、すなわち一定期間わが国に合法的に在留しかつ活動に制限のない「社会構成員」ともいえる永住・居住外国人が広くその範疇にあると考えられる。

一方、地方公共団体の組織や運営に関する事項は、団体自治と住民自治からなる地方自治の本旨に基づいて定められる日本国憲法九二条からも、国民は地方公共団体の自己統治に参画する人の範囲を決定することができるものと考えられる。それゆえに、地方公共団体の意思決定を行う住民（有権者団）の範囲について、法はその属する地方公共団体の住民が自ら決定する手続を担保すべきであろう。

〈民主主義の成熟〉

結論として、法制化にあたっては「同一の

寄与、負担のあるところに同一の利益、権利あるべしという衡平の観念」をもって判断されなくてはならないことを肝に命じるべきである。外国人同士でも、あるいは日本国民との比較においても等しい立場にある者はできるだけ等しく扱うのが法の基本的な立場であり、それが立憲主義国家の責任でもあるからである。

このことは、朝鮮半島の隣国のみならず、日本社会と国際社会との開かれた関係性を占うものでもある。

さらに重要なことは、地方公共団体の政治的意思決定過程へ参画する外国人の可否ないしその範囲を決定する論議が、地方分権と創成の時代といわれる二一世紀において、この国の民主主義をいかに成熟させていくかという点にかかわることである。

そのためには幅広い国民的な合意が必要であるゆえに、国会での拙速な成立にこだわることなく、慎重にかつ前向きに審議されなくてはならないのである。

第11講　家庭・学校・地域社会と子どもの人権(1)
――未成年者・教育・福祉の権利

1　未成年者の人権は大人と同じように保障されているか

赤ちゃんポスト いらぬ社会を

親が育てられない赤ちゃんを匿名で預かる熊本市の病院の赤ちゃんポスト「こうのとりのゆりかご」＝🔑。その運営に長く携わった元看護部長の女性が病院を退き、相談窓口の充実に取り組んでいる。目指すのは「ゆりかご」のいらない社会だ。

🔑こうのとりのゆりかご　熊本市の慈恵病院が2007年に開設。預かる窓口の内側に保育器があり、預けられるとすぐに看護師らが駆けつける。直前でも相談できるよう扉の横にインターホンが設けられている。預けられた子どもは、施設や里親の元で育てられるほか、親が思い直して引き取るケースや、特別養子縁組で新たな親の元で暮らしている場合もある。14年度の病院への相談件数は4036件で、「ゆりかご」設置以来最多だった。

開設から携わった元看護部長・田尻さん
悩む女性のため相談窓口開設

「何よりも、責めないことが重要です。特に、中学、高校、大学で『妊娠してどうしよう』という人の相談に、『あなたがこんなことするから』と言うのはとんでもないことです」

今月6日、福岡県久留米市の大学で、田尻由貴子さん(65)が呼びかけた。妊娠に悩む人の話を聞いて的確にアドバイスできるようになってもらうためのセミナーで、行政や医療機関の関係者ら約200人を前に講演した。

妊娠に悩む人の相談の受け方などについて講演する田尻由貴子さん＝福岡県久留米市

田尻さんは、「ゆりかご」を運営する熊本市の慈恵病院で看護部長を務めた。3月に定年退職し、熊本市内に新たな窓口を設けた。赤ちゃんを預けようと思っている母親や、思いがけない妊娠に悩む女性らの相談に乗っている。

各地で講演会を開催。望まない妊娠の悩みの相談を受ける人のためのガイドブック作りも進めている。

同病院が「ゆりかご」を開設したきっかけは、母親が赤ちゃんを遺棄する事件が相次いだことだった。田尻さんは、病院幹部とともにドイツの先例を視察し、2007年の開設から運営の中心を担った。昨年度までに預けられた子ども112人のほとんどに会った。

熊本市によると、女性が赤ちゃんを預け入れる理由は、生活困窮や未婚、世間体など様々だ。お金が払えなくて病院にかかれなかったり家族に妊娠を相談できなかったりして、自宅で出産したケースもあった。

子どもを殺そうと口をふさいだが、苦しそうなのを見て思いとどまり、預け入れをした人や、結婚予定だった男性に実の子か疑われ、子どもを連れて行方不明になった末に預けに来た事例もあった。

「みんな切羽詰まっている。預ける人は誰も責められない」。それが8年の結論だ。

田尻さんは「ゆりかご」のような存在が「セーフティーネット」として必要だと思っている。ただ、目指すのは「ゆりかご」のいらない社会。「まずは相談をしてほしい」と話す。

看護部長時代も、妊娠・出産に悩む女性たちのSOSを受ける携帯電話を肌身離さず持ち続けた。受けた相談は計約1万件。相談の中で子どもを育てようと思い直す人も多いという。

田尻さんは「ゆりかご」が必要になった背景には、社会の変化があると考えている。「家族の関係が希薄になっている。核家族化の影響も大きいし、母子家庭、父子家庭も増えている」と指摘する。「虐待や遺棄の現状をみんなが見てほしい。みんなが変わらないといけない」と話す。

◇

田尻さんが相談を受けているのは、熊本市で教育事業などを展開する一般社団法人スタディライフ熊本が開設する妊娠相談窓口（0120・810・425、24時間365日、フリーダイヤル）。

（岡田将平）

〔朝日新聞2015年６月25日付より〕

生まれ出《いづ》る人の子はすべて皆生きる権利を持っている。親の都合ではなく、社会全体が責任をもって人間としての人格の尊厳を守っていかなくてはならない。

2 未成年者の人権享有主体性

(1) 子どもも独立した人格を有する人権の享有主体である

(ア) 未成年者（子ども）の基本的人権　日本国憲法は、「国民は、すべての基本的人権の享有を妨げられない」（一一条）と規定し、この「国民」には、当然ながら未成年者（子ども）も含まれる。年齢二〇歳以上の成年者（民法四条）と同じように子どもも一個の独立した人格として尊重され、基本的に自由であり、人権の享有主体（主人公）として憲法上の権利保障が要請される。だが、一般に子どもは大人（成年者）と違って成熟した判断能力をもつとはいえず、権利については大人の場合と違った制約に服することもある。また、一口に子どもといっても個人によって発達段階が異なり、権利にもさまざまな性質がある。

(イ) 子どもの成長する権利　とくに「子どもの人権」の中心は、心身ともに発達しつつある子どもが人間的に成長し発達する権利であり、そのための学習と探求の権利、そして、それを保障する教育と福祉への権利とされる。これらが保障されるためには、子どもを取り巻く環境や健康への諸条件が整備されなくてはならない。日本は、このような子どもの発達の権利や学習権を保障する児童の権利条約を一九九四年に批准した（⇒第15講4(2)）。

(2) 子どもの権利にはパターナリスティックな制約が課される

(ア) 子どもの保護と自律　子どもは、未成熟な状態から成熟へと健全に成長していく過程において、親や国による保護を必要とする。子どもは、心身ともに未成熟であるため、他者に依存せざるをえないのである。そうであるからこそつぎにみるように、子どものために大人とは異なるさまざまな権利の制約が課されているのである。しかしながら、子どもによる権利の自律的行使（自己決定権）は、その未成熟さゆえに適切とはいえない不安定な結果もしばしば起こりうるけれども、個人の尊厳と人格形成に資するものであり、それを行使すること自体に価値が見いだされるのである。自律的に権利を行使する能力は、実際にそれを行使することによって形成されるのであって、未成熟な子どもにとっても大きな意義を有するものである。

(イ)　パターナリスティックな制約　一般的に子どもは、自律とともに、大人よりも保護の必要性が強いことが認められる。日本国憲法に「生存権」（二五条）とともに「教育を受ける権利」（二六条）や「児童酷使の禁止」（二七条三項）があるのは、とくにこのこととも関連する。他方、自律的な権利（自由権）については、自由を容認する範囲を限定する保護的干渉が必要とされる。子どもについては、心身の未成熟性（⇔自律）と経済的依存性（⇔自立）のゆえに本人の利益のためにする「パターナリスティックな制約」が許されるということである。これは、自己の最善の利益となるよう行為する能力を欠く幼い子どもや精神障害者のような一定の個人の福祉を保護あるいは促進するための国家の限定された温情主義的権限といわれる「国親思想《くにおやしそう》」（パレンス・パトリエ）を背景とするものである（⇒第12講2(2)）。

(ウ)　子ども・親・国との関係性　親が子に対して養育、監護、教育していく地位を親権《しんけん》という。民法は、「親権を行うものは、子の監護及び教育をする権利を有し、義務を負う」（八二〇条）と定め、未成年者は、「父母の親権に服する」（八一八条）とされている。子どもの身上監護に関して、親権者は子の養育に関する権利・義務を負っており、子どもの就学義務、職業に就く場合の許可権、懲戒に対する権利、居所についての指定権を有している。ただし、児童虐待等、子どもの身上監護が不十分な場合には、家庭裁判所により親権喪失が宣言され、児童福祉法によって国が子どもの保護を行うこととなる。これは、親は子育ての自己決定権を有しているが、同時に国も子どもの最善の利益のために介入する権限を留保していることを意味するものである。

(3) 子どもは原則として二〇歳で成人する

(ア) 未成年者と成人の区別　日本国憲法は、**成人年齢**について定めていないが、子どもの心身の成熟度には、年齢差、個人差が大きいため、それらの差異をどのように扱うべきかが問題となる。これについては、前述のように民法四条が「年齢二〇歳をもって、成年とする」と規定している。また、少年法二条、未成年者飲酒禁止法一条一項、未成年者喫煙禁止法一条等、多くの法律が**二〇歳を成人年齢**としているが、すべての場合に一律に定められているわけではない。たとえば、現行法上、普通免許、二輪免許の付与は、それぞれ一八歳以上、一六歳以上（道路交通法八八条一項）とされており、遺言能力は一五歳以上（民法九六一条、九六二条）、最近では二〇〇七年に成立した憲法改正のための国民投票法や二〇一五年の公職選挙法改正によって投票権者を一八歳以上の日本国民として、それぞれ**個別的「成人」**年齢を定めている。

(イ) 成人年齢の引き下げ（？）　国際的には、児童の権利条約が「児童とは、一八歳未満のすべての者をいう。ただし、当該児童で、その者に適用される法律によりより早く成年に達したものを除く」（一条）と規定するように**成人年齢を一八歳以上とする国が一般的**である。このような現行法制上の一般的および個別的「成人」年齢については、その年齢を引き下げ法体系の整合性を図るべきであるとの主張も存する。日本においても、国民投票法の成立を契機に今後大幅な法改正がなされる可能性も出てきており、何歳を境界線とするかは、法的安定性と客観性の見地から原則として**立法府の裁量**に委ねられることになる。

3 子どもの教育を受ける権利

(1) 国民は皆「教育を受ける権利」を有している

(ア) 教育を受ける権利　日本国憲法は、すべての国民は、「教育を受ける権利を有する」（二六条一項）と規定している。一般に教育は、行われる場に応じて**学校教育・社会教育・家庭教育**の三つに大きく分けて把握されている。個人の自由や幸福は豊かな知識と教養を前提にして初めて実現されるものであるから、本来的に国民は、私的領域における「**教育の自由**」を有することを前提に、国家に対しては適切な教育の場（環境）を提供することを要求する権利を有することになる。「教育を受ける権利」の内容は広汎かつ多面的であるので、法的権利といっても抽象的なものであることは否定しがたいところがある（大阪地判昭五五・五・一四）。だが、国が教育制度を確立し教育の場を提供するにあたっては、各人の教育の自由が最大限に保障されるよう配慮することが求められる。

(イ) 社会権的側面と自由権的側面　国民の「教育を受ける権利」に対応して、政府は合理的な教育制度と施設を確立する義務を負い、それは「法律の定めるところにより」実現される。つまり「教育を受ける権利」は、「**国家による自由**」という社会権としての性格をもつものであり、憲法二五条の場合と同様に国の政策目標であって個々の国民に具体的な請求権を保障したものではないとするプログラム規定であるとの主張も存するが、国民が社会生活を行ううえでの教育の重要性を考えるならば、**法的権利**として理解すべきであろう。それとともに、教育はその性質上、子どもとその親権者、さらには教師の精神活動と深くかかわることからも、国家によって教育を受ける機会が妨げられたり、不適切な内容の教育が強制されたりしないという「**国家からの自由**」という自由権的側面を有するのである。このことは、とくに公教育における**外国人の民族教育の自由**についても大きな意味をもつものである。

(ウ) 親の権利・義務

また、子どもの教育を受ける権利について論じるときには、**本人自身の利益**とともに、子どもの保護と最善の利益を図る**親および国との間での相互調整**がなされる。子どもの教育を受ける権利と親の権利・義務について、日本国憲法は、「その保護する子女に普通教育を受けさせる義務を負う」（二六条二項）と定めている。国民の「教育を受ける権利」は親権者がその子をどのように教育するかの自由を内包しているから両者の関係が問題となるが、親権者の権利は、子の教育を受ける権利を充足させるためのものであることを前提にして初めて妥当するものと考えられる。つまり、**子の最善の利益**のために親の権限が行使されるのであって、日本国憲法は、少なくとも普通教育については、その保護する子にそれを受けさせなければならない**親権者の義務**としたのである。

(2) 公教育は日本国憲法の基本理念に基づいて制度設計される

(ア) 民主教育の理念と教育制度

日本は、第二次世界大戦の後、戦前の超国家主義的、軍国主義的教育を否定し、日本国憲法の理念に基づいて**公教育**を行うこととなった。現在の教育制度は、「教育は、人格の完成を目指し、平和で民主的な国家及び社会の形成者として必要な資質を備えた心身ともに健康な国民の育成を期して行われなければならない。」（一条）と規定する**教育基本法**を中心として、**学校教育法**（一九四七年）、**教育委員会法**（一九四八年）、**社会教育法**（一九四九年）、**私立学校法**（一九五〇年）等の法律が制定され、その体制を整えていった。そもそも**教育とは**、個人が「豊かな人間性と創造性」を育成し、当該国家の発展のみならず「世界の平和と人類の福祉の向上に貢献すること」を期するものであるゆえに、一国の枠を越えた**人類共通の課題**でありかつ重要な営みであることが認識されなくてはならない。

(イ) 教育権の所在

日本においては、教育基本法および学校教育法を中心に公教育制度の構築が図られてきたが、具体的な教育内容を誰がどのように決定するのか（教育権）をめぐって、「**国家教育権説**」（学校教育の内容の決定権は、代表民主制を根拠として国家にあるとする）と**「国民教育権説」**（国家の決定権を原則的に否定し、親とその信託を受けた教師を中心とする国民全体にあるとする）が激しく対立してきた。これについて最高裁判所は、**「いずれも極端かつ一方的」**な主張であるとして斥け、親や教師の教育の自由をそれぞれ一定の範囲で肯定しつつ、それ以外の領域においては、国家は必要かつ相当と認められる範囲内で教育内容について決定する権能を有するとの判断を示した（最大判昭五一・五・二一）。ただし、民主教育の過程において国家が教育内容にかかわるのは、教育の自由が元来個人の私的領域での営みであることに鑑みて、**社会共同体の構成員（公民）としての資質**（共通の知識と規範意識）を**醸成**する限度内において正当性をもつものと考えられる。

(ウ)　初等教育・中等教育・高等教育の意味　日本国憲法の下での教育制度の特徴は、教育行政を戦前の中央集権的なものから、広く地域住民の意向を踏まえて行われることをねらいとする**教育委員会制度**と、戦前のエリート養成を目的とした複線型の学校体系から、教育の機会均等を保障する**六・三・三・四制の学校体系**へと移行した点である。そして、学校教育法においては、「幼稚園」「小学校」「中学校」「高等学校」「大学」「高等専門学校」「専修学校」の区分がなされている。発達・成長段階にある子どもにとっての公教育は、自らが社会共同体の一員となって生活していくための最低限度の知識や資質を蓄《たくわ》えるための**生存権的な意義**や人生をより豊かにし自己実現を可能にする**幸福追求権的な意義**をそれぞれの教育段階においてもつものと解される。

4　子どもの福祉を受ける権利

(1)　国は「子どもの最善の利益」を考慮して必要な保護・養護を行う

(ア)　児童福祉の法的根拠　子どもは基本的人権の享有主体であり、その福祉については大人と同様に日本国憲法二五条を根拠として保障される。それを受けて児童福祉法は、児童福祉の理念を「すべて国民は、児童が心身ともに健やかに生まれ、且つ、育成されるよう努めなければならない」（一条一項）とし、「すべて児童は、ひとしくその生活を保障され、愛護されなければならない」（同条二項）と規定する。そして児童育成の責任について、「国及び地方公共団体は、児童の保護者とともに、児童を心身ともに健やかに育成する責任を負う」（三条）と規定しているが、同法を運用するにあたっては、**児童の権利条約にも規定される子どもの最善の利益**を十分に生かすことが求められている。

(イ) 子どもの最善の利益　子どもの処遇に関しては、公的もしくは私的な社会福祉施設、裁判所、行政当局または立法機関のいずれによって行われるものであっても、**子どもの最善の利益**（best interest of the child）が考慮されなくてはならない。国は、子どもの親、法定保護者または子どもについて法的に責任を有する他の者の権利および義務を考慮に入れて、子どもの福祉に必要な保護および養護を確保し、このため、すべての適当な立法上および行政上の措置をとることになっている（三条）。国は、**親**が子どもに対して**第一義的な責任**を果たすのを側面から援助し、つぎに、親が責任を果たせない場合にのみ乗り出すことになるのである（五条）。このことは、児童福祉法、児童手当法、児童扶養手当法、特別児童扶養手当法、生活保護法、母子保健法等によって具体的に実現されることになる。

(2) 家庭環境を奪われた子どもは国によって保護される

(ア) 親の養育責任　子どもの成長および発達については、親および家庭環境が重要である。**親または法定保護者**は、子どもの養育および発達についての第一義的な責任を有している。親の責任は、単なる道徳的責任ではない**法的責任**であり、国や第三者がこの責任を脅かしたり、子どもの養育に不当に介入したりすることも禁止されるのである。ただし、親がこの責任を適切に果たせないまたは果たさない場合に介入することは、**国の責務**となるのである。

(イ) **家庭環境を奪われた子どもの監護**　親または法定保護者によって家庭的環境での養育が行われない子どもは、その最善の利益に鑑み国が確保する代替的な監護による**特別の保護および援助を受ける権利**を有している。これには、父母がわからない子ども（いわゆる「棄児《すてご》」）や父母が死亡した子ども（いわゆる「孤児《こじ》」）をはじめ、父母が服役中であったり、国外追放されたり、行方不明になっている子どもを含むものである。

　児童福祉法は、「都道府県は、児童相談所を設置しなければならない」（一二条）と定め、「要保護児童を発見した者は、これを……児童相談所に通告しなければならない」（二五条）と規定する。そして、通告を受けた児童相談所長は、当該児童について必要があると認めたときは、都道府県知事に報告する義務を負い（二六条）、そのような報告に接した都道府県は、適当と判断した場合には、当該児童を小規模住居型児童養育事業を行う者もしくは里親に委託し、または、しかるべき施設に入所させることになっている（二七条一項三号）。

(3) 子どもは虐待・放置・搾取等から保護される

(ア) **児童の虐待防止**　国は、親や保護者による虐待や不当な扱い、搾取から**子どもを保護**しなくてはならない。日本における子どもの虐待の問題は、近年ますます深刻になり、二〇〇〇年五月に**児童虐待防止法**が制定され、二〇〇四年一一月には児童福祉法を大幅に改正し

◆法令（資料）　児童虐待防止法（児童虐待の定義）

第二条　この法律において、「児童虐待」とは、保護者（親権を行う者、未成年後見人その他の者で、児童を現に監護するものをいう。以下同じ。）がその監護する児童（十八歳に満たない者をいう。以下同じ。）について行う次に掲げる行為をいう。

一　児童の身体に外傷が生じ、又は生じるおそれのある暴行を加えること。

二　児童にわいせつな行為をすること又は児童をしてわいせつな行為をさせること。

三　児童の心身の正常な発達を妨げるような著しい減食又は長時間の放置、保護者以外の同居人による前二号又は次号に掲げる行為と同様の行為の放置その他の保護者としての監護を著しく怠ること。

四　児童に対する著しい暴言又は著しく拒絶的な対応、児童が同居する家庭における配偶者に対する暴力（配偶者（婚姻の届出をしていないが、事実上婚姻関係と同様の事情にある者を含む。）の身体に対する不法な攻撃であって生命又は身体に危害を及ぼすもの及びこれに準ずる心身に有害な影響を及ぼす言動をいう。）その他の児童に著しい心理的外傷を与える言動を行うこと。

て、児童や妊産婦の福祉に関する家庭相談を市町村の業務として規定し（一〇条一項三号）、住民に身近な自治体や民間による**虐待の未然防止・早期発見**に取り組むものとしている。

(イ) **親権の見直し**　児童虐待防止法は、子どもへの虐待を発見した者に児童相談所等への**通告義務**を課し（六条一項）、子どもの安全確保のために**立入調査**（九条）や裁判官の発する許可状によって、必要な場合には鍵をあけて臨検・捜索ができると規定するが、虐待への対応の障害となっている強い親権について見直しが必要でないかとの議論も起こっている。

5　今後の課題

(1)　現代社会における公教育にはなにが求められているのだろうか

これまで日本では、戦後の**新しい民主教育の理念**を実現するためにつくられた教育制度は、国民の教育水準を高め、社会・経済発展の原動力になってきたが、一九八〇年代頃から子どもと教育をめぐる環境は大きく変化し、社会や経済の発展に伴った**構造的ともいえる新たな教育問題**を抱えることになった。学校教育の現場では、校内暴力や学級崩壊、不登校の増加とともにいじめや自殺などの深刻な社会問題が顕在化し、さらには学力問題、保護者の所得による子どもの教育機会の格差拡大、日本社会のグローバル化に伴う外国人児童も増加しており**教育体制の改革**が大きな課題とされている。さらには、親の価値観の多様化とともに求められる「子ども像」（欲求）が大きく変化し、学校があまりにも多くの教育課題を抱え込むなかで教師の負担も増大し、学校現場ではとまどいや混乱が生じている。

本来、**学校とは**、**子どもの発達**、**成長を全面的に支える**ものであり、国や社会もそれを最大限助長する義務と責任があると考えられてきた。社会の変化に伴った子どもや親の多様性と学校との間のギャップが大きくなり、家庭や地域の教育機能が低下しながらも、子どもには多様な価値観や社会文化等の違いを認め合ったうえで人権意識を高めるとともに、幅広い社会性を育むことが求められている。これからの公教育では、個人と社会との関係性を認めながら、子どもが大人になるための自律と自立を重視する自己統制力、規範意識、自ら問題を発見し解決する力（「生きる力」）の育成をこれまで以上に重視し、その具体的方策を検討していくことが求められているのではないだろうか。

(2)　子どもにとって家族機能の喪失はなにを意味するのか

現代社会においては、常に子どもを取り巻くさまざまな問題が浮上している。これは、社会の変化や人間関係の希薄化という現実のなかで、子どもが他者とふれ合い切磋琢磨して成長していくといった機会が極端に減少してきているとともに、親が子どもに手をかけなくなり、子どもにとっての精神的安定（心のよりどころ）や成長が失われつつあることが原因の一つにあげられている。少年非行や学校での問題も、このように家族機能が喪失し、大きく家庭や家族のあり方とかかわっていることが注目される。子どもは家族や地域の人たちとのかかわりのなかで、生命の大切さを育まれ心身ともに成長していくものであり、昨今のインターネットや携帯電話による無機質な生活環境からは健全な心と体、人間性・感性は育まれない。

さらには、近年、子育て世帯において、経済的に困難な世帯の割合が増加していることや保護者の育児に関する不安感が増大しているという指摘、児童虐待の相談件数の増加傾向などの問題も大きく取り上げられている。このように、従来より厳しい家庭環境のなかで育っていかなくてはならない子どもが増加していることを憂慮しなければならない状況にあり、家族機能の再認識とそれを補完しうる取組みについて、それは社会全体が担わなくてはならない責任といえるのではないだろうか。

◆憲法評論④《日本国憲法から「子どもの心の叫び」を考える》

〈BBS活動とは〉

私はかつて大学の教育研究活動の一環としてBBS運動を取り入れ、学生たちとともにボランティア活動を行っていた。このBBS（Big Brothers & Sisters）とは、社会の良き兄、良き姉として非行少年の更生を手助けしようとの目的で、一九〇〇年代初頭、アメリカのニューヨークで始まったボランティア活動である。日本でも、七〇年近くの歴史をもち、全国的な組織として活躍しているが、現在、本家のアメリカでは、非行少年に限らず、広く家庭的に恵まれない子どもたちへのボランティア活動を行っている。

〈家庭教師ボランティア〉

その大学のBBSクラブでは、毎週一回、市内の三つの養護施設にボランティア家庭教師として訪問し、児童との交流を続けた。児童の多くは、家庭の事情などによって自分の親といっしょに生活できない子どもたちで、施設での共同生活を余儀なくされているのである。

学生たちはそれぞれ、半年ごとに特定の児童の担当となり、一対一（ワンマン・ワンボーイ）で家庭学習の指導を行い、本当の兄、姉としての役割を果たす努力をしていた。

以下では、このボランティア活動からみえてきたものを二つほど述べてみたい。

〈若者たちの気質〉

一つは、当時の若者の気質であった。かれらの多くは、価値観の多様化した戦後生まれの世代を親にもつ人たちで、仮面をかぶって自分の利益ばかり追求し、他人のことなど考えもせず、無責任な行動しかとらないものと思われがちである。しかし、一九九五年の阪神大震災のときに、即座に多くの若いボランティアが立ち上がったように、困った人たちを思いやる気持ちが、まだまだ当時の若者たちにもあった。ボランティア家庭教師プログラムでも、学生たちが、自分のことを忘れて、真剣に子どもたちのことを考えて悩んでいる姿をみるにつけ、次代を担うこの人たちをしっかりと育てていかなくてはと思ったのである。

〈子どもの大人たちへの叫び〉

もう一つは、施設の児童たちが発する大人への叫びであった。家族とともに育つことのできない子どもたちが、週に一回しか会えぬボランティアの学生にあれほどまでになつくのをみて、いかに家族や家庭が大切であるかを痛感させられた。身勝手な大人の都合で家庭が崩壊し、子どもたちが心身ともに傷つき、犠牲となっているのは紛れもない事実である。両親の離婚や再婚は、子どもにとっては自分の親が瞬時になくなることで、肉親との死別以上の重みをもつことを、世間の大人たちは知らない。おそらく、私の学生たちは皆、このボランティア活動を通じて、子どもたちのこころの叫びを受けとめていたと思う。このことは、さらに社会における人間関係の希薄化のなかで生きている現在の若者たちにもきっと同じように受け止めてもらえるに違いない。

第12講　家庭・学校・地域社会と子どもの人権(2)
——少年の健全育成・国親思想・子どもの保護

1　少年の健全育成を憲法はどのようにとらえているか

少年事件防止 大学生が参加
県警がサポーター委嘱

7月の幼稚園児殺害事件など少年による重大事件の防止対策として、県警は長崎大と長崎外語大のボランティアサークルで活動する学生に呼びかけて、21人を少年警察ボランティア「学生サポーター」に委嘱した。九州管区警察局管内では佐賀、熊本、沖縄に次いで4番目。11日、県警本部で出原健三県警本部長から委嘱状が手渡された。

学生代表として長崎外語大3年の野口美香さん(20)が「今年7月、幼い生命が無残にも奪われるという大変ショックな事件が発生した。このような痛ましい出来事に遭遇し、同じ青少年として心を痛めている。兄弟姉妹的感覚で、青少年の非行防止に貢献したい」とあいさつした。

「学生サポーター」に選ばれたのは長崎外語大のボランティアサークル（BBSクラブ）に所属するメンバーらで、普段から市内の児童自立支援施設で中学生や高校生に勉強を教えたり、悩み事の相談にのったりするなどボランティア活動に熱心だという。

「学生サポーター」21人は今後1年間、月に1回程度、県警少年課員に同行して繁華街やゲームセンターを巡回したり、少年非行防止イベントに参加したりする。式後、学生サポーターたちは園児殺害事件現場を訪れ献花、黙祷《もくとう》をささげた。

園児殺害事件現場で黙祷をささげる「学生サポーター」

〔朝日新聞2003年12月12日付より〕

少年犯罪は社会環境の変化を映し出している。社会の弱い立場にいる子どもたちを地域社会全体で守っていかなくてはならないのではないか。

2 少年の健全育成の憲法的意義

(1) 少年非行は社会構造や環境の変化を映し出している

(ア) 少年非行の四つのピーク　子どもは社会を映す鏡であり、少年非行は社会の世相を反映するといわれる。その実態をみると、第二次大戦後、今日まで刑法犯によって検挙・補導された**二〇歳未満の未成年者**（少年）の第一のピークは戦災による荒廃と占領の時代の一九五一年、第二は一九六四年中頃の高度成長期、そして低成長期に入った一九八三年をピークとする第三から、最近の第四のピークまで続いてきている。

(イ) 少年非行の傾向　近年、少年の刑法犯検挙数は減少傾向にあるが、非行の一般化、**低年齢化**の傾向が顕著と指摘され、**再非行率**も漸増《ぜんぞう》傾向にあるなど、少年非行の現状はなお予断を許さない状況にあるといわれる。罪名別にみると、窃盗（とくに万引き）が最も多く、遺失物（とくに自転車）等横領、傷害・暴行も多い。詐欺による検挙人員の人口比の上昇など新たな非行傾向もうかがえる。また、未成年者による重大事件も発生し、深刻な社会問題となっている。このため少年非行の対策については、一部の凶悪事件に対する**厳罰化の主張**と、**未発達な少年を保護**することで問題を解決すべきという考えが古くから対立している。

(ウ) 少年非行の原因　現代社会における**少年非行の原因**は、少年（女子も含む）の自我の未熟さや自己否定の傾向など、**少年自身の資質**とともに、子どもを取り巻く**劣悪な社会環境**が大きな要因になっているのである。すなわち、子どもの学力や規範意識の低下等多くの課題を抱える教育現場の混乱、家庭の崩壊や子育て機能の低下（孤立した親の子育て不安、過保護、過干渉、放任、虐待等）、有害情報の氾濫《はんらん》等の問題がこれまでも論じられてきた。少年非行の問題は、深刻ないじめ・自殺問題とも共通の要素を抱えていることに留意しなくてはならないのである。

(2)　少年の健全育成は国親思想（パレンス・パトリエ）が支えている

(ア)　国親思想　このような社会環境、社会の歪みによって生じてしまった犯罪や非行について、その者が未成年者（二〇歳未満）の場合、通常の刑事司法の手続によるのではなく、「少年の健全な育成」を目的として処遇する少年司法の手続がとられることになる。これは、非行少年は社会の敵とみるのではなく、社会の子どもとみるべきだとする国親思想（パレンス・パトリエ）を基礎とするものである。この国親思想とは、実の親が親としての義務（子どもの健全な育成）を果たさない場合、国家が親に代わって親の義務を果たすという、後見的・福祉的な保護・介入を認めるものである。

(イ)　保護原理と侵害原理　子どもの保護（原理）を重視する国親思想に基づく少年法制は、少年を成人の刑事裁判から分離独立させるもので、一八九九年のアメリカ合衆国において実現された。アメリカでは、かかる少年司法システムを支えるものとして、「少年法」や「少年裁判所法」といった名称をもつ固有の法律が独立して制定されたのである。他方、大陸法系の国においては、刑事政策的な見地から少年犯罪を成人と同じように扱うのは不適切であると認識されつつも、成人の刑事裁判制度をその枠内で少年用のものに分化する司法システム（分離独立までには至っていない）を発展させた。それは法益を侵害するあるいは危険にするような行為（犯罪）を処罰の対象とする侵害原理から導かれる刑事法的な性格が強く、「少年刑法」といった名称の法律に基づくことが多いとされる。

(3)　子どもの憲法上の権利は少年司法においても保障されなくてはならない

(ア)　子どもの健全育成　日本国憲法で保障する子どもの基本的権利とは、前講でも述べたように子どもが人間的に成長し発達する権利のことであり、とくにそれを保障する福祉（二五条）と教育（二六条）を求める権利とされる。これは、すべての子どもが単なる保護の客体ではなく、劣悪な社会環境を排除し健全に成長することを要求する権利の主体であることを意味する。そして、健全育成については、「**子どもの最善の利益**」を考えて親や国との間でパターナリスティックな介入・調整をすることが必要となってくる〔⇩第**11**講**2**(2)〕。

(イ) 少年司法における人権保障　それゆえに少年法の基本理念である少年の健全育成とは、かかる**憲法の精神**の下で実現されなければならないことになる。さらに**児童の権利条約**は、「子どもの最善の利益」（三条）とともに成人の被告人に認められる**適正手続の保障**が少年にも適用されることを明記しつつ**社会内処遇**や**福祉的措置等**について提案している（四〇条）。すなわち、犯罪・非行にかかわる少年の処遇についても、個人としての「人間人格の尊厳」を前提として、それが自由権とともに社会権として具体化していくことを定めているのである〔⇩第**15**講**4**(2)〕。

3　少年法の特徴と適正手続

(1) 少年法は子どもの健全育成の実現のために存在する

(ア) 少年法の目的　現行の少年法は、その第一条において、「少年の健全な育成を期し」て、「非行のある少年に対して性格の矯正《きょうせい》及び環境の調整に関する保護処分を行う」とともに「少年の刑事事件について特別の措置を講ずること」を目的として掲《かか》げている。ここでは、①「**健全育成**」（子どもの成長・発達）については、非行の有無にかかわりなく少年一般について該当することを明示し、②さらに「非行のある少年」に対してはその健全育成の方法・手段として**保護処分**を行うことと、③それが刑事事件として扱われる場合の**特別措置**を規定しているのである。

(イ) 適用年齢の上限　現行少年法は、第二次大戦後、総司令部（ＧＨＱ）の指令で、憲法と同様に民主化のために全面的法改正がなされ、そのときに同法が適用される「**少年**」の**年齢**が旧法の一八歳未満から**二〇歳未満**に引き上げられた。かかる少年と成人の区別については、民法上の「成年」規定（四条）とも一致するものである。だが、少年法の適用年齢は、もっぱら刑事政策的な考慮に基づくものであり、現行の刑法四一条は一四歳以上の者が刑事裁判の対象となることを規定している。そして、二〇歳未満の未成年者（少年）の刑事事件については、一般法と特別法の関係として、**少年法が優先**して適用されることになっている（少年法四〇条）。

(ウ)　**適用年齢の下限**　少年法は、適用年齢の下限について特に規定するところはない。ただし、つぎにみる触法少年と一四歳未満の虞犯少年については、「都道府県知事又は児童相談所から送致を受けたとき」に限り家庭裁判所が審判に付すことができると規定されている（三条二項）。これは、より未成熟な子どもには裁判所による司法的対応よりも福祉的な対応が望ましいとの観点から、強制を予定していない児童福祉法上の措置（福祉処分）が保護処分に優先する**児童福祉機関先議主義**を定めるものである。

(エ)　**非行少年の意義**　少年法三条は、家庭裁判所の審判に付すべき少年として、①二〇歳未満一四歳以上で罪を犯した**犯罪《はんざい》少年**、②法律には触《ふ》れるが一四歳未満であるために刑事責任を問われない**触法《しょくほう》少年**（⇩刑事責任能力については、第**13**講**3**(2)を参照）、③法律には触れないが、保護者の監督に従わない、家庭に寄りつかないなど将来罪を犯すおそれのある**虞犯《ぐはん》少年**について規定する。そのうち犯罪を行った犯罪少年すべてと一部の触法少年および虞犯少年が家庭裁判所に送致され、そこで少年審判を受けることになる。

(2)　少年の保護事件は家庭裁判所が少年審判手続によって判断する

(ア)　**家庭裁判所の創設**　日本国憲法が制定されたのちに成立した現行少年法は、憲法の精神と合致した少年事件の処遇を実現するために、戦前の旧法が少年の保護事件を行政機関である少年審判所で扱っていたのを司法機関である裁判所に変更した。少年事件が家庭問題とも密接な関連があることから、地方裁判所内に設置されていた家事審判所と統合して、一九四九年に**家事事件と少年事件**を専門に管轄する**家庭裁判所**を創設したのである。

(イ) 全件送致と家庭裁判所先議主義　犯罪少年について刑事処分優先主義をとっていた旧少年法においては、刑事処分にするか保護処分にするかを検察官が判断し（検察官先議主義）、刑事処分が相当でないと思料された事件だけが少年審判所に送致されていた。それに対して、現行少年法は、専門機関としての家庭裁判所にすべての事件を送致させたうえで（四一条・四二条）、保護処分か刑事処分かの判断を行わせることにしたのである（家庭裁判所先議主義）。少年事件については保護処分が優先されるが、一四歳未満の少年については、先にみたように児童福祉機関先議主義（福祉処分）が採用されている（三条二項）。かかる福祉処分優先主義も、現行少年法の制定過程に由来するものである。

(ウ) 少年事件の調査　家庭裁判所に送られてきた少年事件では、原則として審判の前に調査が行われることになっている（八条一項）。この調査は裁判官以外に裁判官の補助機関として要保護性の解明と最善の処遇との連携を図る家庭裁判所調査官が行い、そこでは医学、心理学、教育学、社会学等の専門的知識が利用されている。少年鑑別所等における調査の結果、少年を保護する必要がないと判断されれば審判不開始決定が下され、審判は終結する。以前は、少年調査官（補）と家事調査官（補）の二本立てであった家庭裁判所調査官制度は、現在では一本化されている。

(エ) 職権主義的審判手続　少年を保護・教育して再社会化させることを目的とする少年法は厳格な手続を定めておらず、少年審判は家庭裁判所の裁判官の広汎《こうはん》な裁量によって運営される非公開の審理手続によって処分が決定される（職権主義）。審判には保護者や付添人（弁護士）が参加できるが、検察官の出席は原則として認められていない。つまり少年審判は、刑事裁判のように検察官と被告人・弁護人が主張を戦わせ裁判官が有罪、無罪を決定する当事者主義的対審構造を採用していないことになる。審判は、「懇切を旨として、和やかに行なう」とされている（二二条一項）。

(オ) 検察官と弁護士付添人の関与　裁判官は、非形式的な審判手続によって少年の健全育成のための後見的な役割を果たすことを期待されているところ、「疑わしきは罰せず」よりも「非行のある少年を見逃さない」という意識が強くなると、予断による冤罪の危険も生じることが指摘され、しばしば問題が顕在化している。そのため、例外的に、**死刑、無期、もしくは長期三年を超える懲役、禁錮の罪にあたる事件の事実認定手続に検察官が関与できること**になっている（二二条の二）。弁護士付添人については、国選付添人の対象事件が被疑者国選弁護制度と同一範囲の死刑・無期又は長期三年を超える懲役・禁錮の罪の事件まで拡大され（二二条の三）、これによって少年鑑別所に収容され身体拘束された**少年の約八割を対象**とするものとなった。

(カ)　**少年審判の非公開**　少年審判は、刑事裁判と異なり、**少年の将来の利益などに配慮**して非公開で行われる。同様に、少年審判および少年の刑事裁判については、**少年の氏名、年齢、職業、住居、容貌《ようぼう》などの報道が禁止**されている（六一条）。もっともこの規定には罰則がなく、しばしば**実名報道が行われて問題**となっている。ただし、事件の被害者は事件の記録を閲覧、謄写でき、さらに、故意に被害者を死傷させた罪、業務上過失致死罪、自動車運転致死傷罪等の被害者に限定して少年審判の傍聴が認められている（二二条の四）。

(キ)　**少年審判による処分の決定**　審判の結果、非行事実が認められた場合、家庭裁判所は少年に対する終局的な処分を決定する。これを処遇選択と呼び、選択しうる処遇の種類（選択肢）は、要保護性の有無と程度に応じて、**不処分**（二三条）または**保護観察、児童施設送致、少年院送致等の保護処分**（二四条）が決定される。また、調査段階での、①**審判不開始**（一九条一項）、②**児童福祉機関への送致**（一八条）、③**検察官への送致**（二〇条）も処遇選択のひとつとなっている。

(3)　**少年の刑事事件は成人と同様の裁判手続によって扱われる**

(ア)　**検察官への送致**　少年事件は、未成年者への**福祉・教育的意味合い**をもつ保護処分優先主義に立っている。ただし、死刑、懲役または禁錮にあたる事件で刑事処分が相当と認められれば、家庭裁判所から検察官に送致され

（逆送）、成人と同じ刑事裁判の対象となることがある。一四歳以上の少年は逆送の対象となり、行為時に一六歳以上の者による殺人や傷害致死等の**重大犯罪**については、**原則として検察官に送致**されることになっている（二〇条）。

(イ) **死刑の可能性**　逆送された結果、刑事裁判で有罪判決を受け自由刑に処せられた一六歳以上の少年は少年刑務所に収監され、一六歳未満であれば一六歳に達するまで少年院における矯正教育の対象となる。なお、**一八歳未満**で行った犯罪行為については、死刑を宣告すべき場合には**無期刑**を言い渡すことになっているが（五一条）、反対解釈として、一八歳以上の場合には、**成人と同様に死刑の可能性**があり、実際に死刑が執行された事例もある。

4 少年司法と保護を受ける権利

(1) 少年審判による保護処分は三つの選択肢がある

(ア) **保護観察処分**　家庭裁判所が少年審判によって決定する保護処分は、成人に科される刑罰とは異なり教育処分とみなされ、①保護観察所の保護観察、②児童自立支援施設・児童養護施設への送致、③少年院への送致が規定されている（少年法二四条）。そのうち、保護観察処分は、**更生保護制度の一環**として、少年を施設に収容することなく、家庭や職場等に置いたままの社会内処遇として**保護観察官**や民間ボランティアである**保護司**の指導・助言の下で更生させるものである（⇒更生保護については、第**14**講**4**を参照）。

(イ) **児童自立支援施設・児童養護施設への送致**　つぎに児童自立支援施設・児童養護施設への送致は、児童福祉法上の施設へ少年を収容するもので、これは社会福祉施設を少年法上の保護処分に活用するものである。これらの施設への入所については、児童福祉法による場合は親権者・後見人の同意が必要となるが（児童福祉法二七条四項）、少年法上の保護処分の場合には強制処分としてその制約がなくなる。これらは、児童福祉上の施設であるので、非行性の深化していない少年に対する処遇としてその効果が期待されている。

(ウ)　少年院への送致　少年院送致は、少年を国の施設である少年院に収容し矯正教育を行う処分である。少年院は、年齢、心身、非行傾向により、①第一種少年院、②第二種少年院、③第三種少年院、④第四種少年院の四種類に分類される（少年院法四条）。少年院送致は、「おおむね一二歳以上」（同法四条一項・三項）となっている。また、収容期間には短期処遇と長期処遇があり、短期処遇は六カ月以内の一般短期と四カ月以内の特修短期、長期処遇は二年以内となっている。少年院では、生活指導、職業補導、教科教育、保健体育などが行われている。

このように保護処分は、非行少年に刑罰を与えるためのものではなく、少年を保護し更生させ、社会復帰させることを目的としているものである。

(2)　少年審判による不処分、審判不開始でも裁判所は教育的な働きかけを行う

家庭裁判所は、少年審判によって右のような保護処分の決定や刑事処分とするための検察官送致の決定をするが、そのような処分までには至らない少年に対しても、非行について反省させ、これを繰り返すことのないように、調査から審判、処分の決定までの過程で、さまざまな方法で教育的な働きかけを行う。不処分または審判不開始の決定をする場合でも、非行の内容や動機、少年の性格、少年を取り巻く環境の問題点などをていねいに調べ、裁判官や調査官による訓戒や指導等を行っている。また、少年のみならず保護者に対しても監護責任の自覚を促すような指導が行われている。

5 今後の課題

(1) 現代社会に生きる子どもたちは心の闇が広がる危険性にさらされているのではないか

現代の子どもたちは、携帯電話の普及とともに、インターネット社会が加速的に進展して、新しいメディア技術を伴う**高度情報社会**のなかで生活を営むことが不可避となっている。生まれた頃から無機質なインターネット社会で育っており、こうした社会環境の変化は日本だけではなく世界的にも共通のものと考えられている。

インターネット等での情報収集のメリットとともに、提供される**有害情報**によって子どもたちが犯罪に巻き込まれ、場合によっては加害者になるなどの弊害《へいがい》や、インターネット上の誹謗中傷《ひぼうちゅうしょう》やいじめといった問題も多数発生し、**子どもたちの心の闇の問題**も広がっていることが懸念されている。

社会を震撼《しんかん》させるような少年が関与する事件の報道にふれるにつけ、人間としての他者への思いやりの心や迷惑をかけないという気持ち、生命尊重・人権尊重の心、正義感や遵法精神の低下や、基本的な生活習慣の乱れ、自制心や規範意識の低下など**人間関係を形成する力**が育っていないのではないかと不安を感じる人も多い。同時に、こうした子どもの言動に関する問題は、大人のモラルや意識などの改善だけですべてが解決されるというわけでもなく、その背景には大きな社会構造や環境の変化に起因する重大な問題があることも、私たち大人は十分認識しなくてはならないのではないだろうか。

(2) 少年法の厳罰化で少年犯罪が減少し、少年たちを救うことができるのか

少年は、一般に、成長の発展途上にあって環境に支配されやすく、傷つけられやすいものである。一方的で無理解

な取扱いを受けると、いっそう大人や社会への不信感を増し、心を閉ざして真実を語らないのみならず、心身の成長を阻害されることもある。少年を取り扱う手続は、捜査から少年審判まですべての手続を通じて、このような少年の特性を慎重に考慮すべきであり、真に少年にふさわしい**適正手続と少年の最善の利益の実現**はどのようなものであるか、**憲法上**も論議を深めていかなくてはならないのである。

昨今の悲惨な事件からも少年に対する厳罰化が非行防止に結びつかないのは明らかとなっている。未成熟な子どもや親の責任を問う前に、社会が一体となって**子どもたちの健全育成**に取り組まなければならないことが警鐘されている。そのために、私たちは、未来を担う宝である**子どもはすべて社会の子ども**としてどのように守り育てていくか、**地域社会**で考え取り組まなくてはならないのではないだろうか。

◆憲法評論⑤《日本国憲法から「少年事件」を考える》

〈長崎幼児誘拐殺害事件について〉

二〇〇三年七月、長崎で中学一年生の一二歳の少年が四歳の幼稚園児を誘拐し、立体駐車場の屋上から突き落として殺害したとされる事件が発生した。この少年は、現行の刑法が「一四歳に満たない者の行為は、罰しない。」（四一条）と規定するため刑事責任は問われず、触法少年として少年法や児童福祉法等を根拠として保護された。

このことに対するマスコミ報道は批判的で、当時の少年法の改正や少年本人についての必要以上の情報開示を求めるような動きもあり、少年事件への社会的ヒステリーが懸念された。

一方、少年の付添人である弁護士や関係者の話しからは、このたびの事件が残忍な計画的な犯行などではなく、少年が年齢に相応してきちんと育っていなかったことによるものであることが明らかになっていた。つまり、少年自身の資質とともに、家族も含めた人間関係の希薄化や有害情報の氾濫など社会における人間形成ネットワークが崩壊し、子どもたちが健全に成長できないでいる社会環境が大きな原因なのである。

犠牲となった幼児のご両親の「煮えくりかえる」思いを受け止めつつ、当該少年も含めて、子どもたちが健全に成長するための社会のあり方を憲法の視点から考えてみたい。

〈子どもの人権とは〉

そもそも日本国憲法で保障する子どもの基本的権利とは、心身ともに発達しつつある子どもが人間的に成長し発達する権利のことであり、具体的にはそれを保障する福祉（保護）と教育を求める権利とされる。これは、子どもが単なる保護の客体ではなく、劣悪な社会環境を排除し健全に成長することを要求する権利の主体であることを意味する。また、子どもの権利については、「子どもの最善の利益」を考えて親や国との間で調整をすることも必要となってくる。

それゆえに少年法の基本理念である少年の健全育成とは、このような憲法の精神の下で実現されなければならないことになる。少年事件において実名報道等の情報開示が禁止されるのは、少年のプライバシーの権利だけではなく、本人の成長発達の権利もがその根拠となるのである。少年たちも社会復帰をしてくるのであるが、社会全体がこのことを肝に銘じて、少年を社会的ヒステリーのはけ口から守らなければならないのである。

〈更生保護制度の活用〉

この少年法とも関連して犯罪や非行を犯した人の立ち直りを支援し、犯罪の予防のための活動を行う更生保護制度というものがある。この制度は、戦後新憲法の下で新たに確立されたものであり、保護司やBBSなどの地域の人たちが更生保護ボランティアとして国と連携してさまざまな活動を行っている。

本来、更生保護とは、刑事政策に引きつけられた事後的な司法処分だけでなく、少年法の趣旨と同様に事前の保護をも含めた幅広い福祉・教育的要素をあわせもつものである。このような観点からも、少年事件の発生を未然に防ぐには、排除の論理ではなく、地域社会が協力しあって子どもたちを温かくときには厳しく導いていかなくてはならないのである。それとともに、犯罪や非行を犯し更生を図ろうとする社会的弱者を理解し、自ら手を差し伸べる社会文化の醸成と実践こそが成熟した民主社会を創造すると思われる。社会の人間形成機能が低下している状況下においては、今後とも更生保護の重要性がますます指摘されることになろう。

〈地域社会が少年を守り育む〉

私たちにできることは、冷静に事実を受け止めて、少年本人だけでなく、遺族や、同じ中学校の生徒、親、先生たちを支えるために行動することであった。とくに、これらの人たちには心のケアが必要で、社会全体で支援していかなくてはならない。それとともに、事件の関係者や地域社会に動揺を与えないような報道の姿勢も求められる。

この事件からも少年に対する厳罰化が非行防止に結びつかないのは明らかであった。未成熟な子どもや親の責任を問う前に、社会が一体となって子どもたちの健全育成に取り組まなければならないことを警鐘されたのである。そのために、人の甦《よみがえ》りを目的とする更生保護制度の理解と充実が大きなカギとなるかもしれぬであろう。

ナガサキ平和くすの木児童交流プロジェクト
BBSが長崎市内の山王神社の大きな被爆くすの木の種を拾い、その二世を育てることによって、子どもたちに「平和の大切さ」や「生きることのすばらしさ、生命の輝き」を学んでもらおうと始めた活動で、被爆という災禍に遭遇しながらも生き抜く「木」の成長に、「更生（甦り）」を象徴とする更生保護の基本理念を重ね合わせている。

第13講　生活安全社会と生命・身体の自由
──内なる「平和」実現のための法制度

1 社会生活の安全のために法はなにをなすべきか

人はみな、　生かされて　生きてゆく。　更生保護ネットワーク50周年

犯罪や非行を防止し、立ち直りを支える地域のチカラ
第65回 社会を明るくする運動
犯罪対策閣僚会議
犯罪に戻らない・戻さない ～立ち直りをみんなで支える明るい社会～

犯罪の無い安心して生活のできる社会の実現は、市民生活の基本である。それについて、国家の法がどのように関わっているのであろうか。

2 生命・身体の自由と適正手続の保障

(1) 生命・身体の自由（人身の自由）は人権保障の基本である

日本国憲法は、「何人も、いかなる**奴隷的拘束も受けない**」（一八条）と定め、人間人格の尊厳を侵すような非人道的な生命・身体の拘束状態の廃絶を意図している。このような規定は明治憲法には存在せず、アメリカ合衆国憲法の「奴隷制およびその意に反する苦役は、犯罪に対する刑罰として適法に宣告を受けた場合を除いては、……存してはならない」（修正一三条一節）に由来するといわれる。

そして、日本国憲法三一条以下において、明治憲法下での過酷な人権の制限を排除するために、諸外国の憲法に例をみないほど**「人身の自由」を保障する刑事手続**に関する詳細な規定を置いている。本条もまた「何人も、……**法の適正な手続**（due process of law）によらずして、生命・自由または財産を奪われることはない」と定めるアメリカ合衆国憲法修正五条および修正一四条一節の影響下に成立したものといわれている。基本的人権の保障は、**手続的保障の歴史**でもあるといわれ、その核心部分が日本国憲法にも存するのである。

(2) 何人も適正な手続によらなければ生命・身体の自由を奪われない

(ア) 法の適正な手続　日本国憲法は、**法律の定める手続**によらなければ、「生命若しくは自由を奪はれ、又はその他の刑罰を科せられない」（三一条）と規定する。アメリカの影響を受けたとされる本条の内容は、①法律で定められた手続が「**告知と聴聞**」等の保障を含む適正なものであること（**手続的デュー・プロセス**）、②法律で定められた実体規定の内容が明確であり、罪刑が均等および不当な差別がなされていないこと等を担保する適正なものであること

（実体的デュー・プロセス）、さらに、③手続のみならず実体規定もまた法律で定められること（罪刑法定主義《ざいけいほうていしゅぎ》）を要求するものと解されている。

(イ)　**罪刑法定主義**　犯罪と刑罰に関する法にとって、「**法律なければ犯罪もなく、刑罰もない**」とする罪刑法定主義はとくに重要なものである。なぜならば、罪刑法定主義によってどのような行為が犯罪となり、犯罪を行った場合にどのような処罰が待っているかを予め知ることができるからである（自由主義）。同時に、罪刑法定主義は、処罰対象を法に違反した者に限定することで、国家が刑罰権をむやみに用いることを防止するからである。

それとともに罪刑法定主義が、犯罪と刑罰は法律の形式によって定められるべきことを示していることも看過されてはならないところである（法律主義）。これは、主権者である国民の信託による国会が犯罪と刑罰を規定することを意味するものであり、**民主主義の原則**を担保しているからである。もっとも、国会が定める法律以外でも、内閣が定める政令（憲法七三条六号）、各省大臣が定める省令（国家行政組織法一二条三項）、地方議会が定める条例（地方自治法一四条三項）によっても**法律の委任等による一定の範囲内**で刑罰を科すことができることになっている。だが、慣習法によっては犯罪や刑罰を定めることはできず（慣習刑法の禁止）、懲役・禁錮などの刑罰を定める場合には、その刑期を明確に示さなければならないのである（絶対的不定期刑の禁止）。ただし、成人とは異なる少年については、その人格の可塑性《かそせい》と改善更生の可能性により教育的効果を引き出すことを目的として不定期刑（相対的不定期刑）を言い渡すことがある（少年法五二条）。

(ウ)　**被疑者・被告人の権利**　日本国憲法は、**捜査機関から犯罪の嫌疑**をかけられている**被疑者**《ひぎしゃ》（一般用語では容疑者と呼ばれることがあり、公訴の提起後は被告人と呼ばれる）の権利として、**不法な逮捕**《たいほ》**・抑留**《よくりゅう》**・拘禁**《こうきん》**からの自由**および**住居の不可侵等**を定めている（三三条～三五条）。それとともに、刑罰が「人身の自由」に重大な制限を加えることから、科刑の手続を慎重かつ公正にするために被告人の権利を保障する**刑事裁判手続に関する規定**を設けている（三七条～

三九条)。

(3) 日本国憲法は拷問および残虐な刑罰を絶対的に禁止する

(ア) 拷問および残虐な刑罰　日本国憲法は、「公務員による拷問及び残虐な刑罰」(三六条)を**絶対的に禁止**している。本条もまたアメリカ合衆国憲法の「残虐で異常な刑罰を科してはならない」(修正八条)という規定に由来する。これは、犯罪の捜査から刑務所内での処遇(行刑)までの一連の刑事手続の過程において、必要とされる以上の苦痛を被疑者・被告人・受刑者に科すべきではないという、**デュー・プロセスの要請**を顕在化させたものである。

(イ) 死刑制度の合憲性　「残虐な刑罰」については、死刑がこれに該当するかが最大の問題となる。最高裁判所は、「**生命は尊貴《そんき》**である。一人の生命は、**全地球より重い**」としながらも、日本国憲法一三条や三一条が生命刑としての死刑の存在を前提としているとして、死刑自体は残虐な刑罰にあたらないと判示している。「残虐な刑罰」とは火あぶり、はりつけ、さらし首、釜ゆでなどの**異常な死刑執行方法**をいうのであり、現行の絞首刑は合憲であると判断している(最大判昭二三・三・一二)。だが死刑制度については、たとえ重大な犯罪を犯した者であったとしても「**公共の福祉**」の名の下で国家がその生命を

◆コラム22《死刑廃止論への道程》

私は刑法学者でありますから、死刑問題にはもちろん関心をもっておりました。ことに私自身の人格責任論や動的刑罰論の立場から、純理論的にも、死刑にははじめから根本的に疑問をもち、廃止論に傾いておりました。しかし、告白しますと、私にとってはっきりと廃止論に踏み切るべく問題があまりに重大かつ深刻で、長いこと慎重な態度を取り続けていたのです。……私が積極的な廃止論者になったのは、最高裁判所に入って、実際に死刑事件を担当するようになってからであります。もちろん、司法の場である以上、裁判をするのには現在存在している死刑制度を前提とする以外にないわけでありますが、それだけに、心の中では、いろいろと深刻な矛盾・葛藤を感じて、次第に強く廃止論者になって行き、そうして、今では決定的に革新的な廃止論者になったのであります。

その最大の理由は、……生《なま》の事件について身をもって心で感じるようになったことです。いうまでもなく、裁判官にとって事実認定がいちばん大事なことです。……まして死刑事件になると、いまさらながら事実認定の重さにうちひしがれる思いでした。死刑廃止の気持ちが決定的になったのは、何よりもまず、そういうところからきているのです。

〔団藤重光『死刑廃止論 第六版』有斐閣、四〜五頁〕

奪ってもよいのかどうか、死刑に凶悪犯罪を**抑止する実質的な効果**があるのかどうか、さらに、**冤罪**《えんざい》によって無実の者を死刑にする危険性等が指摘され、世界的な潮流としても再考が迫られている。

3 犯罪と刑罰の法

(1) 犯罪と刑罰について定めた法の代表が刑法である

(ア) **犯罪と刑罰**　前述の罪刑法定主義からも犯罪とは**法が刑罰を科すと定めた行為**のことをいう。人を殺せば殺人罪で罰せられ（刑法一九九条）、他人のものを盗む行為は窃盗罪にあたる（同法二三五条）。他方、友人との待ち合わせ時間に遅れたとしても法によって処罰を受けるようなことはなく、また、一九四七年に削除された刑法一八三条では**妻による不倫を姦通罪**《かんつうざい》として処罰の対象としていたが、現在では民事上の**離婚原因**になるにすぎない（民法七七〇条一項一号）。これらの行為は道徳的ないし慣行的に非難を浴びることはあったとしても、**国家の法規範**によって処罰されることはない。すなわち、犯罪とは、社会生活の秩序を乱す有害な行為のうちで、国家が刑罰を科すことを判断したものをいい、かかる犯罪と刑罰について定めた法の代表が**刑法**である。

(イ) **刑法の役割**　刑法には二つの役割があるとされ、その第一は、刑法は**社会生活の安全と秩序を守る機能**を果たすことである。犯罪者を処罰し、犯罪を抑止することにより、国民の生命、自由、財産が保護される。第二には、それと同時に刑法には**人権を保障する機能**が備わっていることである。すなわち、法が定めている犯罪以外の行為を行っても処罰されることはなく、有罪判決を受けたとしても、法によって定められている以上の刑罰を科されることはないのである。

(ウ) **刑法の効力範囲**　現行刑法は、日本国内の範囲において効力をもつもので（一条一項）、これは属地主義（**領土**《りょうど》

高権《こうけん》）と呼ばれる。個人の国籍にかかわらず日本の領土・領海・領空内で犯罪を行えば日本の刑法によって処罰されることになる。日本の船舶および航空機内で起きた犯罪についても日本の刑法が適用される。ただし、国内であっても、外国の外交官による犯罪や在日米軍内部での犯罪については刑法が適用されない場合もある。それとともに、刑法は属人主義（対人高権《たいじんこうけん》）をあわせもち、日本国民が国外で殺人、強盗、窃盗、詐欺等の重い犯罪を行った場合にも適用される（三条）。

(2) 犯罪とは「構成要件にあてはまり違法で有責な行為」とされる

(ア) 犯罪成立の三要件

刑法によってある行為が刑罰を科せられるべき犯罪として成立するためには、①構成要件該当性、②違法性、③有責性の三つの要件をすべて満たす行為でなくてはならない。そのいずれかを一つを欠いても法律上は犯罪として罰せられることはないのである。

(イ) 構成要件該当性

構成要件とは違法行為（犯罪）の類型のことで、たとえば同じように人を死なせる行為であっても構成要件が異なれば別の犯罪となる。刑法では、殺意をもって他人を殺す殺人罪（一九九条）と故意にけがを負わせその結果死なせてしまう傷害致死罪（二〇五条）とでは異なる犯罪類型となる。同様に、不注意で人を死なせてしまうと過失致死罪（二一〇条）にあたるが、自動車運転中の過失で人を死なせると過失運転致死傷罪（自動車運転死傷処罰法五条）となる。構成要件はある行為がどのような犯罪であるかを判別する基準としての役目を果たすのである。

(ウ) 違法性

また、ある行為が構成要件に該当していても犯罪となるには、その行為が違法なものでなくてはならない。違法とは、社会的な非難可能性《ひなんかのうせい》のことをいう。刑法は、かかる違法性が認められない場合について、①警察官による逮捕・捜索などのように法が業務として認めた法令行為や医師による手術、相撲やプロレス、プロボクシングの試合のように業務として行う**正当行為**（三五条）、②急迫不正の侵害に対して自己または他人の権利を防衛するためにやむをえないで行った**正当防衛**（三六条）、③自分や他人の生命、身体、自由、財産に対する現在の危難を回避するためにやむをえずに行った**緊急避難**《きんきゅうひなん》（三七条）をあげている。これらを社会的には非難できない**違法性阻却事由**という。

それとともに、違法性に関しては**可罰的違法性**《かばつてきいほうせい》の問題がある。これは、構成要件に該当する行為をしているけれども、**違法性の程度が低い場合**に犯罪とすることはできないということである。判例では、煙草を栽培した者はその葉をすべて政府に売り渡さなくてはならないところその一枚（当時の価格で一厘）を自分で消費した事件において、それは罰するほどの行為ではないとして**無罪**を言い渡している（大判明治四三・一〇・一一）。

(エ)　**有責性**　責任とは、行為者に対する非難可能性のことであり、犯罪は行為者自身に**責任能力**（行為の善悪を判断する能力）がない場合にはその者を非難することができず成立しない。これは社会的に非難されるべき「責任なければ刑罰なし」とする近代法の原則でもある。**重い精神病**を病んでいる人や**子ども**の行為は、**非難可能性**（有責性）は低くなるのである。刑法は、**心神喪失者**《しんしんそうしつしゃ》または**心神耗弱者**《しんしんこうじゃくしゃ》の行為は罰しない（三九条一項）または刑を軽減するとし（同条二項）、**一四歳未満の行為**は罰しないとしている（四一条）。これらの人たちは、犯罪者ではないが、心神喪失者（等）医療観察法や少年法等によって処遇されることになる（⇒第12講3(1)）。

(3)　社会生活を乱す有害な行為（犯罪）には三つの類型がある

(ア)　**法の保護する法益**　現在多くの犯罪が法律によって定められているが、犯罪を分類する場合、法が刑罰を使ってどのような利益を保護しようとしているかを基準にすることがある。これを**保護法益による分類**といい、①個々人の具体的な利益を保護するための**個人的法益**、②個人が安心して健全な共同生活を営めるよう社会全体としての利益を保護するための**社会的法益**、③政治社会としての国家の存立や作用を保護するための**国家的法益**の三種類に分類される。

(イ) **個人的法益に関する犯罪**　多くの犯罪は個人的法益に関するものである。これには、①**生命・身体に対する罪**(殺人、傷害、暴行、強姦)、②**個人の自由や平穏な生活に対する罪**(逮捕、監禁、誘拐)、③**財産に対する罪**(窃盗、強盗、詐欺)、④**名誉・信用に対する罪**(名誉毀損罪、信用毀損、業務妨害)等がある。さらに特別法による各種の犯罪も存在する。

(ウ) **社会的法益に関する犯罪**　社会的法益に関する犯罪としては、①**公衆の安全に対する罪**(騒乱《そうらん》、放火、往来妨害《おうらいぼうがい》)、②**風俗秩序に対する罪**(わいせつ、賭博《とばく》)、③**経済的信用秩序に対する罪**(通貨偽造《つうかぎぞう》、有価証券《ゆうかしょうけん》の偽造《ぎぞう》)等がある。放火罪は個人的法益にも関係するが、一般多数の生命、身体、財産を危険にさらす罪としてここに分類される。また、賭博罪は**被害者なき犯罪**(victimless criminal)といわれるけれども、市民一般の人々の勤労意欲を減退させ健全な社会生活を害すると考えられる。

(エ) **国家的法益に関する犯罪**　国家的法益に関する犯罪としては、①**国家の存立に対する罪**(内乱《ないらん》、外患《がいかん》)、②**国家作用に関する罪**(贈賄《ぞうわい》、偽証、公務執行妨害)等がある。**内乱罪**は日本の統治機構を破壊する目的で暴動を起こす罪をいい、**外患罪**とは外国と通じて日本の安全を侵害する犯罪である。これらの犯罪は日本国憲法が定める**国家の基本秩序**を破壊し、多くの国民の生命、自由、財産を侵害するために重罰が科せられている。また、**贈賄罪**は国家(政府)としての公正・公平な活動を腐敗させ、民主政そのものを阻害する犯罪といえる。

(4) 刑罰の役割には応報刑主義と教育刑主義の二つがある

(ア) 応報刑主義　刑罰は、犯罪者が行った**犯罪に対する報い**としての役割を果たすものであると考えられる。これを応報刑主義という。応報である限り正義の実現のためには犯した罪と刑罰とは均衡がとれていなければならないことになる（比例原則）。たとえば、江戸時代にみられたような窃盗犯の死刑は、罪と罰との均衡を欠いており近代法の下では許されないことになる。また、刑罰は、犯罪を行えばその応報として処罰されることを一般に知らせ、そのために**犯罪を抑止する効果**をもつと考えられる（**一般予防効果**）。

(イ) **教育刑主義**　つぎに、刑罰は、犯罪者の反社会的な危険性を矯正し、改善すべく教育し、**更生させて社会に戻す役割**も果たすと考えられる。これを教育刑主義という。犯罪は、精神的ハンディキャップ、性格の異変等の内的要因、社会環境、失業、貧困、家庭内の問題等の外的要因によって生じるものであり、単に応報的に刑罰を科すだけでは予防的効果は期待できず、犯罪者を健全な社会人として復帰させる必要があると主張する。この場合、刑罰には一般国民への犯罪抑止効果ではなく、個々の犯罪者の**再犯を予防する効果**が認められるというものである（**特別予防効果**）。

(5) 刑罰は生命刑・自由刑・財産刑に分類される

(ア) **生命刑**　現行刑法は、死刑・懲役・禁錮・拘留・罰金・科料・没収（付加刑）の**七種の刑罰**を規定している（刑法九条）。これ以外の刑罰は課せられないことになる。まず生命刑とは受刑者の**生命を奪う刑罰**、すなわち**死刑**のことをいう。現在の日本において死刑は絞首で執行されている。死刑が日本国憲法三六条の禁じる「残虐な刑罰」にあたるかどうかについて、最高裁判所は、先にみたとおり合憲であると判断している（最大判昭二三・三・一二）。

(イ) **自由刑**　自由刑とは**身体の自由を奪う刑罰**のことで、**懲役**《ちょうえき》、**禁錮**《きんこ》および**拘留**《こうりゅう》がある。懲役の場合には刑務作業が強制され、禁錮では強制されず、受刑者が希望すれば可能となる。政治的確信をもって行われる内乱罪や公務執行妨害罪等は禁錮刑しか定めがなく、また、過失犯に自由刑を処す場合にも禁錮が選択されることがある。懲役、禁錮ともに**無期刑**と**有期刑**があり、有期刑は二〇〇四年に一月以上二〇年以下に改正された（それまでは上限は一五年だった）。無期刑はいわゆる終身刑とは異なり、模範囚等の事情があれば二〇数年で仮釈放されることもあり、拘留は一日以上三〇日未満拘置場に収容するもので、侮辱罪《ぶじょくざい》や軽犯罪法違反の罪のような犯罪について科される。

(ウ) **財産刑**　財産刑とは**財産を奪う刑罰**であり、**罰金**《ばっきん》、**科料**《かりょう》、**没収**《ぼっしゅう》の三種類がある。**罰金**は一万円以上（刑法一五条）で上限はなく、**科料**は千円以上一万円未満である（同法一七条）。なお、罰金、科料を支払えない場合には、刑務所に附設される労役場において刑務作業に就くことになる。**没収**は、犯罪者が殺人で使用した凶器や麻薬売買で得た利益等を**国のものとする処分**である。ただし没収は、独立して科されるものではなく、死刑や懲役、禁錮などの主刑に加えて科される**付加刑**であり、その他の刑罰を**主刑**という。

(6) 社会のなかで犯罪者を更生させ教育する制度が執行猶予と仮釈放である

(ア) **執行猶予**　犯罪者に厳罰を科しても、かならずしも犯罪を抑止できるとは限らず、**社会のなかで犯罪者を更生させる制度**がある（刑法二五条）。そのうち、執行猶予は、一定の懲役、禁錮もしくは罰金刑の言渡しを受けた者について情状により**一定期間刑の執行を猶予**し、その期間を何事もなく経過したときは、**刑の言渡し**は当初よりその**効力を失う制度**である。犯罪者を更生させるために、執行猶予期間中に**保護観察処分**が付されることがある。

(イ) **仮釈放**　つぎに、**刑期の途中**で受刑者が刑務所などから**釈放**される場合があり、これを仮釈放《かりしゃくほう》という（刑法二八条）。仮釈放は自由刑に処せられた者に「**改悛の状**《かいしゅんのじょう》」が認められるような場合に刑期途中で釈放し、残った期間を何事もなく過ごせば**刑の執行が終了したものとする制度**である。仮釈放の決定は、地方更生保護委員会が行うことになっている。仮釈放中は保護観察に付され、罰金以上の刑に処せられた場合には決定が取り消され、残りの期間刑の執行を受けることになる。

4 人の「甦《よみがえ》り」と更生保護制度

(1) 犯罪者は更生して社会に復帰しなければならない

(ア) 更生保護の歴史　人は犯罪を犯すと当然厳しい処遇により罪を償わなくてはならない。犯罪者が罪を償って社会生活に復帰するとしても、厳しい現実が待ち受けており、社会的弱者としての立場で更生していかなくてはならないことになる。本書では、これらの人たちを**犯罪更生者**《はんざいこうせいしゃ》と呼ぶが、かれらを保護する歴史をたどれば、古くは日本書記や徳川時代の火付盗賊改役・長谷川平蔵が犯罪人だった者や無職・浮浪人を保護する施設として、一七九〇（寛政二）年、江戸の石川島（佃島）に人足寄場を設けて犯罪者を保護し、社会の治安維持を図ったことなどに遡《さかのぼ》ることができる。

近代的な更生保護思想の源流は、一八八八（明治二一）年に金原明善らを中心とした民間人が監獄教誨《かんごくきょうかい》と免囚保《めんしゅうほ》護《ご》を目的として設立した静岡県出獄人保護会社に求められる。明治以降、このように始まった更生保護事業は、その後も民間の力によって拡大する一方でしだいに国の刑事政策のなかに取り込まれていったのである。

(イ) 現行の更生保護制度　第二次大戦後、ＧＨＱの占領統治下において、憲法とともに刑事司法の分野における刑事訴訟法、少年法等についても大きな改革が行われた。更生保護に関しては、一九四九年に**犯罪者予防更生法**が制定され新たな国の制度として更生保護が成立した。翌一九五〇年には**更生緊急保護法**、**保護司法**が相次いで制定され、更生保護会（更生保護施設）と保護司の民間における更生保護の実施機関の整備がなされ、一九五四年の刑法の一部改正、**執行猶予者保護観察法**の制定、一九五八年の売春防止法の制定等をまって、成人、少年、仮釈放者、執行猶予者等広く保護観察の対象を広げて今日に至っている。

その後、一九九六年には更生保護法人制度の創設などを内容とする**更生保護事業法**が施行され、一九九九年には保護司法の一部が改正され保護司組織である保護司会および保護司会連合会の法定化がなされるなどの動きがあった。そして、二〇〇七年六月、従来の犯罪者予防更生法と執行猶予者保護観察法を整理・統合し「**更生保護法**」が制定され、二〇〇八年六月一日から全面施行された。更生保護法では、仮釈放について被害者等の意見を聞くといった**犯罪被害者**が関与する制度等が導入されることになったことが注目される（三八条）。

(2) 更生保護は刑事司法と司法福祉の制度である

(ア) 更生保護の憲法的意義　日本国憲法は、人であることにより誰もが基本的人権の享有主体であることを保障、それは社会的弱者としての犯罪更生者もその例外ではない。刑務所を出たばかりの元受刑者たちは、多くは親、兄弟からも見放され、身寄りがなく、居場所もない。仕事を探し、住居を見つけ、即座に社会生活をしていくには厳しい現状がある。そのため刑務所が一番暮らしやすい所になって、再び犯罪をおかすおそれもある。このような犯罪を犯した者の「**甦り**《よみがえ》」を目的とする更生保護は、①**再犯の予防**（prevention）、②**社会復帰**の支援（rehabilitation）、③**福祉・保護**（welfare）を内実とするものであり、①については国家の刑罰権から派生する刑事政策の課題であるとしても、②と③については福祉政策の範疇にあるものとしてとらえることができる。このことは、戦後の新しい更生保護制度の創設のときから議論されていたことであり、憲法上は**犯罪更生者の生存権**（二五条）の問題として位置づけることができる〔⇒第**14**講**3**(2)〕。

(イ) 更生保護の目的　現在の**更生保護の基本法**である**更生保護法**は、「犯罪をした者及び非行のある少年に対し、社会内において適切な処遇を行うことにより、**再び犯罪をすることを防ぎ**、又はその非行をなくし、これらの者が善良な社会の一員として**自立し**、**改善更生**することを助けるとともに、恩赦の適正な運用を図るほか、犯罪予防の活動の促進等を行い、もって、社会を保護し、個人及び公共の福祉を増進することを目的とする」（一条）と規定されている。

(ウ)　**更生保護の内容**　右の更生保護法を受けて国が実施する更生保護の主な内容として、①犯罪をした人または非行のある少年が実社会のなかでその健全な一員として更生できるように国の責任において指導監督および補導援護を行う**保護観察**《ほごかんさつ》（保護観察処分少年、少年院仮退院者、仮釈放者、保護観察付執行猶予者および婦人補導院仮退院者がその対象となる）、②保護観察に付されている人や刑事手続等による身体的拘束を解かれた人で援助や保護が必要な場合に食事または食費の給付等の措置を受けることができる**更生緊急保護**、③矯正施設に収容されている人を収容期間満了前に仮に釈放して更生の機会を与え、円滑な社会復帰を図ることを目的とした刑事施設等からの**仮釈放**、少年院からの**仮退院**等（仮釈放などの期間中は保護観察に付されることになっている）、④刑事施設や少年院などの**矯正施設**《きょうせい》にいる人の釈放後の住居や就業先などの帰住環境を調査し、改善更生と社会復帰にふさわしい生活環境を整えることによって、仮釈放等の審理の資料等にするとともに円滑な社会復帰を目指す**生活環境調整**、⑤裁判手続によらずに刑事裁判の内容を変更し、その効力を変更もしくは消滅させる**恩赦**《おんしゃ》、⑥犯罪や非行を発生させないために、国民の理解促進や犯罪の原因となる社会環境の改善等に努める**犯罪予防活動**等があげられる。

(エ)　**更生保護の組織**　国の制度としての更生保護は、①仮釈放、保護観察、恩赦、犯罪予防活動および精神保健観察に関する企画・立案などの事務を行う**法務省保護局**、②各高等裁判所の管轄区域ごとに全国八カ所に設置され、仮釈放および仮出場の許可ならびに仮釈放の取消し、少年院からの仮退院および退院の許可等を決定する**地方更生保**

▼用語解説11　保護司とは

保護司は、犯罪や非行をした人の立ち直りを地域で支える民間の更生保護ボランティアで、保護司法に基づき、法務大臣から委嘱された非常勤の国家公務員とされているが、給与は支給されない。保護司は、民間人としての柔軟性と地域の実情に通じているという特性を活かし、保護観察官と協働して保護観察にあたるほか、犯罪や非行をした人が刑事施設や少年院から社会復帰を果たしたとき、スムーズに社会生活を営めるよう、釈放後の住居や就業先などの帰住環境の調整や相談を行っている。このような保護司は、全国に約四万八〇〇〇人いる。

護委員会、③各地方裁判所の管轄区域ごとに全国五〇カ所に置かれ、更生保護および精神保健観察の第一線の実施機関として、保護観察、環境調整、更生緊急保護、恩赦の上申、犯罪予防活動、精神保健観察等の事務を行う**保護観察所**が組織として担っている。

(オ) **更生保護の担い手**　更生保護にたずさわる国の職員としては、地方更生保護委員会の事務局と保護観察所に配置されて心理学、教育学、社会学などの専門的知識に基づき保護司と一緒になって犯罪や非行をした人たちを社会生活のなかで指導・援助し、犯罪非行の予防に関する事務などを行う**保護観察官**と精神障害者の保健および福祉に関する専門的知識を有し**心神喪失者等医療観察法**に基づく処遇に従事する専門職員として保護観察所に配置される**社会復帰調整官**がいる。

保護観察や犯罪予防等の更生保護活動は、国の機関だけでは十分な効果をあげることが困難であり、**保護司制度**や**更生保護法人**、**更生保護女性会**、ＢＢＳ等の民間団体や保護司等の更生保護ボランティアに引き継がれている。

5　今後の課題

(1) **日本国憲法の下で更生保護制度は十分認識されているか**

日本国憲法の下では、「罪を憎んで人を憎まず」のとおり更生して社会に復帰を目指す**犯罪更生者**も憲法で保障される**人権の享有主体**であることが認識されなくてはならない。その意味において、「健康で文化的な最低限度の生活を営む権利」(生存権)やプライバシーの権利がどのように保障されているかが問題となる。

刑務所等の矯正施設から出所した人のなかには、帰住先が確保できないまま再犯に至ることが多数にのぼり、そのような者たちが刑務所への入退所を繰り返すことが問題となっている。それゆえに生活の基盤となる「住居」や「仕事」を確保することは、刑務所等からの出所者の再犯防止を図るうえで欠かすことができない事柄である。そのために、国の委託を受けた更生保護施設が中心となって出所者を保護し、社会生活に適応させるための生活指導等を行っているのである。このように更生保護制度は、国の責任によってその対象となる人たちの再犯防止（**刑事司法**）のみならず社会復帰支援（**司法福祉**）のための役割を担うものであり、その取組みについては、日本国憲法の下での個人と国家・社会との関係性の認識を基に安全な社会生活を保障するべくいっそうの充実が図られていかなくてはならないのである。人としての犯罪者の処遇は、警察や検察が捜査し、訴追し、裁判所が有罪、無罪を決定して終わるのではなく、その後の施設内の矯正や社会における処遇等をふくめて、再犯の防止をも念頭に置いてはじめて成し遂げられるのである。このことは、戦後七〇年、日本社会は諸外国に比べて治安秩序が保たれてきたことが誇りであったが、グローバル化の時代を迎えて多種多様な情報や価値観と遭遇することが余儀なくされ、本書でいうところの**内なる「平和」の実現**にむけて、これまでの施策に加えてさらに国として積極的に取り組まなくてはならない重要な課題であるといえる。

(2)　犯罪被害者やその家族の人権は保障されているか

殺人、暴行、傷害、性犯罪、交通犯罪等による犯罪被害者やその家族は、直接的な被害のみならず、被害後に生じる二次的被害といわれる様々な問題に苦しめられている。**二次的被害**とは、被害にあったことによる精神的・肉体的な苦痛や変調、捜査・裁判の過程での負担、周囲からの誹謗中傷、マス・メディアの報道等によるプライバシーの侵害等である。また、経済的にも生活が苦しくなる被害者やその家族もいる。さらには深刻な被害にもかかわらず周囲との接触をためらったり、自ら孤立してしまうケースも散見される。

このような現状に対して、被害者団体等が、犯罪被害者やその家族が置かれている深刻な状況等を訴え続けた結果、社会的な関心が高まり、二〇〇五年に犯罪被害者等基本法が施行された。国は基本計画を策定し、犯罪被害者等のための施策を推進している。地方公共団体においても、このことを犯罪被害者やその家族の人権問題としてとらえ支援活動が進められている。

すでに一九八一年に「犯罪被害者給付支給法」（二〇〇一年の改正により医療費の支給も認められた）が制定されていたが、二〇〇八年に犯罪被害者等保護二法が施行され、犯罪被害者の権利保護として、①被害者等の裁判参加（検察官の側に座っての被告人への質問、尋問、量刑意見）、②刑事裁判の証拠を利用した損害賠償請求、③裁判での被害者氏名の非公開、④記録の閲覧・コピー、⑤テレビモニターを利用した尋問（ビデオリンク方式）、⑥公費による被害者参加弁護人の選任等が認められた。犯罪被害については、誰もがその被害者となる可能性があり、他人事としてではなく、自らの憲法上のプライバシー権や生存権等の人権問題として、理論的にもその保護と支援についてさらなる認識が求められているのではないだろうか。さらには、犯罪被害者が犯罪加害者と面接交渉する修復的司法の方法も積極的に考えていくべきではないだろうか。

第14講　少子高齢社会と三つの自由について
——「国家からの自由」「国家による自由」「国家への自由」

1　人口の減少は将来の日本社会にどのような影響を及ぼすであろうか

二〇一四衆院選・問われる争点／中　社会保障　増税先送りで見直しに／山梨

甲府市内の公営団地に1人で暮らす女性（83）は夕暮れ時が近づくと、自宅から徒歩10分程度のスーパーに足を運ぶ。消費税が8%になった4月以降、消費期限が近づき値引きした食材や、閉店間際のタイムセールなどを活用する。女性の収入は月6万円程度の年金のみ。「切り詰めるとしたら、食費しかない。年金暮らしは大変」とぼやいた。

公的年金は、減額が続いている。年金支給額は本来物価と連動するが、過去の物価下落時に引き下げなかった分（計2・5%）を2013～15年度に引き下げる。これにより来年4月は0・5%を引き下げることがすでに決まっている。さらに同じタイミングで年金の伸びを物価の伸びより低く抑える制度（マクロ経済スライド）が初めて発動される見込みだ。……「これ以上、受給額が減っては困る。安定した年金制度にしてほしい」と話した。

一方、消費税率アップが先送りされたことで、社会保障制度への影響が懸念されている。増税は、急速な少子高齢化に伴う負担増に対応するための「税と社会保障の一体改革」の一環。税収は年金、医療、介護、子育ての4分野に充てることが法律で決まっている。この「改革」は中高所得者の負担増と同時に、増税で得られたうちの1・8兆円（15年度）を主に低所得者の負担減や給付増につながる「充実」に振り向ける予定だった。ところが増税が先送りされ、政府は充実の優先度で見直しを迫られている。

定まらない方向性に、市町村も対応に頭を抱える。増税分の一部は地方財源に回るためだ。甲府市は10%への引き上げを見越して10月から予算書を作り始めていた。ところが国が先延ばしを決めたことで、急きょ税率を8%に戻して計算し直している。市は「どのメニューが残るのか、1月中に決定しないと新年度予算に反映できない」と気をもむ。

年金では、低所得高齢者に月最大5000円を支給する新制度の創設や、年金を受け取れない人を減らすために保険料の納付期間を現行の25年から10年に短縮する施策などは、先送りが検討されている。ただ、衆院選を前に高齢者らの反発も予想され、赤字国債の発行による財源確保案も浮上しており、枠組みが流動的だ。

〔毎日新聞2014年11月30日付より〕

日本は、少子高齢化が進むなかで、欧州先進国と比べて若年層より高齢者に年金、医療、介護等について手厚い給付が行われている、と批判されることがある。これまで選挙で強い影響力を発揮する高年齢者層に対して政治的に厳しい選択をあまり実行してこなかった経緯もあり、社会保障給付における高齢者重視の姿勢がうかがえる。だが、将来、自らの家庭を持ち、少子高齢社会を支えていかなくてはならない若い世代こそが投票に参加し、選挙を通じて政治的にもっと自己主張することが求められる。

2 国家からの自由について（財産権）——自由権的基本権

(1) 財産権は「神聖不可侵」であるとともに「義務」を伴う

(ア) **人間社会と経済活動**　人の生活と社会を支える基盤は経済であって、資本家と労働者を生み出した資本主義経済社会においては、獲得された**財産**（経済的価値のあるもの）に対する自由な使用、収益、処分の権能（私的所有権）が認められなければならず、近代市民社会が成立したとき、財産権が「**神聖不可侵の権利**」として主張されるようになった。

(イ) **財産権の意味**　すなわち財産権とは、**財産を取得、所有、管理、収益または処分する権利**をいう。財産権が史上初めて独立した人権としての地位を得たのは、一七八九年に採択されたフランス人権宣言においてであった。同宣言一四条は、「所有権」を「侵すことのできない神聖な権利」と謳《うた》っている。近代立憲主義憲法において、「**国家からの自由**」すなわち**自由権的基本権**の一つとしての財産権が確立したのであった。

(ウ) **レッセフェールの弊害**　だが、近代市民国家による財産権の絶対的な保障はやがて資本主義の高度化をもたらし、それとともに著しい**富の偏在**や**社会的不公平**を生み出した。その結果、財産権の保障も、社会国家の理念に立脚して修正されざるをえなくなった。一九一九年のワイマール憲法は、法律の範囲内で制度としての所有権を保障しながらも、「所有権は義務を伴う。その行使は、同時に**公共の福祉**に役立つことを要する」（一五三条三項）と定めている。

(2) 国家は経済市場へ積極的に介入して富の分配を試みる

(ア) 財産権保障の意味　日本国憲法は、「財産権は、これを侵してはならない」（二九条一項）と規定し、①個人が財産を取得、所有、管理または処分をする権利（具体的には、所有権、抵当権、借地権、借家権、永小作権などの物権、債権、著作権、特許権などの無体財産権、鉱業権、漁業権など経済的な価値を有するすべての具体的権利）の保障、および、②個人の財産権の行使を可能にする法制度、すなわち、私有財産制の保障という二つの意味をもつものである。憲法は、個人の私的な財産だけでなく、私有財産を憲法上の制度として保障する規定であるゆえに、現行の憲法規定を改正することなく財産制度を否定することは不可能であり、国家が正当な補償なくして個人の財産を没収することはできないのである（二九条三項）。

(イ) 財産権の公共性　財産権が、他の人権と同じように「公共の福祉」の見地からの一般的な制約（消極的・警察規制）に服するのはいうまでもないが、とくに日本国憲法二九条二項の「公共の福祉」は、社会国家の理念に基づく社会・経済政策的な目的のための財産権の規制（積極的・政策的規制）を可能にするために定められたと解されている。

(ウ) 経済的弱者としての労働者の保護　財産権の保障は、財産を有する資本家や地主等の富裕層にとっては意味のあるものであったが、一般人や労働者が「神聖不可侵の権利」として保障されるほどの財産をもっているわけではなかった。むしろ、これらの富裕層に対する財産権の保障は、労働者など経済的弱者である人たちの生活（生存）を脅かすものであったといえる。そのため国家は、富の公平な分配のために積極的に労働市場へ介入し、弱い立場の人たちの生活に配慮することが求められるのである。二〇世紀になって各国の憲法が財産権の「神聖不可侵」性を修正し、包括的な社会保障制度を採用し始めたのは、このような人としての社会的な「生存」に配慮したためであった。

3 国家による自由について（生存権）——社会権的基本権

(1) 人権保障は自由権的基本権から社会権的基本権へと展開してきた

(ア) 一九世紀型憲法　歴史的に一九世紀の憲法は、国家は市民の安全と自由を守る役割さえ果たせば十分であり、できるだけ個人の私的領域には入り込まない「小さな政府」であることが望ましいという**自由国家または夜警国家と称される国家観**に基づいていた。そのため、国家の市民社会への介入を排除することによる自由利益の実現すなわち**「国家からの自由」**（自由権）という点のみが権利（法）として正面に出され、一九世紀型憲法における基本的人権は、前述のように、国家の介入を排除する**「市民」の「自由」の保障**という自由権的基本権の文脈のなかでとらえられていた。

(イ) 二〇世紀型憲法　ところが、二〇世紀に入ると、経済市場における私人の自由な商品取引を基調とする資本主義経済の発展は、資本家と労働者という階級対立、不況時における失業者や貧困者の出現、また独占市場の形成などから、その自律性はくずれ、国家の経済活動への介入と社会保障等を求める考え方（**社会国家または福祉国家という国家観**）が現れてきた。つまり、国家の介入を排除して「自由」を実現する一九世紀型憲法から国家による市民社会への積極的な介入による自由利益の実現すなわち**「国家による自由」**（社会権）を求める**社会権的基本権**を含めた二〇世紀型憲法へと変化することとなったのである。

(2) 生存権の規定は日本国憲法の制定過程において国会で独自に導入された

(ア) 第九〇帝国議会での修正　一八八九年に公布された明治憲法では、社会権的基本権についての規定はなかった。また、**生存権**も、当初、総司令部（ＧＨＱ）のマッカーサー草案にはなかったが、第九〇帝国議会における衆議院の審議において提案され、その後、貴族院での審議を経て、日本国憲法二五条として規定される正式な条文となった。このことは、日本国憲法がＧＨＱの押しつけではなく、わが国独自の憲法であることの証拠の一つとして主張される。なお、憲法二五条以下の教育を受ける権利（二六条）、労働基本権（二七条・二八条）も、社会権という人権カタログのなかに位置づけられている。

(イ)　**生存権の法的意味**　日本国憲法における社会権的基本権の中心である「健康で文化的な最低限度の生活を営む権利」としての生存権は、国の積極的な配慮を求める権利ではあるが「具体的な請求権」ではなく、一般には法的拘束力をもたないプログラム規定と解されている。これには、「憲法の当該規定は、単に国家に対する政策の方針・目標を示すだけ」という**プログラム規定消極説**の立場と、「プログラム規定である政策の方針・目標が法律によって具体化された場合、当該規定は国家に対する法律上の具体的義務となり、国家がこれを履行しなければ個人に対してその履行をその法律に基づいて請求できる具体的権利を生ずる」と考える**プログラム規定積極説**（**抽象的権利説**）の立場がある。憲法二五条について、最高裁は、生存権の具体的権利性は「憲法の規定の趣旨を実現するために制定された**生活保護法**によって、はじめて与えられている」（最大判昭四二・五・二四）とし、プログラム規定積極説の立場をとっている。

(3)　少子高齢社会における社会保障は困難をきわめる

(ア)　**社会保障制度**　憲法二五条一項の趣旨を実現するため、二項は、国に生存権の具体的な実現のために努力する義務を課している。それにより、生活保護法、児童福祉法、老人福祉法、身体障害者福祉法、国民健康保険法、国民年金法、厚生年金保険法、雇用保険法、介護保険法等などの各種の社会保障制度が設けられている。このことは、

日本の少子高齢社会への人口ピラミッドの推移（1990年・2010年・2050年）
〔出典：総務省統計局より〕

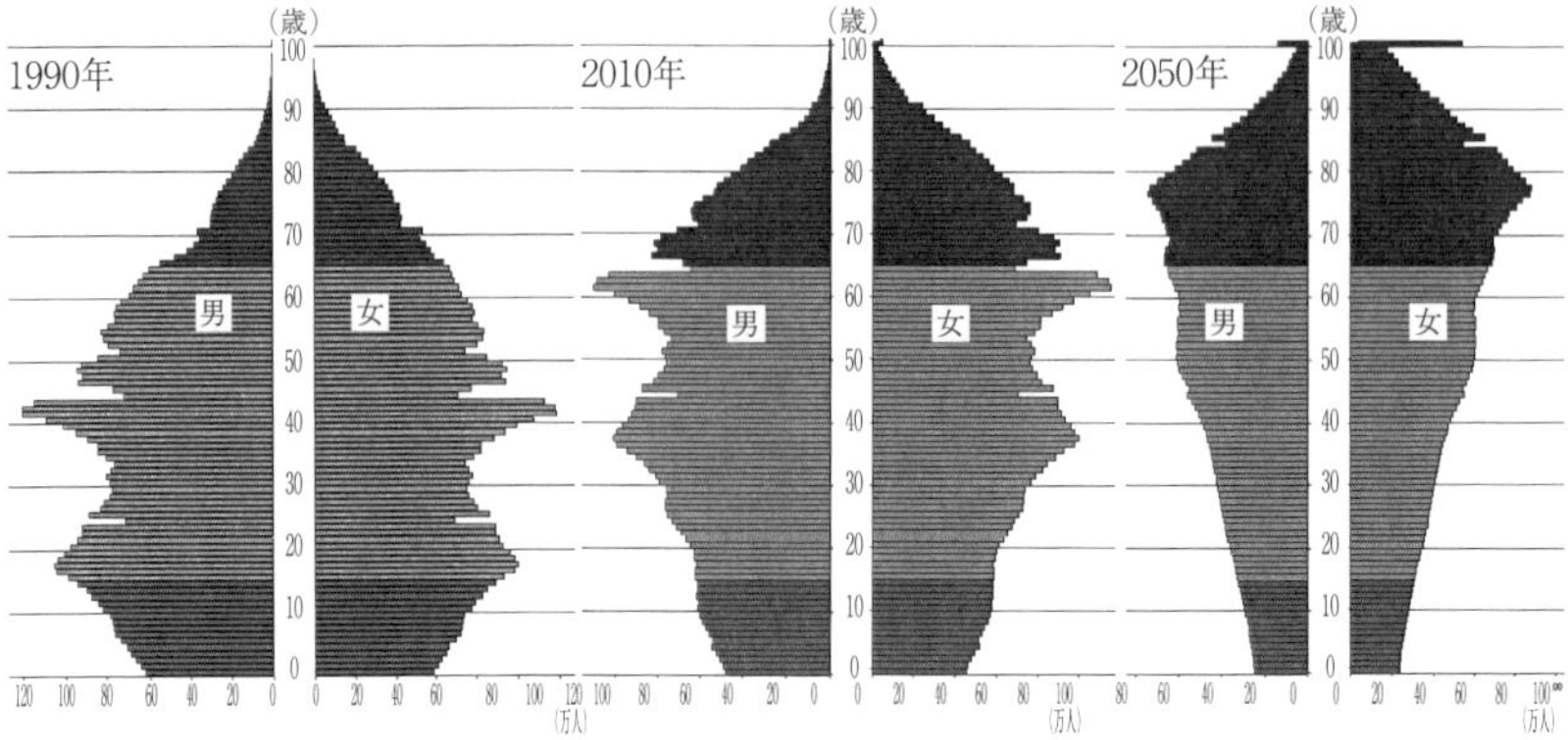

結果の平等の実現というよりは、社会共同生活を営む個人の最低限度の生活を保障する「自由のセーフティネット」として考えるべきものである。

(イ) **超高齢化社会への対応**　だが、このように生存権保障の実現が図られているものの、社会の**高齢化と少子化**が劇的に進む状況下において、国の財政事情は悪化し、現実の問題として大きな課題が突きつけられている。さしあたりは、年金制度への影響は避けられないとされる。これらの解決は、重要な政治課題の一つであり、社会保障制度全般の見直しについても検討が必要となってきている。

4 国家への自由について（政治参加の権利）――参政権的基本権

(1) 有権者団としての「国民」はさまざまな権能を有する

(ア) **国民の政治参加の意味**　憲法前文一節および一条は主権が国民に存する（国民主権）と定めている〔⇒第3講3(1)(2)〕。このことは、主権者としての「国民」が抽象的な存在ではなく、その権限を統一的かつ具体的に行使する「国民」となって初めて実現するのである。すなわち、日本国憲法における「国民」は、主権者として直接または間接的に**国家の統治作用に参加する権利**を保障されることになる。日本国憲法では、**代表民主制**を原則とし、それを補完するため、憲法改正（九六条）、地方特別法の制定

（九五条）のような重要事項についてのみ例外的に**直接民主制**を規定している。このような国民の公的領域への参加の権利を「**国家への自由**」（参政権的基本権）という。

(イ)　有権者団としての「国民」　国家の最高の意思決定をする国民主権を具体化するために、その代表者を選定する選挙を行い、そのさい、国民がこの選定行為に参加して投票する権利（資格）を**選挙権**（**投票権**）という。また、選挙に立候補する権利（資格）を**被選挙権**といい、憲法はこれらを「国民固有の権利」である重要な基本的人権としている（一五条一項）。選挙は有権者が集団で代表者たる公務員を選定するものであり、このとき国民は**「有権者団」という一つの国家機関**となる。有権者団は、日本国民の満一八歳以上の成年者で、原則として、選挙人名簿に登録されている者によって構成されることになっており（公職選挙法九条）、当然のことながら、これは、かならずしも全体としての「国民」と同一というわけではない（⇒第**8**講**4**(1)）。憲法は、**有権者団の権能**として、①主権者である国民による直接の判断である**憲法改正権**（九六条）、②裁判官に対する解職請求として最高裁判所裁判官を罷免するための**国民審査**（七九条二項）、③国会議員の選挙権（四三条）、④住民として直接選挙にかかわる**地方公共団体の長および議員等の選挙権**（九三条二項）、⑤地方特別法の**住民投票権**（九五条）を規定するのである。ただし、その他の大多数の公務員（行政公務員、下級裁判所裁判官など）の任免は、「国民」以外の機関によって行われている。

▼用語解説12　有権者団とは

憲法制定にあたった「国民」は、憲法制定権力をもつ抽象的な集団としての国民であったが、成立後の日本国憲法の下においては主権者として国家の統治のあり方を最終的に決定する集団となり、その集団は、国家という法人における「最高意思決定機関」ということになる。国民は、具体的な議員の選挙権、憲法改正権等の権利を有するのであり、国家における有権者団という一つの機関、統一的・具体的な「国民」となる。すなわち、「有権者団」とは、主権者である国民が統治に関する意思表示を行うため、一定の判断能力をもつ個人の有権者によって構成される国家の最高意思決定機関となることをいうのである。この有権者の資格は、二〇一五年の公職選挙法の改正によって日本国民の満二十歳以上から満一八歳以上に引き下げられた。

(2) 民主政の存立にとって公正な選挙が行われなければならない

(ア) **選挙活動の公正**　有権者がどの候補者に投票するかを正しく決定するためには、十分な判断材料（情報）に接することが必要とされる。そのために、日本国憲法は、言論・出版などを通じての**選挙活動の自由**を保障している（二一条）。しかし、その一方で、選挙活動がまったく放任され、無秩序状態になると、政治の腐敗が生じ、あるいは財力によって政治が不当に支配されるおそれがでてくることにも注意しなくてはならない。公職選挙法による**選挙運動の制限**には、①個別訪問の禁止（一三八条一項）、②文書図画頒布・掲示の制限（一四二条・一四三条）、③事前運動の禁止（一二九条）等があり、**公正な選挙**の実現に資するものとされている。そして、実際の選挙については、次のような**憲法上の原則**がある。

(イ) **普通選挙の原則**　日本国憲法は、公務員の選挙について、「成年者による普通選挙」によらなければならないと規定している（一五条三項）。もともと「**普通選挙**」とは、納税額や財産を選挙権の要件とする「**制限選挙**」に相対するものであり、日本において、成年者による普通選挙が採用されたのは、一九四五年一二月一五日のいわゆる**新選挙法の成立**によるものであった。これにより初めて**婦人参政権**が認められ、憲法は、衆参両議院の国会議員およびその選挙人の資格については、「人種、信条、性別、社会的身分、門地、教育、財産又は収入によつて差別してはならない。」（四四条但書）として、重ねて普通選挙の原則を宣言している。

(ウ) **秘密投票の原則**　憲法は、**有権者の自由な意思**に基づく投票を確保するために「すべて選挙における投票の秘密」を侵してはならないとして、これを明文で保障している（一五条四項）。秘密投票とは、**誰が誰に投票したかが投票者以外にはわからない投票**のことをいう。これは、主として社会における弱い立場にある者の自由な投票を確保し、買収や威嚇《いかく》等の不正行為を防止するためのものであり、選挙が強者によって歪められることのないようにするものである。また、選挙は、この国の政治社会の構成員としての**公務的側面**をもっているが、投票は義務ではなく、あくまでも個々の有権者の**自由な意思**によって**行われる権利**であり、公明な選挙の実現にはそのほうが望ましいとの判断から、**任意投票制**が一般的である。

(エ)　**直接選挙の原則**　選挙には選挙人が代表者を直接選挙する方法（**直接選挙制度**）と、選挙人がまず中間選挙人を選び、その中間選挙人が代表者を選挙する方法（**間接選挙制度**）があり、憲法は、地方公共団体の長、議会の議員などの選挙については、明文で直接選挙としている（九三条二項）。国会議員については、「選挙された議員」（四三条）というだけで、その選挙が直接選挙でなければならないのか、あるいは間接選挙であってもよいのかはかならずしも明確ではないが、国民主権原理からは、間接選挙は憲法上の根拠がなければ許されないと解すべきである。現行の**比例代表制**は、中間選挙人に議員を選ばせるという間接選挙とは性質を異にするものと考えられる。

(オ)　**平等選挙の原則**　平等選挙とは、すべての選挙人の地位を平等にとらえ、各人の一人一票の投票の機会のみならずその「**投票価値**」をも**一人一票の原則**で均等に扱うことをいう。議会選挙との関係では、とくに一票の重み、すなわち**議員定数の不均衡が問題**となる。日本国憲法には平等選挙を明示的に保障する文言は見あたらないが、一四条一項および四四条但書からみて、それが保障されていることは疑いないものと考えられる。これを受けて、公職選挙法は、「投票は、各選挙につき、一人一票に限る。」（三六条）と定めているが、一人一票という以上、その一票の重みに差があってはならず、したがって、一人一票主義とは、**一人等**

▼用語解説13　比例代表制とは

比例代表制とは、選挙区の多数派と少数派の各派（政党）に得票数に比例して議席を配分する制度をいう。比例代表制は、選挙人が各候補者に順位を付け、自分の票の移譲先を指定して投票する単記移譲式と、政党の作成した名簿に投票する名簿式に分けられる。名簿式にはさらに、拘束名簿式（政党が名簿上の候補者の当選順位を予め決めておき、その順位に従って当選人が決定される）と、非拘束名簿式（選挙人が名簿上の候補者を指定して投票し、指定数の多い候補者の順に当選人が決定される）がある。比例代表制は、死票が少なく民意を正確に議席に反映する長所がある反面、小党分立を促進し政局が不安定になる傾向が指摘される。拘束名簿式の場合は候補者を直接選べないため有権者と議員の関係が希薄になり、非拘束名簿式の場合は候補者個人に投じた票が実際にはその候補者と同じ政党の他の候補者に移譲されることを有権者が理解しにくいという問題がある。日本では、衆議院選挙で拘束名簿式、参議院選挙で非拘束名簿式の比例代表制を採用している。

価一票主義でなければならないのである。

(3) 一票の格差是正は民主憲法からの要請である

(ア) 現行の選挙制度　公職選挙法によると、現在の**衆議院議員の定数**は四七五人で、そのうち二九五人が小選挙区選出議員、一八〇人を比例代表選出議員とし（四条一項）、被選挙権は満二五歳以上の日本国民とされる（一〇条一項）。**参議院議員の定数**は二四二人で、そのうち一四六人が選挙区選出議員、九六人が比例代表選出議員（四条二項）で、被選挙権は満三〇歳以上の日本国民とされている（一〇条二項）。また、**地方公共団体の議会の議員の定数**は、地方自治法の定めるところによるものとされる（四条三項）。

衆議院議員選挙において、**小選挙区で選出される議員**は、**各選挙区で一人**とされる（一三条一項）。**比例代表選出議員**は、北海道、東北、北関東、南関東、東京都、北陸信越、東海、近畿、中国、四国、九州の**各選挙区（ブロック）ごとに選出**され（一三条二項）、①所属国会議員を五人以上有し、②直近の国会議員選挙で有効投票の一〇〇分の二以上の得票を得た名簿届出政党は、比例代表選挙の選挙区内の小選挙区の候補者を比例代表選挙の名簿登載者とすること（**重複立候補**）が認められている（八六条の二第四項・六項）。

◆コラム23

《「一票の格差」最高裁判決》

去年7月の参院選の「一票の格差」をめぐる訴訟の上告審で、最高裁大法廷が26日、「違憲状態」とする判決を出した。（略）

《（２０１４衆院選）有権者「平等な制度を」参院選、一票の格差判決》

住む場所によって一票の価値に極端な差があってはいけない――。最高裁は、衆参両院の選挙に4回続けて「違憲状態」の判決を下した。（略）

〈国会へ最後通告」弁護士ら高く評価〉

「最高裁が続けて『違憲状態』だと判断したのは、とても意義があり、極めて重要だ」。判決言い渡し後、裁判を起こした弁護士グループが東京都内で記者会見し、升永英俊弁護士は判決を高く評価した。判決は、選挙区を都道府県単位の区割りとする現行制度を立法措置などで見直すよう求めた。伊藤真弁護士は「都道府県単位にこだわるのは許さないと明確に指摘している。まさに国会への最後通告だ」と強調した。12月にある衆院選についても投票価値の不平等はおかしいとして提訴する。伊藤弁護士は「次の衆院選に対する判決も厳しい判断が予想される」と語った。（略）

〈立法府への「執行猶予」〉

元最高裁判事の滝井繁男弁護士の話　「違憲状態」とした最高裁の判決は、いわば立法府に対する「執行猶予」であり、「違憲判決を出すのをもう一度だけ勘弁する」とのメッセージが込められている。２０１０年の参院選をめぐる前回の判決に続き、今回も「違憲状態」と判断して、都道府県単位の区割りは維持できないと指摘したことを、国会はもっと真剣に受け止めるべきだ。次回の16年参院選までに、選挙制度が抜本的に見直されなければ、「違憲・無効」と判断する裁判官が増えることも十分に考えられるだろう。

〔朝日新聞二〇一四年一一月二七日付より〕

参議院議員選挙は、日本国憲法によって「三年ごとに議員の半数を改選する」（四六条）ことが定められており、**選挙区選出議員**の選挙区は**各都道府県の区域**であり、一人区（二つの合区を含む三二選挙区）、二人区（四選挙区）、三人区（五選挙区）、四人区（三選挙区）、六人区（一選挙区）となっている（公職選挙法一四条）。**比例代表選出議員**は、**全都道府県の区域をひとつとして選出**され（同一二条二項）、衆議院の場合と異なり、重複立候補は認められていない（同八七条一項）。

(イ)　一票の格差と定数是正　憲法四三条二項は、「両議院の議員の定数は、法律でこれを定める」と規定し、国会議員の定数の配分を国会の権限としてきた。一九五〇年の公職選挙法の制定当時、衆・参両議院の議員定数は、一九四六年の人口調査の結果を基礎として**各選挙区の人口にほぼ比例して配分**されていた。ところが、その後の高度成長に伴う都市圏への人口集中等による大規模な人口異動にもかかわらず、国会が必要な議員定数の是正を行わなかったため、選挙区間の有権者の一票の価値に不平等が生じて今日に至っているのである。そもそも議会制民主主義とは、代表者たる公務員の任免権が主権者たる国民に属するという**民主主義の基本原理**を含むものであり、**一人等価一票主義は日本国憲法の要請**と考えられている。二〇一五年七月の公職選挙法改正によって、これまで独立していた四県の選挙区を統合した**二つの合区**（鳥取県および島根県、徳島県および高知県）を含む一〇増一〇減の選挙区制度の改革を行った。これによって一票の格差は四・七五倍から二・九七倍に縮まったものの、一人等価一票の実現からはほど遠く最高裁判所の判断が注目される。

5 今後の課題

(1) 現代国家は「超高齢社会」における国民の生存権保障にこたえることができるか

日本社会の人口は、二〇〇五年から停滞し、国籍に関係なく日本国内に住んでいるすべての人・世帯を対象として五年ごとに実施される国勢調査（二〇一〇年）によると、総人口は一億二八〇五万七〇〇〇人となり、そのうち、六五歳以上の高齢者の人口は二九二四万人で、総人口に占める割合（**高齢化率**）は二三％に達している。世界保健機構（ＷＨＯ）や国連の定義によると、高齢化率が総人口の七％を超えた場合を「高齢化社会」、一四％を超えた場合を「高齢社会」、二一％を超える場合を「**超高齢社会**」というが、日本はすでに二〇〇七年に世界で初めてこれに到達して今日に至っている。二〇一二年に出された推計では、二〇三五年には総人口の三分の一を超える三三・四％と予測され、二〇六〇年の総人口は八六七四万人で実に四〇％に迫るとの危機的な状況にある。

このような急速な少子高齢化の進行により、年金、医療、介護等の社会保障給付費が増加してきており、われわれ「国民」にとって**社会保障制度の持続**が可能であるか、またこれを支える**世代間・世代内の不公平の是正**が重要な課題となっている。現行の年金制度は高所得者ほど多くの給付を受けられることになっているうえに、その負担はもっぱら後の世代が負うことになっており、「**世代間の不平等**」がはなはだしいといわれる。現在、働いている人（**生産年齢人口**）の約二・五人が一人の老人（**高齢者人口**）を養っているという計算になるが、これがさらに厳しい状況になっていくことは必至である。国家は、福祉財源の確保とその公平な分配をどのように実現していくのであろうか。

(2) 主権者である日本国民はこの国の将来の問題を解決するための政治参加の意識を十分培っているか

ルソー（一七一二〜一七七八）は、「国民が主権者であるのは、選挙のときだけで、選挙が終われば奴隷となってしまう」という趣旨のことを述べているが、代表民主政は、ルソーの指摘したように、ともすれば形骸化しがちである。そのような傾向を防止するためには、国政に対する国民からのたえざる批判が不可欠であるとともに、そのためには国政に関する情報が常に国民に開かれていなければならない。**主権者意識の醸成と情報リテラシー**の重要性が強く意識されるのもそのためである。そして、私的領域におけるさまざまな問題を、共通のものとして公的領域に働きかけることによって解決を図るのである。すなわち、国民自らが政治に参加することによって問題を解決する手段が**民主憲法**には保障されているのである。

にもかかわらず、われわれ国民は、そのことを十分意識しているであろうか。議員定数是正の問題を論議する以前に国政および地方選挙への投票率の低下が示すように、いわゆる**公民としての教育**が不十分であったように思える。公職選挙法の投票年齢が満二〇歳から一八歳以上に引き下げられたけれども、とくに将来の日本社会を支える**若年層の政治参加の意識**こそが少子高齢社会の問題をはじめとするさまざまな課題を克服する鍵となるのではないだろうか。

◆憲法評論⑥《日本国憲法から参議院の存在意義を考える》

〈参議院の存在〉

「衆議院とくらべて参議院はなじみが薄く存在意義がよくわからない」という声をよく聞く。また参議院は衆議院にくらべて低くみられがちで、選挙も「県や市町村の長、議員の選挙と違って身近でない」とも思われがちである。だが、国政において参議院は大切な役割を担っており、われわれ有権者の一票で政治が変わることを、実例をあげて指摘したいと思う。

〈政界の再編〉

一つは、消費税導入やリクルート事件で批判を浴びた自民党が過半数割れをした一九八九年の参院選挙である。これが発端となって政界再編が起き、政権交代があり、連立政権が生まれたのである。当時の土井たか子は「山が動いた」として、その後の衆議院選挙では、一九五五年体制が崩壊した。連立政権とその後の政界再編についての評価はいろいろあるけれども、一票が政治を変えた事実は消すことができない。

〈二院制の意義〉

もう一つは、参議院議員の良識である。それは政治の良識に対する期待といってもいいかもしれぬ。参議院議員の任期は六年で、衆議院のように解散もない。敗戦後、二院制の意義や議会制民主主義のあり方が議論になった。民主政治は多数決の政治ではあるけれども、けっして多数が絶対というのではない。二院制というのは、衆議院に優位を認めながらも、参議院による抑制を保障する仕組みなのである。

〈緑風会〉

現在は参議院でも政党化が進んでいるが、戦後間もないころ、作家の山本有三ら参議院の無所属議員七四人が「緑風会」という会派を結成した。「会員は自由・平等で、政党に属さず、良識と信念を重んじ、原則的に会の決定に無理にしばらない」というのが会則であった。一時は所属議員が九六名にもなって、文化財保護法案を議員提出したり、破壊活動防止法を修正するなど、個々の良識に基づいた独自の活動を展開し「参議院は良識の府」という印象を定着させた。

〈「良識の府」への回帰〉

集団的自衛権や年金制度の見直し、人権、環境、福祉など幅広い見識で議論すべき重要な課題が国民の目の前に山積している。議員が党議党則にしばられすぎなければ、参議院は日本の政治の流れを変え、あるべき方向へ導く力を発揮できるはずである。戦後七〇年の節目を迎えこの国のあり方が無理やり変えられてしまいそうな危機的状況のなか、日本国憲法の下で参議院が生まれた時の議論を思い起こして「良識の府」に回帰させなくてはならないのではないか。

第15講　国際社会と憲法
——条約・人権・インターナショナルから
トランスナショナルへ

1

日本はどのように国際社会の法を受け入れなくてはならないか

国際連合における日本の平和条約調印

1951年９月、サンフランシスコ会議において日本は平和条約の調印をおこない国際社会へ復帰したのである。国際社会においては、国内の最高法規たる憲法に優先する法、すなわち国際法が存在する。憲法と国際法の関係はどのようにとらえればよいのだろうか。　（毎日新聞社提供）

2 国際社会における法

(1) 国際社会の構成員は国家である

(ア) 国際社会　本来の言葉の意味で、国際社会とは、**国家と国家との間の関係性**を国際（international）といい、その社会（共同体）を国際社会という。その構成員、すなわちメンバーは、独立の主権をもった国民国家をその構成単位としている。つまり、厳密な意味で国際社会は、**主権国家がその主体**となるのであって、個人はその構成員とはならないのである。

(イ) 国家の構成要素　この場合の国家とは、①国内的な統治権の確立、②国境によって区分された領域、③国家を構成する人の全体すなわち「国民」という、基本的に**三つの要素**を有する〔⇩第**1**講**3**(1)〕。また、国際社会の関係を左右する基本的な要因としては、政治的要因、経済的要因、文化的要因が考えられ、これらの要因が複雑に絡み合ってさまざまな問題が発生する。いわゆる「**国際人権**」もそのなかの一つで、世界的規模での人の移動とそれに伴う人的交流がその国や社会との摩擦によって人権問題を生じさせ、それを国際社会とその構成員である諸国家が、適切に解決していくことが求められているのである。

(2) 国際法とは主として国家相互の関係を規律する法である

(ア) 国際法の法源　国際法とは、主として**国際社会において適用される法**であって、諸国家の間の合意によって定められた法をいう。それは、主として国家相互の関係を規律するが、限られた範囲において国際機構と個人についても規律することもある。このような国際法は、**条約と慣習国際法**からなる。

(イ) 条約　条約とは、国家を中心とする**国際法主体間の明示的な合意の総称**であり、条約、協定、規約、憲章、議定書、交換公文などさまざまな名称で呼ばれるが、その法的効力に差異はないものとされる。条約は、ふつう国家元首の名で締結され、交渉、署名、批准といった手続に従う。締結された条約は**法規範**を創造し、**諸国家間における権利義務**をつくりだす。条約は締約国同士を拘束し、**留保や解釈宣言**を行った場合を除いて、当該締約国はその条約を誠実に履行しなければならないのである。

(ウ) 国際慣習法　一般に慣習法とは、法主体による一定の行為の中から生まれ、その社会の構成員を法的に拘束する規範となったものをいう。国際社会においては、国家間の慣行を基礎としてさまざまな規範が形成される。このような国際慣習法の成立は一般に、国家の一定行為が長期的かつ継続的に反復される慣行（**事実的要素**）とその行為の履行を諸国家が法的な義務ないし規範であると確信（受諾）するいわゆる法的信念（**心理的要素**）の二要素が存在する場合に成立する、といわれる。国際慣習法が成立するためには、ふつう、かなり長期にわたる慣行の継続が必要であるけれども、昨今の科学技術の発達などによって必要な事柄については期間がいちじるしく短縮されることもある。

以上のような国際法の成立形式以外にも、「法の一般原則」や、国際機構、とくに国連総会の決議も国際法の一つであるといわれることもある。

▼用語解説14　「法の一般原則」とは

法の一般原則は、条約および国際慣習法とともに、国際司法裁判所が適用する第三の国際裁判の準則とされ、国際司法裁判所規程三八条一項cに「文明国によって認められた法の一般原則」として掲げられている。これは、第一次大戦後に設置された常設国際司法裁判所のために規定されたものを踏襲したものである。法の一般原則とは、自然法的な道徳的正義ではなく、信義誠実の原則、禁反言、既判力の原則など文明国の国内法上で共通に認められた原則とされるが、これらは直接かつ決定的な判断基準ではなく、適用法規が存在しない場合に判決を支える要素として援用されるにとどまる。学説上、これが国際慣習法および条約と同次元にある第三の「国際法の法源」となるかについては議論がある。

(3) **国際社会の法は国内法にも影響を及ぼす**

(ア) 国際法と国内法　国際法は、右のように**国際社会における国家間の合意に基づいて存在する**。他方、国内法は、当該国家の国内社会において妥当する法である。国内法は、国内社会における個人と機関・団体相互の関係を規律するもので、**当該国家の主権**（**統治権**）を背景として**組織的かつ統一的な国家意思に基づいて成立する**ものである。このように目的（あるいは対象）とその存立の根拠を異にする国際法と国内法の関係は、つぎのような一元論および二元論として論じられている。

(イ) 一元論と二元論　「一元論」は、国際法と国内法は別個の独立した二つの法秩序ではなく、両者は一つの統一した法体系を形成するものであるとする。これには、両者を**同一の法秩序**に属するものとみながら、一方の妥当根拠を他方に求め、いずれかの他方に対する優位を主張する「**国際法優位または国内法優位の一元論**」がある。他方、「**二元論**」は、**国際法**は国家間の関係を規律し、**国内法**は当該国家と国民および国民相互間の関係を規律対象とし、前者は国家間の明示的および黙示的合意を根拠として、後者は当該国家の単独意思を妥当根拠とする異なる**別個の法秩序**であり、国際法は国内法へ変形するという手続がとられて初めて国内的に適用可能となる、と主張する。

両者の実定法上の効力関係は、**国内法レベルの関係と国際法レベルの関係に区別**して考えなければならない。国際法と国内法は、法体系としては等位の関係にあり、それぞれの法体系において抵触が生じる場合には、その調整は国内法と国際法のそれぞれの法体系に従って行われ、国際法のレベルでは、国家は国際法上の義務を免れるために憲法を含む国内法に依拠することはできない。他方、国内法レベルでの効力関係は、各国の国内法の規定、とくに憲法の定めるところによる。この点で**国際法と国内法**は、二元論のいうようにまったく無関係の独立の法体系ではなく、**相互に依存・補完**しあう関係にあるといえる。

(ウ) 国際法の国内への受容　重要なことは、締結された条約が、当事国によってどのように遵守されかつ具体的な効力を生じさせるか、という点にある。この点について、二国間ないし多国間の交渉を通じて締結される**条約**は、**国家が締結権者**となり、**国際社会において作用**するものであり、当事国である**国家間において一定の権利義務を創設**するが、このことは、条約が国内法のレベルで当然に拘束力が発生することを意味するものではない。条約の効力は、国際法の主体である当事国に及ぶだけで、その国内関係を条約として直接に規律することはないのである。国家は条約を内容に即して実施することを義務づけられるが、条約の内容である国内関係の規律をどのように実現するかは、その国の主権の下で、**国内法上の措置**に委ねられている。

(エ)　**国内法体系における憲法と国際法との関係**　条約が国内法的にどのような効力を有するかは国内法の問題であり、その承認、国内法体系への編入の方法および効力の順位は、当該国家の**憲法規範または憲法慣行によって決定**される。たとえばイギリスのように、国際法は国内法に変形されて初めて適用されるとするものもある。条約の国内的編入の方法としては、①条約規則を国内法「**変形**」方式と、②一般的に、批准された条約をそのままの形で受容し、その国内法的効力を認めて執行する「**一般的受容**」方式とに大別することができる。日本は、アメリカ合衆国同様、「一般的受容」方式に属するとされる。

▼用語解説15　条約の変形方式と一般的受容方式

①変形方式とは

条約の国内法的効力について変形体制を採用する国では、条約は、その批准・公布だけでは効力をもたない。国内で条約の内容を実現するためには、事前に条約を国内の法形式に「変形」すること、つまり、その内容を新たな法律等の制定や改正等によって規定することが必要となる。たとえば、イギリスでは、条約締結権限は国王にあるが、議会によってその内容が国内法に変形されて初めて行政機関が条約の規定を「執行」し、裁判所がそれを「適用」することができる。この体制をとる国は、カナダやオーストラリアなどイギリス法の伝統を受け継ぐ国家のなかにも多い。また、北欧諸国も伝統的にこの体制をとっている。

②一般的受容方式とは

一般的受容体制では、条約は、批准および公布されると、直接に国内法秩序の下で適用され、原則として特別の国内措置をとることなく国内法的効力を発揮する。たとえば、アメリカの憲法は、「合衆国の権限に基づいてすでに締結され、または将来締結されるすべての条約は、国の最高法規である」（六条二項）と規定し、また、フランス憲法は、「適正に批准または承認された条約または協定は、……その公布後直ちに法律の権威に優越する権威を有する」（五五条）と規定し、条約の国内法的効力を承認している。

また、条約のなかには、国内法による特別な補完・具体化がなくとも、内容上そのままの形で国内法的効力をもち実施され、私人の法律関係について国内の裁判所と行政機関の判断根拠として適用できる**自動的執行力**のある条約、すなわち、**self-executing** な条約が存在する。

3 日本国憲法と条約との関係について

(1) 条約の締結権は内閣が有し、条約締結承認権は国会が有する

(ア) 条約の締結

日本国憲法においては、内閣に、他の一般行政事務のほかに、法律を誠実に執行し「国務を総理」（七三条一号）するとともに、「外交関係を処理」（同二号）する権限を与えている。「国務」また「外交関係」にも含まれうる条約締結については、とくに内閣が、「条約を締結すること。但し、事前に、時宜によっては事後に、国会の承認を経ることを必要とする。」（同三号）と定められており、**条約締結権は内閣が有し、条約締結承認権は国会が有する**と明示されている。

(イ) 条約の承認

国際法上、条約締結のための手続は確定されておらず、当事国が合意した手続によって締結されることになる。通常は、**交渉**、**署名**、**批准**、**批准書の交換または寄託という一連の手続**による。内閣が条約を締結するにあたっては、憲法七三条三号の定めるように、国会の事前または事後の承認を経なければならないが、それは、条約の**国際法上の効力発生の時点**を基準とするのが妥当であると考えられる。すなわち、批准を必要とせず署名のみで発効する条約の場合には、「事前の承認」とは署名前の承認を意味し、「事後の承認」とは署名後の承認を意味する。これに対して、批准によって成立する条約の場合には、批准の時点が基準となる。

国会の条約締結承認の法的性質に関しては、内閣の署名または批准を阻止する国会の権限であると考えられる。日

本国憲法は、内閣には外交関係に関する事務を遂行し条約を締結する専属的な権限を与える一方、国会に「**阻止する権限**」を与えて、**外交関係に関する権力を均衡化**しようとしていると解され、これは、国会の立法権限、財政権限などにも関係する条約の締結にさいして、「**権力分立**」を確保することをねらっているのである。

(2)　条約は一般的受容によって国内法的効力を有する

(ア)　条約の一般的受容　日本国憲法は、**条約の国内的編入**について、「変形」方式であるか、「一般的受容」方式であるかは明示的に述べてはいないが、①条約の締結について、内閣が、「事前に、時宜によつては事後に、国会の承認を経ること」(七三条三号)を必要とし、②承認された条約は天皇が自動的に公布することを定め(七条一号)、③最高法規の章で、特に明文をもって、「日本国が締結した条約及び確立された国際法規は、これを誠実に遵守することを必要とする」(九八条二項)こと等を根拠として、条約は原則として特別の変形手続(立法措置)を要せず、公布によって直ちに国内法として受容され国内法的効力を有する**一般的受容の立場**をとっているというのが通説である。明治憲法下においても、慣習憲法として、条約は天皇の公布によって国内法としての効力をもつものとされていた〔⇒第**2**講**3**(1)〕。実際、わが国の政府の取扱いや裁判所の判例をみると、一般的に受容し執行する方式をとっているといえる。

(イ)　条約の補完措置　ただ、条約の内容が、私人相互間または私人と国家機関との間の法律関係に適用可能なものとして、国内の裁判所と行政機関を拘束するためには、議会が一定の**立法措置を講じたりする補完**が必要で、現行憲法の下でも、このような補完措置のとられる場合が、実際上きわめて多いといえる。したがって、条約は条約として国内法的効力をもつけれども、実際には、すべての条約が公布されたからといって、かならずしも「内容的にそのままの形で国内法上実施されうる」わけではないことは注意を要する点である。

(3) 条約は憲法より下位にありかつ法律に優位する

㋐ 憲法と条約　条約に国内法的効力が認められるとしても、国内法との関係において、両者が抵触した場合、どのような効力関係にあるかということが問題となる。先に述べたように、それは、当該国家の国内法秩序の決定するところに委ねられているが、日本国憲法の場合、条約の国内法的な効力関係についても明文の規定がない。この点については解釈に委ねられるものであるが、**憲法と条約との効力関係**については、①憲法の改正は厳格な手続によってのみ可能であるのに、より簡易な手続で締結される条約が優位して、憲法を実質的に修正するようになる事態は、憲法の基調とする**国民主権原理**に反すること、②**憲法の授権**に基づく条約に憲法に優位する権能を認めることは法論理的に不可能であり、**憲法の最高法規性**とも矛盾すること等を理由に「**憲法優位説**」をとる立場が一般に有力である。これに対して、憲法優位説をとりながら、戦後処理など国家の存亡や非常事態等に際して締結される条約等は、その特殊性にかんがみて、一国の憲法に服しない場合がありうるという立場もある。ポツダム宣言の受諾にともなう降伏文書の調印もその一例と考えられる。

㋑ 条約と法律　他方、条約と法律との効力関係については、条約の締結に国会の承認が必要とされていることや、憲法九八条二項ないしその国際協調の精神を根拠に、**条約が法律に優位**するということについてほぼ異論がない。また、実際にもそういう取扱いがなされている。

(4) 条約も違憲審査の対象となる

㋐ 条約に対する違憲審査権　日本国憲法は、「この憲法は、国の最高法規であって、その条規に反する法律、命令」等についてはその効力を有しないと定めるものの（九八条一項）、条約および確立された国際法規については、「これを誠実に遵守すること」（同条二項）として、別に定めている。また、最高裁判所の違憲審査権を定める憲法八一条についても**条約は明示されていない**。これについて初期の学説では、条約に対する裁判所の憲法適合性の審査権はこれを否定する趣旨であると主張されていた。しかしながら、憲法に基づいて締結され、国内法的効力をもつ条約が一切違憲審査の対象とならないとすることには、**法体系の上からも疑問**が残る。確かに条約は、外国との合意によって成立するという特殊性を有し、憲法もおそらくこの点を配慮して特に「条約」を条文中に明示しなかったのかもしれない。だが、そのことは、憲法が条約に対する違憲審査の可能性を一切否認する趣旨であると解さなければならないということを必然的に意味しないのである。条約は一般的に受容されてそのまま国内法的効力をもつものであり、国内法的には八一条にいう「法律」に準じて取り扱うことができるから、条約の国内法的側面については**違憲審査が可能**であると考えられる。

(イ)　**判例の立場**　これについて最高裁判所は、本書でも検討したように〔⇒第**5**講**4**(3)〕、日米安全保障条約が憲法九条に違反しないか争われた砂川事件でさえも、条約であれば違憲審査の対象とはならない、とか、国際的な取り決めである条約には一国の裁判所は介入すべきではない、とか判断したわけではない。このような「**高度な政治性**」を有する事案は「一見極めて明白に違憲無効であると認められない限り」は裁判所の範囲外である、すなわち反対解釈としては、**明白に違憲無効である場合には条約も司法審査の対象となる**ものと判断したのである。

4　国際人権条約の日本へのインパクト

(1)　人権保障の理念は国際社会でも共有され実現される

(ア)　人権の国内的保障から国際的保障へ　一七世紀から一八世紀後半にかけて、西欧の世界に権利章典や人権宣言が登場して以来、「人権」は長い間もっぱら国内の問題として扱われ、いわゆる国際的な問題となることはなかった。市民革命を経て成立した近代国家は、まず、国内において、個人の市民的自由や政治的権利を保障するようになった。そして、市民の対外活動と人的交流が活発になるに従って、居住や取引の自由、他国に在留する自国民（在留国では外国人となる）の権利について、国際社会が関心をもつようになり、それらの保護が必要となっていった。人は、国籍を紐帯とするそれぞれの国家に属するものの、人権の保障については、国家と国際社会の枠組みを前提としながら、そこにある壁を乗り越えて「人」としての大切なものを守っていこうというのが、人権の国際的保障の理念となっている。

(イ) 国際人権条約の登場

国際社会においては、さまざまな分野において国家間の相互協力が顕著となり、それによって、従来からの国際法と国内法の関係が変更を受け、伝統的に当該国家の国内問題と考えられてきた人権の保障が重大な関心事となってきた。とくに第二次大戦後、戦前戦中の経験を通じて人権抑圧の防止と国際平和の維持とは不可分であるという認識が高まり、人権の国際的保障が国際的な関心事項となったのである。一九四五年にサンフランシスコ会議で署名された国連憲章によって設立された国際連合はこのような背景をもつものであった。

国連憲章は、人権および基本的自由尊重のための国際協力を強調し（一条）、そのため加盟国も国連と協力することを誓約すると定め（五五条c、五六条）、一九四八年に国連総会が採択した世界人権宣言は、自由権を中心に若干の社会権を含めて、保護すべき人権についてかなり詳細な規定を設けている。しかし、国連憲章には具体的な人権の内容について言及がなく、国際機構で初めて包括的な人権文書として宣言され、マグナカルタやフランス人権宣言、アメリカ独立宣言に並ぶものと称される世界人権宣言も総会決議であって、それ自体としては法的拘束力がないものと考えられている。そのため国連は、法的に締約当事国を拘束する人権条約の制定に向けて動き出したのであった。

(2) 人権の国際的保障は国際人権条約によって推進される

(ア) 国際人権規約のインパクト　一九六六年に国連総会で採択された国際人権規約は国際人権宣言を条約にしたものであり、**社会権規約**（A規約）と**自由権規約**（B規約）という別個の**二つの条約**のかたちをとり、世界人権宣言に比べていっそう具体的かつ詳細な規定となっている。この二つの条約は、人権の保障に関して異なる義務を締約国に課している。社会権規約は、規約上の権利を**漸進的《ぜんしん》に達成**するため自国の利用可能な手段を最大限に用いて行動する義務を締約国に課し（二条一項）、これに対して、自由権規約は、**必要な立法措置や救済措置をとること**を含めて、領域内にいるすべての個人に対して規約上の権利を尊重し確保することを**締約国に義務づけ**ている（二条）。また、実施措置について、社会権規約の場合、締約国は報告義務を負うだけであるが（一六条）、自由権規約は、①自由権規約人権委員会による報告の検討（四〇条）、②個人通報手続（四一条）、③人権侵害の犠牲者の通報に基づく人権委員会の検討手続からなっている。ただし、②と③の二つの手続には**国家の受諾宣言または選択議定書の批准**が必要であるが、日本はいずれの手続も**未締結**となっている。

日本は、一九七九年に両方の条約に加入したが、社会権規約については、①公の休日に対する報酬の確保（七条のd）、②一定の分野におけるストライキ権の付与（八条一項d）、③中高等教育における無償教育の漸次的導入（一三条二項b、c）の三点に関する規定について受け入れなかった。また、両条約の「警察の構成員」（A規約八条二項およびB規約二二条二項）には「消防職員」が含まれるとの解釈宣言をした。

(イ) 難民条約のインパクト　日本が一九五一年に採択された「**難民条約**」および保護の対象とする難民の定義において時間的・地理的制約を削除した「**難民議定書**」に加入したのは、一九七五年以降インドシナ難民の問題が国際的にクローズアップされた時期の一九八一年のことであった。ここでいう条約上の「**難民**」（refugees）は、本国において、「人種、宗教、国籍、特定の社会集団の構成員又は政治的意見のゆえに迫害を受けるおそれが十分存在し、そのため外国に逃れて、本国の保護を受けることができない者又はその保護を望まない者」（一条A（2））として、日本では「難民の地位に関する条約等への加入に伴う出入国管理令その他関係法律の整備に関する法律」によって国内法制度上の地位が与えられることになった。難民条約において最も重要な規定は受入国の領域から「条約難民」の退去を強制しないことである。これは、**ノン・ルフールマン**（non-refoulement：送還禁止）**の原則**と呼ばれる。

それまで、日本には、法制度上、「難民」とカテゴライズされる外国人そのものが存在せず、したがって「難民」の認定制度も存在しなかったため、新たに整備された「**出入国管理及び難民認定法**」によって新設されたのである。この「難民」認定制度とともに、国内法制上、大きな整備を必要としたのは、**国民と同様の社会保障制度**を難民にも適用しなくてはならない点であった。これにより、国民年金法等の関係法律について**国籍要件**が**撤廃**されることになったのである（⇒第**10**講**4**(3)）。

(ウ)　**女子差別撤廃条約のインパクト**　国際社会は、固定化された**男女の役割分担観念**（ジェンダー）の変革と平等の実現を目指して一九七九年に「**女子差別撤廃条約**」を採択し、日本は一九八五年に批准した。わが国は、同条約と国内法制の整合性を図るために、①国籍法を改正して「父系優先の血統主義」の代わりに「**父母両系の血統主義**」を導入し（⇒第**6**講**3**(2)）、②勤労婦人福祉法の名称を「**男女雇用機会均等法**」と変更し、労働基準法が「同一賃金原則」を規定するだけであったのを、採用・昇進等について男女平等を規定し、③従来の学習指導要領が、家庭科教育について、高等学校の「家庭一般」を女子のみに必修、男子は選択扱いとし、また中学校の「技術・家庭科」でも、男女で履修内容が異なるとしていたのを改め、教育課程についての機会も男女同一にするといった改正を行った（⇒第**8**講**4**(2)）。

(エ)　**児童の権利条約のインパクト**　一九七九年の国際児童年を直接的契機にして、国連人権委員会で起草が進められてきた「**児童の権利条約**」は、一九八九年に採択され、日本は、一九九四年に批准のための国会承認を行い、同年加入した。本条約は、国際人権規約に規定されている広い範囲にわたる権利を、子どもについて定めるとともに、**子どもの人権の尊重・保護の観点**から必要となる締約国の義務などを詳しく規定している。国際人権規約全体の理念や人権条項である自由権規約（B規約）二三～二四条、社会権規約（A規約）一〇条を根拠としてその条項に盛られた原則を個別具体化（＝条約化）しようとする意向が反映されたものであり、**国際人権規約と相互補完性**をもちながら子どもの人権の国際的保障の中心を担っている〔⇒第**6**講以下の各セクションを参照〕。児童の権利条約の締結後、日本国籍の児童を養育する外国籍の母親の在留資格を緩和する法務省通達（一九九六年）、婚外子への児童手当の権利をすべての未婚の母親に保障する児童福祉法の改正（一九九七年）、児童買春等処罰法（一九九九年）、児童虐待防止法（二〇〇〇年）等が制定された。

(オ)　**人種差別撤廃条約のインパクト**　ヨーロッパで**反ユダヤ主義**が活発化しそうになったことや当時の南アフリカ共和国で**アパルトヘイト（人種差別）政策**が行われていたことなどを背景として、一九六五年に「**人種差別撤廃条約**」が採択され、日本は一九九五年に加入した。日本の加入が遅れたのは、人種的優越または憎悪に基づくあらゆる思想の流布等について法律で処罰理由としている四条が**日本国憲法二一条の表現の自由と抵触**するおそれがあり慎重に検討する必要があったことがその理由とされている。日本政府は、「憲法に抵触しない限度において、第四条の義務を履行する」旨の**留保を付して加入**し、昨今、人種、宗教、性的指向、性別、思想、障害、職業等を誹謗中傷、差別し、他人をそのように煽動する言論であるとされる**ヘイトスピーチ**が問題となっているが、新たな立法措置はとっていない。また、本条約の締結後、北海道旧土人保護法等が廃止され、「アイヌ文化の振興並びにアイヌの伝統等に関する知識の普及及び啓発に関する法律」（一九九七年）が制定された。

(カ)　**障害者権利条約のインパクト**　障がい者の人権や基本的自由の享有を確保し、**障がい者の固有の尊厳の尊重**を促進することを目的として、二〇〇六年に国連総会において採択され、二〇〇八年に発効した。日本は、二〇〇七年に条約に署名し、批准に先立ち、障害者基本法の改正（二〇一一年）、障害者総合支援法（二〇一二年）および障害者差別解消法（二〇一三年）を制定し、障害者雇用促進法改正（二〇一三年）等の国内法の整備を行い二〇一四年に加入した。これにより、障がいに基づくあらゆる差別が禁止され、障がい者の権利の実現に向けた取組が一層強化されることになった。とくに同条約では、生命に対する権利として、締約国が「全ての人間が生命に対する固有の権利を有することを再確認」し、「障害者が他の者との平等を基礎としてその権利を効果的に享有することを確保する」ことを義務付けているが、この点について**障がい児（胎児）の産み分けも禁止**するものか注目される。

5　今後の課題

(1)　国際人権条約の効力をどのように国内的に取り入れ人権保障を高めていくか

「人権」が普遍的な価値として世界の人々の共通の認識となって、その保障を国際社会で実現する方向で進んでいるとしたならば、それなら、いっそのこと、**「世界連邦」や「世界国家」**のようなものをつくって、人間の権利を統一的に保障すればいいではないか、というような議論がなされるべきであるが、そのようになってはいないのが現実である。私たちは、好むと好まざるとにかかわらず、誰もが、主権をもつ国家というものに属していて、その国民として国籍をもち、市民生活を営んでいる。そして、多くの人が国外に移動し、さまざまな問題に直面するけれども、そのような場合も、自国他国の国家が存在し、人権の保障を考えていかなくてはならないのである。そうであるとするならば、日本社会においては、人権保障の効力を実質的なものにするために、とくに具体的な事件における裁判所の活動を通じて、国際人権条約の国内法的効力を高めていくことが必要ではないだろうか。

(2) 人権の国際保障について日本の裁判所の姿勢は積極的といえるか

国内裁判における条約の適用について、日本の裁判所は、その条約が内容上そのままの形で適用されるか否かを検討することなしに、条約を直接適用し判断を下すことが多い。たとえば、国際航空運送条約（ワルソー条約）について、裁判所は、事案が同条約の適用範囲にはいる問題であることを確認すると、直ちに同条約の実体解釈に移り同条約を適用している（最判昭五一・三・一九）。これは、欧米諸国が条約を国内裁判で適用する場合、実体解釈のレベルで争う前にその条約が直接的に適用されるか否かを論じるのに対して、日本の裁判所は、概して、憲法上条約は国内法的効力を有するということから直ちに条約を解釈、適用しているのが特徴といえる。しかしながら、人権保障の事案について、国際人権規約、難民条約、女子差別撤廃条約、児童の権利条約、人種差別撤廃条約等のいわゆる国際人権条約に根拠をおいて主張されることが多くなってきているけれども、これまでの**最高裁判所の態度はきわめて消極的**であり、とくに個人の権利保障に関する事案については国内法を通してのみ判断されるべきものとの慣行が確立してしまっている、との批判がある。国際人権規約B規約一四条一項に基づいて「受刑者の弁護士との面会の権利」を主張した事案（高松高判平九・一一・二五）や同規約一四条三項(d)により「外国人被告人の通訳費用負担」を主張した事案（東京高判平五・二・三）など下級裁判所のレベルでは国際人権条約を直接適用して個人の権利を保障するケースもみられるようになったが、この点については、欧州人権条約等の地域的な人権条約の保護についての各国および国際的司法機関等の取り扱いを積極的に参考とするべきではないだろうか。

《参考文献》

芦部信喜『憲法学Ⅰ・Ⅱ』（一九九二年、一九九四年、有斐閣）

芦部信喜（高橋和之補訂）『憲法〔第六版〕』（二〇一四年、岩波書店）

伊藤正己『憲法〔新版〕』（一九九〇年、弘文堂）

伊藤明彦『原子の「ヨブ記」――かつて核戦争があった』（一九九三年、径書房）

市川正人『表現の自由の法理』（二〇〇三年、日本評論社）

市川正人『ケースメソッド憲法〔第二版〕』（二〇〇九年、日本評論社）

岩井宜子『刑事政策〔第4版〕』（尚学社、二〇〇九年）

浦部法穂『〔新版〕憲法学教室Ⅰ・Ⅱ』（一九九四年、一九九六年、日本評論社）

大隈義和『憲法Ⅰ』（二〇〇二年、法律文化社）

小山剛『「憲法上の権利」の作法』（二〇一一年、尚学社）

君塚正臣『性差別司法審査基準論』（一九九六年、信山社）

君塚正臣『憲法の私人間効力論』（二〇〇八年、悠々社）

古関彰一『新憲法の誕生』（一九八九年、中央公論社）

更生保護五〇年史編集委員会編『更生保護の課題と展望』（一九九九年、更生保護法人日本更生保護協会）

阪口正二郎編『憲法5　グローバル化と憲法』（二〇〇七年、岩波書店）

阪本昌成＝村上武則編『人権の司法的救済』（一九九〇年、有信堂）

阪本昌成『ベーシック憲法』（一九八九年、弘文堂）

阪本昌成『憲法理論Ⅰ〔第三版〕・Ⅱ・Ⅲ』（一九九九年、一九九三年、一九九五年、成文堂）

佐藤幸治『憲法〔第三版〕』（一九九五年、青林書院）

佐藤幸治＝中村睦男＝野中俊彦『ファンダメンタル憲法』（一九九四年、有斐閣）

佐藤幸治＝土井真一編『判例講義 憲法Ⅰ　基本的人権』（二〇一〇年、悠々社）

佐藤幸治＝土井真一編『判例講義 憲法Ⅱ　基本的人権・統治機構』（二〇一〇年、悠々社）

佐藤幸治『日本国憲法論』（二〇一一年、成文堂）

佐藤達夫『日本国憲法誕生記』（一九九九年、中央文庫）

渋谷秀樹『憲法』（二〇〇七年、有斐閣）

初宿正典『憲法2〔第二版〕』（二〇〇二年、成文堂）

初宿正典＝高橋正俊＝米沢広一＝棟居快行『いちばんやさしい憲法入門〔第四版補訂版〕』（二〇一四年、有斐閣アルマ）

杉原高嶺ほか『現代国際法〔第五版〕』（二〇一二年、有斐閣）

高木八尺＝末延三次＝宮沢俊義『人権宣言集』（一九八八年、岩波書店）

高橋和之『立憲主義と日本国憲法〔第二版〕』（二〇一〇年、有斐閣）

高橋和之＝松井茂記＝鈴木秀美『インターネットと法〔第四版〕』（二〇一〇年、有斐閣）

高良鉄美『沖縄から見た平和憲法』（一九九七年、未来社）

辻村みよ子『憲法〔第四版〕』（二〇一二年、日本評論社）

鶴木眞『日系アメリカ人』（一九七六年、講談社現代新書）

糠塚康江＝吉田仁美『エスプリ・ド憲法』（二〇一二年、ナカニシヤ出版）

長尾龍一『日本国憲法思想史』（一九九六年、講談社学術文庫）

成瀬治『近代市民社会の成立』（一九八四年、東京大学出版会）

西山富夫編『市民生活と法――憲法秩序と法律問題』（一九九六年、啓文社）

日本更生保護協会一〇〇年史編集委員会編『日本更生保護協会一〇〇年史』（二〇一四年、更生保護法人日本更生保護協会）

野中俊彦＝中村睦男＝高橋和之＝高見勝利著『憲法Ⅰ・Ⅱ〔第五版〕』（二〇一二年、有斐閣）

長谷部恭男『憲法〔第六版〕』（二〇一四年、新世社）

畑博行『憲法Ⅱ』（一九九八年、有信堂）

畑博行編『現代法学入門』（二〇〇九年、有信堂）

畑博行＝阪本昌成編『憲法フォーラム〔補訂版〕』（二〇〇八年、有信堂）

畑博行＝水上千之編『国際人権法概論〔第四版〕』（二〇〇七年、有信堂）

樋口陽一『憲法〔第三版〕』（二〇〇七年、創文社）

樋口陽一＝佐藤幸治＝中村睦男＝浦部法穂『注釈日本国憲法（上）・（下）』（一九八四年、一九八八年、青林書院）

藤本哲也『刑事政策概論〔全訂第五版〕』（二〇〇六年、青林書院）

松井茂記『アメリカ憲法入門〔第三版〕』（一九九五年、有斐閣）

松井茂記『日本国憲法〔第三版〕』（二〇〇七年、有斐閣）

宮沢俊義『憲法Ⅱ〔新版〕』（一九七一年、有斐閣）

宮沢俊義（芦部信喜補訂）『コンメンタール日本国憲法〔全訂版〕』（一九七八年、日本評論社）

棟居快行『憲法フィールドノート』（一九九六年、日本評論社）

棟居快行『人権論の新構成』（一九九二年、信山社）

米沢広一『子ども・家族・憲法』（一九九二年、有斐閣）

米沢広一『憲法と教育15講』（二〇〇五年、北樹出版）

山内敏弘『人権・主権・平和――生命権からの憲法的省察』（二〇〇三年、日本評論社）

山本敬三『国籍〔増補版〕』（一九八四年、三省堂選書）

山本隆基『政治学――古典と現在』（一九八九年、法律文化社）

横藤田誠＝中坂恵美子『人権入門〔第二版〕――憲法・人権・マイノリティ』（二〇一一年、法律文化社）

あとがき——平和憲法への思い

(1) 人権と平和

本書でも示してきたように、市民社会における**人権と平和**の実現は憲法と密接に結びついています。このことは、一般にはあまり意識されていないかもしれませんが、私的領域における市民生活を安心して豊かにおくるためには、日本国憲法の人権条項をどのように立法政策等に生かしていくかが重要なことであり、**内なる**「**平和**」の実現については、憲法改正などせずとも現行の諸制度を憲法の精神に基づいてさらに発展させることが必要とされます。たとえば、本書でとりあげた「更生保護」制度などもその例であり、幅広く市民生活における「**生きた憲法の理論と実践**」が求められているのです。他方、**外なる**「**平和**」については、諸外国との協調が絶対的に不可欠であり、これも憲法から導かれる歴史的な英知と実践に真摯に耳を傾けなくてはならないところといえます。

(2) 憲法審査会の動向

ところが、二〇一五年五月七日に開催された衆議院憲法審査会では、①緊急事態条項、②環境権をはじめとする新しい人権、③財政規律条項のテーマを優先的に改憲の論議をしたらどうかとの意見が自民党から出されました。これに対しては、野党側からは、改憲の「本丸」は憲法九条の改正であって、国民が理解し易いところから手をつけていこうとする「**お試し改憲**」であると強く批判されたところでした。さらに二年前には、九条の改正をにらんで、まず国会発議のハードルを三分の二以上の賛成から過半数に下げる「**九六条の先行改正**」を持ち出したのですが、これはマスコミ等で強く批判されて撤回されました。このたびの三つの条項の「お試し改憲」も、とにかく改憲したいという点で、同じ発想に立っていないか等の批判がなされています。

(3)「新しい国家主義」の台頭と政治家の変質

憲法改正を主張する論議の背景に潜む日本の政治状況の危機的要素、すなわち、それは国家権力を市民生活により浸透させようとする「新しい国家主義」の台頭と政治家の資質の変化（変質）であることがこれまでも論じられてきました。

憲法改正論者は、戦前への懐古主義者であったり、戦争体験のない戦後生まれの政治家であったりします。これまでの自民党は、国会での絶対的多数を誇ったいわゆる五五年体制においてさえも憲法改正を正式な政治日程に挙げようとはしませんでした。自主憲法の制定が党是であるといわれていながらも、それは一部の自民党議員たちのガス抜きではあっても、自民党政権の保守本道を担ってきた歴代の首相たちがこの国の将来のために本気で憲法改正が必要であると考えてきたとは思われないのです。かかる政治状況の変化は、一九九九年の小渕政権下の自自公連立以降、とくに顕著となってきたのです。実際、同年の国会は、周辺事態法、国旗・国歌法、通信傍受法（いわゆる盗聴法）、国会法の改正による憲法調査会の設置といった新しい国家主義を予感させるような法律を十分な議論のないままに矢継ぎ早に成立させていった経緯があります。その後、二〇〇六年の第一次安倍内閣における教育基本法の改正や国民投票法の成立を経て、このような一連の流れのなかで、二〇一四年七月の第二次安倍内閣での閣議決定による集団的自衛権の容認や、日本の平和国家の大きな転換であるとともに近代立憲主義における歴史的な汚点として記憶されることになる安全保障関連法案の可決（二〇一五年九月）があると考えられます。

このように、今日の日本の政治状況の背景には、政治家自身の変質があるように思われます。戦争の悲惨さを知る政治家が多数を占めていた時代には、自民党のタカ派といわれる議員でさえも、憲法九条の扱いはもっと慎重でありました。おそらくこのたびの集団的自衛権の容認や安保法制等については、とうてい許諾することはなかったことでしょう。日本国憲法を取り巻く現状の問題点は、昨今の政治家の変質やそれらの者たちが国家権力を安易に拡張し行使していこうとする新しい国家主義の流れと根源を一にするものであり、日本の政治社会の危機そのものであると捉えなくてはならないのではないかと考えています。それゆえに、この国には多数の「**意識ある無党派層**」の醸成が必要とされているのです。

(4) 日本国憲法の改正論議は国際社会に受け入れられているか

明治憲法下にあった日本政府がアジア諸国と世界の国々に対してとった行動に対して、現行憲法が国際社会へ向かって**平和国家たる宣言**をおこなっているにもかかわらず、集団的自衛権の閣議決定など憲法を解釈で改憲しようとする動きに対して、国際社会は大きな反応を示しています。そもそも日本国憲法は、日本と国際社会との平和的共存を国是として誕生したものであったのですから、憲法改正の論議は日本国民だけの問題ではなく、国際社会との平和・協調主義を謳う原理の下においては、とくに近隣のアジア諸国の人びとに理解されるものでなくてはならないのです。

憲法を頂点として、それに基づいて政治を行う立憲主義（憲法を守るよう命じられているのは国民ではなく国家権力を担う者であること）と、これまで日本社会と日本の人びとを守ってきた憲法九条が危機的状況に瀕している中で、この国の「**国民力**」がどのように発揮されるか、いま正にそれが試されているといってよいのではないでしょうか。私たち戦後生まれの者たちすべてが内外の「平和」的状況の下に過ごしてこれたのも、日本国憲法の誕生およびそれを支えるその後の日本国民の強い意思とその弾力的な運用があったからではないでしょうか。

(5) 海外の日本研究者たちの憂慮

私の友人で海外において日本法・日本研究を専門とする研究者たちも現在の日本社会の危機的な状況にこぞって懸念を示していることを指摘しておきたいと思います。皆、戦後七〇年これまで内外ともに安定していた「平和」な日本社会の変質の兆候と危険性を憂いておられます。オランダ・ライデン大学のボート・ウイレム・ヤン（Boot W.J.）名誉教授、同大学のエリック・ハーバー（Erik Herber）准教授、ドイツ・フランクフルトゲーテ大学のベルツ・モーリッツ（Moritz Baelz）教授、同大学のセバスチャン・シュワーツ（Sebastian Schwarz）助手らから貴重な意見を賜り、国境を越えて学問を介して育んできた諸氏との友情に感謝いたします。また、つぎに紹介する方々とともに本書の草案段階での原稿を一読いただき貴重なご教示を賜った広島大学の横藤田誠教授（憲法）と愛媛大学の小林敬和名誉教授（刑法）にも深く感謝の意を表したいと思います。

(6) 感謝の意

本書を執筆するにあたっては、わが恩師の畑博行先生（広島大学名誉教授・近畿大学名誉学長）とその門下の方々や関係の研究者といっしょにこれまで出版してきた教科書や著作物からも多くの示唆をいただきました。本書は、とくに私の大好きな『憲法フォーラム』（有信堂）の継承を意識したもので、共同執筆者の方々の学恩に心より感謝申し上げます。また、二〇数年前に最初の赴任地である長崎で私が学生たちとＢＢＳ（Big Brothers & Sisters）活動を始めたのをきっかけとして、香川に転任してからも引きつづき保護司（高松保護区）を拝命しており、一般にはあまり馴染みのない「**更生保護**」について、私の専門の憲法学の立場から紹介するに際して、日本更生保護協会はじめ関係の方々からご協力をいただいたことに感謝申し上げます。このたびも有信堂高文社から刊行の運びとなり高橋明義社長および川野祐司氏をはじめとするスタッフの皆さんにお世話になったことを記して御礼申し上げる次第であります。

読者の皆様には、本書の内容についてお気づきの点やご意見等、温かいご指導・ご鞭撻を賜ればこの上もなく幸せに存じます。

二〇一五年八月九日（二発目の原爆投下七〇年の日に）

高松のわが家の小さな庭先で妻が愛でるオリーブの小枝を眺めながら

新井　信之

朕は、日本国民の総意に基いて、新日本建設の礎が、定まるに至つたことを、深くよろこび、枢密顧問の諮詢及び帝国憲法第七十三条による帝国議会の議決を経た帝国憲法の改正を裁可し、ここにこれを公布せしめる。

御名御璽

昭和二十一年十一月三日

内閣総理大臣
外務大臣　吉田茂
国務大臣　男爵　幣原喜重郎
司法大臣　木村篤太郎
内務大臣　大村清一
文部大臣　田中耕太郎
農林大臣　和田博雄
国務大臣　斎藤隆夫
逓信大臣　一松定吉
商工大臣　星島二郎
厚生大臣　河合良成
国務大臣　植原悦二郎
運輸大臣　平塚常次郎
大蔵大臣　石橋湛山
国務大臣　金森徳次郎
国務大臣　膳桂之助

日本国憲法

日本国民は、正当に選挙された国会における代表者を通じて行動し、われらとわれらの子孫のために、諸国民との協和による成果と、わが国全土にわたつて自由のもたらす恵沢を確保し、政府の行為によつて再び戦争の惨禍が起ることのないやうにすることを決意し、ここに主権が国民に存することを宣言し、この憲法を確定する。そもそも国政は、国民の厳粛な信託によるものであつて、その権威は国民に由来し、その権力は国民の代表者がこれを行使し、その福利は国民がこれを享受する。これは人類普遍の原理であり、この憲法は、かかる原理に基くものである。われらは、これに反する一切の憲法、法令及び詔勅を排除する。

日本国民は、恒久の平和を念願し、人間相互の関係を支配する崇高な理想を深く自覚するのであつて、平和を愛する諸国民の公正と信義に信頼して、われらの安全と生存を保持しようと決意した。われらは、平和を維持し、専制と隷従、圧迫と偏狭を地上から永遠に除去しようと努めてゐる国際社会において、名誉ある地位を占めたいと思ふ。われらは、全世界の国民が、ひとしく恐怖と缺乏から免かれ、平和のうちに生存する権利を有することを確認する。

われらは、いづれの国家も、自国のことのみに専念して他国を無視してはならないのであつて、政治道徳の法則は、普遍的なものであり、この法則に従ふことは、自国の主権を維持し、他国と対等関係に立たうとする各国の責務であると信ずる。

日本国民は、国家の名誉にかけ、全力をあげてこの崇高な理想と目的を達成することを誓ふ。

第一章　天皇

第一条　天皇は、日本国の象徴であり日本国民統合の象徴であつて、この地位は、主権の存する日本国民の総意に基く。

第二条　皇位は、世襲のものであつて、国会の議決した皇室典範の定めるところにより、これを継承する。

第三条　天皇の国事に関するすべての行為には、内閣の助言と承認を必要とし、内閣が、その責任を負ふ。

第四条　①　天皇は、この憲法の定める国事に関する行為のみを行ひ、国政に関する権能を有しない。

②　天皇は、法律の定めるところにより、その国事に関する行為を委任することができる。

第五条　皇室典範の定めるところにより摂政を置くときは、摂政は、天皇の名でその国事に関する行為を行ふ。この場合には、前条第一項の規定を準用する。

第六条　①　天皇は、国会の指名に基いて、内閣総理大臣を任命する。

②　天皇は、内閣の指名に基いて、最高裁判所の長たる裁判官を任命する。

第七条　天皇は、内閣の助言と承認により、国民のために、左の国事に関する行為を行ふ。

一　憲法改正、法律、政令及び条約を公布すること。
二　国会を召集すること。
三　衆議院を解散すること。
四　国会議員の総選挙の施行を公示すること。
五　国務大臣及び法律の定めるその他の官吏の任免並びに全権委任状及び大使及び公使の信任状を認証すること。
六　大赦、特赦、減刑、刑の執行の免除及び復権を認証すること。
七　栄典を授与すること。
八　批准書及び法律の定めるその他の外交文書を認証すること。
九　外国の大使及び公使を接受すること。
十　儀式を行ふこと。

第八条　皇室に財産を譲り渡し、又は皇室が、財産を譲り受け、若しくは賜与することは、国会の議決に基かなければならない。

第二章　戦争の放棄

第九条　①　日本国民は、正義と秩序を基調とする国際平和を誠実に希求し、国権の発動たる戦争と、武力による威嚇又は武力の行使は、国際紛争を解決する手段としては、永久にこれを放棄する。

②　前項の目的を達するため、陸海空軍その他の戦力は、これを保持しない。国の交戦権は、これを認めない。

第三章　国民の権利及び義務

第一〇条　日本国民たる要件は、法律でこれを定める。

第一一条　国民は、すべての基本的人権の享有を妨げられない。

この憲法が国民に保障する基本的人権は、侵すことのできない永久の権利として、現在及び将来の国民に与へられる。

第一二条　この憲法が国民に保障する自由及び権利は、国民の不断の努力によつて、これを保持しなければならない。又、国民は、これを濫用してはならないのであつて、常に公共の福祉のためにこれを利用する責任を負ふ。

第一三条　すべて国民は、個人として尊重される。生命、自由及び幸福追求に対する国民の権利については、公共の福祉に反しない限り、立法その他の国政の上で、最大の尊重を必要とする。

第一四条　①　すべて国民は、法の下に平等であつて、人種、信条、性別、社会的身分又は門地により、政治的、経済的又は社会的関係において、差別されない。

②　華族その他の貴族の制度は、これを認めない。

③　栄誉、勲章その他の栄典の授与は、いかなる特権も伴はない。栄典の授与は、現にこれを有し、又は将来これを受ける者の一代に限り、その効力を有する。

第一五条　①　公務員を選定し、及びこれを罷免することは、国民固有の権利である。

②　すべて公務員は、全体の奉仕者であつて、一部の奉仕者ではない。

③　公務員の選挙については、成年者による普通選挙を保障する。

④　すべて選挙における投票の秘密は、これを侵してはならない。選挙人は、その選択に関し公的にも私的にも責任を問はれない。

第一六条　何人も、損害の救済、公務員の罷免、法律、命令又は規則の制定、廃止又は改正その他の事項に関し、平穏に請願する権利を有し、何人も、かかる請願をしたためにいかなる差別待遇も受けない。

第一七条　何人も、公務員の不法行為により、損害を受けたときは、法律の定めるところにより、国又は公共団体に、その賠償を求めることができる。

第一八条　何人も、いかなる奴隷的拘束も受けない。又、犯罪に因る処罰の場合を除いては、その意に反する苦役に服させられない。

第一九条　思想及び良心の自由は、これを侵してはならない。

第二〇条　①　信教の自由は、何人に対してもこれを保障する。いかなる宗教団体も、国から特権を受け、又は政治上の権力を行使してはならない。

②　何人も、宗教上の行為、祝典、儀式又は行事に参加することを強制されない。

③　国及びその機関は、宗教教育その他のいかなる宗教的活動もしてはならない。

第二一条　①　集会、結社及び言論、出版その他一切の表現の自由は、これを保障する。

②　検閲は、これをしてはならない。通信の秘密は、これを侵してはならない。

第二二条　①　何人も、公共の福祉に反しない限り、居住、移転及び職業選択の自由を有する。

② 何人も、外国に移住し、又は国籍を離脱する自由を侵されない。

第二三条　学問の自由は、これを保障する。

第二四条　① 婚姻は、両性の合意のみに基いて成立し、夫婦が同等の権利を有することを基本として、相互の協力により、維持されなければならない。

② 配偶者の選択、財産権、相続、住居の選定、離婚並びに婚姻及び家族に関するその他の事項に関しては、法律は、個人の尊厳と両性の本質的平等に立脚して、制定されなければならない。

第二五条　① すべて国民は、健康で文化的な最低限度の生活を営む権利を有する。

② 国は、すべての生活部面について、社会福祉、社会保障及び公衆衛生の向上及び増進に努めなければならない。

第二六条　① すべて国民は、法律の定めるところにより、その能力に応じて、ひとしく教育を受ける権利を有する。

② すべて国民は、法律の定めるところにより、その保護する子女に普通教育を受けさせる義務を負ふ。義務教育は、これを無償とする。

第二七条　① すべて国民は、勤労の権利を有し、義務を負ふ。

② 賃金、就業時間、休息その他の勤労条件に関する基準は、法律でこれを定める。

③ 児童は、これを酷使してはならない。

第二八条　勤労者の団結する権利及び団体交渉その他の団体行動をする権利は、これを保障する。

第二九条　① 財産権は、これを侵してはならない。

② 財産権の内容は、公共の福祉に適合するやうに、法律でこれを定める。

③ 私有財産は、正当な補償の下に、これを公共のために用ひることができる。

第三〇条　国民は、法律の定めるところにより、納税の義務を負ふ。

第三一条　何人も、法律の定める手続によらなければ、その生命若しくは自由を奪はれ、又はその他の刑罰を科せられない。

第三二条　何人も、裁判所において裁判を受ける権利を奪はれない。

第三三条　何人も、現行犯として逮捕される場合を除いては、権限を有する司法官憲が発し、且つ理由となつてゐる犯罪を明示する令状によらなければ、逮捕されない。

第三四条　何人も、理由を直ちに告げられ、且つ、直ちに弁護人に依頼する権利を与へられなければ、抑留又は拘禁されない。又、何人も、正当な理由がなければ、拘禁されず、要求があれば、その理由は、直ちに本人及びその弁護人の出席する公開の法廷で示されなければならない。

第三五条　① 何人も、その住居、書類及び所持品について、侵入、捜索及び押収を受けることのない権利は、第三三条の場合を除いては、正当な理由に基いて発せられ、且つ捜索する場所及び押収する物を明示する令状がなければ、侵されない。

②　捜索又は押収は、権限を有する司法官憲が発する各別の令状により、これを行ふ。

第三六条　公務員による拷問及び残虐な刑罰は、絶対にこれを禁ずる。

第三七条　①　すべて刑事事件においては、被告人は、公平な裁判所の迅速な公開裁判を受ける権利を有する。

②　刑事被告人は、すべての証人に対して審問する機会を充分に与へられ、又、公費で自己のために強制的手続により証人を求める権利を有する。

③　刑事被告人は、いかなる場合にも、資格を有する弁護人を依頼することができる。被告人が自らこれを依頼することができないときは、国でこれを附する。

第三八条　①　何人も、自己に不利益な供述を強要されない。

②　強制、拷問若しくは脅迫による自白又は不当に長く抑留若しくは拘禁された後の自白は、これを証拠とすることができない。

③　何人も、自己に不利益な唯一の証拠が本人の自白である場合には、有罪とされ、又は刑罰を科せられない。

第三九条　何人も、実行の時に適法であつた行為又は既に無罪とされた行為については、刑事上の責任を問はれない。又、同一の犯罪について、重ねて刑事上の責任を問はれない。

第四〇条　何人も、抑留又は拘禁された後、無罪の裁判を受けたときは、法律の定めるところにより、国にその補償を求めることができる。

第四章　国会

第四一条　国会は、国権の最高機関であつて、国の唯一の立法機関である。

第四二条　国会は、衆議院及び参議院の両議院でこれを構成する。

第四三条　①　両議院は、全国民を代表する選挙された議員でこれを組織する。

②　両議院の議員の定数は、法律でこれを定める。

第四四条　両議院の議員及びその選挙人の資格は、法律でこれを定める。但し、人種、信条、性別、社会的身分、門地、教育、財産又は収入によつて差別してはならない。

第四五条　衆議院議員の任期は、四年とする。但し、衆議院解散の場合には、その期間満了前に終了する。

第四六条　参議院議員の任期は、六年とし、三年ごとに議員の半数を改選する。

第四七条　選挙区、投票の方法その他両議院の議員の選挙に関する事項は、法律でこれを定める。

第四八条　何人も、同時に両議院の議員たることはできない。

第四九条　両議院の議員は、法律の定めるところにより、国庫から相当額の歳費を受ける。

第五〇条　両議院の議員は、法律の定める場合を除いては、国会の会期中逮捕されず、会期前に逮捕された議員は、その議院の要求があれば、会期中これを釈放しなければならない。

第五一条　両議院の議員は、議院で行つた演説、討論又は表決について、院外で責任を問はれない。

第五二条　国会の常会は、毎年一回これを召集する。

第五三条　内閣は、国会の臨時会の召集を決定することができる。いづれかの議院の総議員の四分の一以上の要求があれば、内閣は、その召集を決定しなければならない。

第五四条　①　衆議院が解散されたときは、解散の日から四十日以内に、衆議院議員の総選挙を行ひ、その選挙の日から三十日以内に、国会を召集しなければならない。

②　衆議院が解散されたときは、参議院は、同時に閉会となる。但し、内閣は、国に緊急の必要があるときは、参議院の緊急集会を求めることができる。

③　前項但書の緊急集会において採られた措置は、臨時のものであつて、次の国会開会の後十日以内に、衆議院の同意がない場合には、その効力を失ふ。

第五五条　両議院は、各々その議員の資格に関する争訟を裁判する。但し、議員の議席を失はせるには、出席議員の三分の二以上の多数による議決を必要とする。

第五六条　①　両議院は、各々その総議員の三分の一以上の出席がなければ、議事を開き議決することができない。

②　両議院の議事は、この憲法に特別の定のある場合を除いては、出席議員の過半数でこれを決し、可否同数のときは、議長の決するところによる。

第五七条　①　両議院の会議は、公開とする。但し、出席議員の三分の二以上の多数で議決したときは、秘密会を開くことができる。

②　両議院は、各々その会議の記録を保存し、秘密会の記録の中で特に秘密を要すると認められるもの以外は、これを公表し、且つ一般に頒布しなければならない。

③　出席議員の五分の一以上の要求があれば、各議員の表決は、これを会議録に記載しなければならない。

第五八条　①　両議院は、各々その議長その他の役員を選任する。

②　両議院は、各々その会議その他の手続及び内部の規律に関する規則を定め、又、院内の秩序をみだした議員を懲罰することができる。但し、議員を除名するには、出席議員の三分の二以上の多数による議決を必要とする。

第五九条　①　法律案は、この憲法に特別の定のある場合を除いては、両議院で可決したとき法律となる。

②　衆議院で可決し、参議院でこれと異なつた議決をした法律案は、衆議院で出席議員の三分の二以上の多数で再び可決したときは、法律となる。

③　前項の規定は、法律の定めるところにより、衆議院が、両議院の協議会を開くことを求めることを妨げない。

④　参議院が、衆議院の可決した法律案を受け取つた後、国会休会中の期間を除いて六十日以内に、議決しないときは、衆議院は、参議院がその法律案を否決したものとみなすことができる。

第六〇条　①　予算は、さきに衆議院に提出しなければならない。

②　予算について、参議院で衆議院と異なつた議決をした場合

に、法律の定めるところにより、両議院の協議会を開いても意見が一致しないとき、又は参議院が、衆議院の可決した予算を受け取つた後、国会休会中の期間を除いて三十日以内に、議決しないときは、衆議院の議決を国会の議決とする。

第六一条　条約の締結に必要な国会の承認については、前条第二項の規定を準用する。

第六二条　両議院は、各々国政に関する調査を行ひ、これに関して、証人の出頭及び証言並びに記録の提出を要求することができる。

第六三条　内閣総理大臣その他の国務大臣は、両議院の一に議席を有すると有しないとにかかはらず、何時でも議案について発言するため議院に出席することができる。又、答弁又は説明のため出席を求められたときは、出席しなければならない。

第六四条　①　国会は、罷免の訴追を受けた裁判官を裁判するため、両議院の議員で組織する弾劾裁判所を設ける。

②　弾劾に関する事項は、法律でこれを定める。

第五章　内閣

第六五条　行政権は、内閣に属する。

第六六条　①　内閣は、法律の定めるところにより、その首長たる内閣総理大臣及びその他の国務大臣でこれを組織する。

②　内閣総理大臣その他の国務大臣は、文民でなければならない。

③　内閣は、行政権の行使について、国会に対し連帯して責任を負ふ。

第六七条　①　内閣総理大臣は、国会議員の中から国会の議決で、これを指名する。この指名は、他のすべての案件に先だつて、これを行ふ。

②　衆議院と参議院とが異なつた指名の議決をした場合に、法律の定めるところにより、両議院の協議会を開いても意見が一致しないとき、又は衆議院が指名の議決をした後、国会休会中の期間を除いて十日以内に、参議院が、指名の議決をしないときは、衆議院の議決を国会の議決とする。

第六八条　①　内閣総理大臣は、国務大臣を任命する。但し、その過半数は、国会議員の中から選ばれなければならない。

②　内閣総理大臣は、任意に国務大臣を罷免することができる。

第六九条　内閣は、衆議院で不信任の決議案を可決し、又は信任の決議案を否決したときは、十日以内に衆議院が解散されない限り、総辞職をしなければならない。

第七〇条　内閣総理大臣が欠けたとき、又は衆議院議員総選挙の後に初めて国会の召集があつたときは、内閣は、総辞職をしなければならない。

第七一条　前二条の場合には、内閣は、あらたに内閣総理大臣が任命されるまで引き続きその職務を行ふ。

第七二条　内閣総理大臣は、内閣を代表して議案を国会に提出し、一般国務及び外交関係について国会に報告し、並びに行政各部を指揮監督する。

第七三条　内閣は、他の一般行政事務の外、左の事務を行ふ。

一　法律を誠実に執行し、国務を総理すること。

二　外交関係を処理すること。

三　条約を締結すること。但し、事前に、時宜によつては事後に、国会の承認を経ることを必要とする。

四　法律の定める基準に従ひ、官吏に関する事務を掌理すること。

五　予算を作成して国会に提出すること。

六　この憲法及び法律の規定を実施するために、政令を制定すること。但し、政令には、特にその法律の委任がある場合を除いては、罰則を設けることができない。

七　大赦、特赦、減刑、刑の執行の免除及び復権を決定すること。

第七四条　法律及び政令には、すべて主任の国務大臣が署名し、内閣総理大臣が連署することを必要とする。

第七五条　国務大臣は、その在任中、内閣総理大臣の同意がなければ、訴追されない。但し、これがため、訴追の権利は、害されない。

第六章　司法

第七六条　①　すべて司法権は、最高裁判所及び法律の定めるところにより設置する下級裁判所に属する。

②　特別裁判所は、これを設置することができない。行政機関は、終審として裁判を行ふことができない。

③　すべて裁判官は、その良心に従ひ独立してその職権を行ひ、この憲法及び法律にのみ拘束される。

第七七条　①　最高裁判所は、訴訟に関する手続、弁護士、裁判所の内部規律及び司法事務処理に関する事項について、規則を定める権限を有する。

②　検察官は、最高裁判所の定める規則に従はなければならない。

③　最高裁判所は、下級裁判所に関する規則を定める権限を、下級裁判所に委任することができる。

第七八条　裁判官は、裁判により、心身の故障のために職務を執ることができないと決定された場合を除いては、公の弾劾によらなければ罷免されない。裁判官の懲戒処分は、行政機関がこれを行ふことはできない。

第七九条　①　最高裁判所は、その長たる裁判官及び法律の定める員数のその他の裁判官でこれを構成し、その長たる裁判官以外の裁判官は、内閣でこれを任命する。

②　最高裁判所の裁判官の任命は、その任命後初めて行はれる衆議院議員総選挙の際国民の審査に付し、その後十年を経過した後初めて行はれる衆議院議員総選挙の際更に審査に付し、その後も同様とする。

③　前項の場合において、投票者の多数が裁判官の罷免を可とするときは、その裁判官は、罷免される。

④　審査に関する事項は、法律でこれを定める。

⑤　最高裁判所の裁判官は、法律の定める年齢に達した時に退官する。

⑥　最高裁判所の裁判官は、すべて定期に相当額の報酬を受ける。この報酬は、在任中、これを減額することができない。

第八〇条　①　下級裁判所の裁判官は、最高裁判所の指名した者の名簿によつて、内閣でこれを任命する。その裁判官は、任期を十年とし、再任されることができる。但し、法律の定める年齢に達した時には退官する。

② 下級裁判所の裁判官は、すべて定期に相当額の報酬を受ける。この報酬は、在任中、これを減額することができない。

第八一条 最高裁判所は、一切の法律、命令、規則又は処分が憲法に適合するかしないかを決定する権限を有する終審裁判所である。

第八二条 ① 裁判の対審及び判決は、公開法廷でこれを行ふ。

② 裁判所が、裁判官の全員一致で、公の秩序又は善良の風俗を害する虞があると決した場合には、対審は、公開しないでこれを行ふことができる。但し、政治犯罪、出版に関する犯罪又はこの憲法第三章で保障する国民の権利が問題となつてゐる事件の対審は、常にこれを公開しなければならない。

第七章 財政

第八三条 国の財政を処理する権限は、国会の議決に基いて、これを行使しなければならない。

第八四条 あらたに租税を課し、又は現行の租税を変更するには、法律又は法律の定める条件によることを必要とする。

第八五条 国費を支出し、又は国が債務を負担するには、国会の議決に基くことを必要とする。

第八六条 内閣は、毎会計年度の予算を作成し、国会に提出して、その審議を受け議決を経なければならない。

第八七条 予見し難い予算の不足に充てるため、国会の議決に基いて予備費を設け、内閣の責任でこれを支出することができる。

② すべて予備費の支出については、内閣は、事後に国会の承諾を得なければならない。

第八八条 すべて皇室財産は、国に属する。すべて皇室の費用は、予算に計上して国会の議決を経なければならない。

第八九条 公金その他の公の財産は、宗教上の組織若しくは団体の使用、便益若しくは維持のため、又は公の支配に属しない慈善、教育若しくは博愛の事業に対し、これを支出し、又はその利用に供してはならない。

第九〇条 ① 国の収入支出の決算は、すべて毎年会計検査院がこれを検査し、内閣は、次の年度に、その検査報告とともに、これを国会に提出しなければならない。

② 会計検査院の組織及び権限は、法律でこれを定める。

第九一条 内閣は、国会及び国民に対し、定期に、少くとも毎年一回、国の財政状況について報告しなければならない。

第八章 地方自治

第九二条 地方公共団体の組織及び運営に関する事項は、地方自治の本旨に基いて、法律でこれを定める。

第九三条 ① 地方公共団体には、法律の定めるところにより、その議事機関として議会を設置する。

② 地方公共団体の長、その議会の議員及び法律の定めるその他の吏員は、その地方公共団体の住民が、直接これを選挙する。

第九四条 地方公共団体は、その財産を管理し、事務を処理し、及び行政を執行する権能を有し、法律の範囲内で条例を制定することができる。

第九五条　一の地方公共団体のみに適用される特別法は、法律の定めるところにより、その地方公共団体の住民の投票においてその過半数の同意を得なければ、国会は、これを制定することができない。

第九章　改正

第九六条　①　この憲法の改正は、各議院の総議員の三分の二以上の賛成で、国会が、これを発議し、国民に提案してその承認を経なければならない。この承認には、特別の国民投票又は国会の定める選挙の際行はれる投票において、その過半数の賛成を必要とする。

②　憲法改正について前項の承認を経たときは、天皇は、国民の名で、この憲法と一体を成すものとして、直ちにこれを公布する。

第一〇章　最高法規

第九七条　この憲法が日本国民に保障する基本的人権は、人類の多年にわたる自由獲得の努力の成果であつて、これらの権利は、過去幾多の試錬に堪へ、現在及び将来の国民に対し、侵すことのできない永久の権利として信託されたものである。

第九八条　①　この憲法は、国の最高法規であつて、その条規に反する法律、命令、詔勅及び国務に関するその他の行為の全部又は一部は、その効力を有しない。

②　日本国が締結した条約及び確立された国際法規は、これを誠実に遵守することを必要とする。

第九九条　天皇又は摂政及び国務大臣、国会議員、裁判官その他の公務員は、この憲法を尊重し擁護する義務を負ふ。

第一一章　補則

第一〇〇条　①　この憲法は、公布の日から起算して六箇月を経過した日から、これを施行する。

②　この憲法を施行するために必要な法律の制定、参議院議員の選挙及び国会召集の手続並びにこの憲法を施行するために必要な準備手続は、前項の期日よりも前に、これを行ふことができる。

第一〇一条　この憲法施行の際、参議院がまだ成立してゐないときは、その成立するまでの間、衆議院は、国会としての権限を行ふ。

第一〇二条　この憲法による第一期の参議院議員のうち、その半数の者の任期は、これを三年とする。その議員は、法律の定めるところにより、これを定める。

第一〇三条　この憲法施行の際現に在職する国務大臣、衆議院議員及び裁判官並びにその他の公務員で、その地位に相応する地位がこの憲法で認められてゐる者は、法律で特別の定をした場合を除いては、この憲法施行のため、当然にはその地位を失ふことはない。但し、この憲法によつて、後任者が選挙又は任命されたときは、当然その地位を失ふ。

著者紹介

新井　信之（あらい・のぶゆき）

1957年３月　神奈川県横浜市に生まれる
広島大学政経学部第二部法律政治学科卒業、同大学院社会科学研究科法律学専攻博士課程後期退学、長崎外国語短期大学助教授、長崎外国語大学教授、香川大学大学院・連合法務研究科教授を経て、

現　在　香川大学法学部教授、博士（法学、広島大学）

専　攻　憲法、国際人権法

主要著書
『外国人の退去強制と合衆国憲法』（有信堂、2008年）
『アジア憲法集』（畑博行＝萩野芳夫＝畑中和夫編、明石書店、2004年）
『立憲主義——過去と未来の間』（阪本昌成＝村上武則編、有信堂、2000年）
『現代法学入門』（畑博行編、有信堂、2000年）
『国際人権法概論』（畑博行＝水上千之編、有信堂、1997年）
『市民生活と法——憲法秩序と法律問題』（西山富夫編、啓文社、1996年）
『憲法フォーラム』（畑博行＝阪本昌成編、有信堂、1994年）

日本国憲法から考える現代社会・15講——グローバル時代の平和憲法

2015年11月11日　　初　版　第１刷発行　　〔検印省略〕
2018年４月１日　　初　版　第２刷発行

著者 © 新井信之／発行者　髙橋明義　　印刷・製本　亜細亜印刷

東京都文京区本郷１－８－１　振替00160-8-141750
〒113-0033　TEL（03）3813-4511
FAX（03）3813-4514
http://www.yushindo.co.jp/
ISBN 978-4-8420-1077-9

発行所
株式会社 有信堂高文社
Printed in Japan